JN273147

動学マクロ経済学

Dynamic Macroeconomic Theory

［成長理論の発展］

二神孝一［著］

日本評論社

はしがき

> 哲学者たちは，世界をいろいろに解釈してきたにすぎない．たいせつなのは，それを変更することである．
> ――カール・マルクス「フォイエルバッハに関する第11テーゼ」
> （マルクス／エンゲルス著『ドイツ・イデオロギー』古在由重訳、岩波文庫、1956年）

経済成長論の課題

　アダム・スミスの『国富論』（Smith 1776）の刊行以降，資本主義経済の動態分析に関してさまざまな研究が行われてきた．長期的な経済成長を決定する要因は何なのか．資本主義経済は安定的に発展してゆけるのか．経済変動や経済成長のプロセスにおいて，政府は何かなすべきなのか，また政府に何ができるのか．これらの問いに対する答えを経済学はずっと求め続けてきた．そして，第2次世界大戦後にロバート・ソローによって展開された経済成長モデルに始まり，1960年代には数多くの経済成長論の研究が行われた．しかし，1970年代に入り経済学者の関心は経済成長論から離れていった．多くの経済学者の関心が経済成長論に再び向けられるようになるのは1980年代後半になってからである．そのきっかけを作ったのは，ポール・ローマーが1986年に *Journal of Political Economy* に発表した論文 "Increasing Returns and Long-Run Growth" である．この論文以降，堰を切ったかのように数多くの研究が経済成長論の分野で行われるようになった．

　80年代後半以降の経済成長論は60年代の経済成長論の単なるリバイバルではない．では，60年代の経済成長論と80年代後半以降の経済成長論の違いはなんだろうか．それは次の3点にまとめることができるだろう．まず第1は，ミクロ的な視点の導入である．家計の効用最大化，企業の利潤動機に基づく研究開発などを考慮に入れた点である．第2は，外部性や公共財といった市場の失敗を生む要因と独占や独占的競争といった不完全競争の要因の導入である．したがって，80年代後半以降の経済成長論は，市場の失敗や不完全競争による厚生の損失を政府がその経済政策でいかにして改善できるかについて分析すること

を必須にした．そして第3は，豊富なデータの蓄積に伴う経済成長に関する実証研究の発展である．

それに対して，60年代の経済成長論では，経済成長が順調に進む経路（すべての生産部門がバランスよく成長してゆくことができる経路，均整成長経路）の存在証明や，経済成長に伴い各生産要素の受け取る所得がどのように変化してゆくかについての分析が行われていた．そこでは経済成長はどのように進行するかについての解釈は行われたが，経済成長のプロセスでどのような問題が発生するのか，そして，この問題をどのようにして解決するかという視点はほとんどなかったと言ってよい．新しい経済成長論は経済成長のプロセスで発生する問題は何かを明らかにし，その問題を解決するにはどうしたらよいかについての新しい視点と分析方法を明らかにしたと言えるだろう．

本書では，マクロ経済のダイナミクス，特に長期の経済成長のプロセスで重要な役割を果たす3つの要因に注目した．研究開発，人口（および人口構造），そしてインフラストラクチャーの3つである．これら3つの要因が経済成長に対して大きな影響を与えることは言うまでもない．しかし，これらの要因が果たす役割は異なっている．これらの要因がどのようにマクロ経済のダイナミクスや経済成長に作用しているのか．また，どのような問題を持っているのか．もし解決すべき問題を持っているならば，どのようにして解決することができるのか．これらの点を解明してゆくことが本書の課題である．

例えば，以下のようないくつかの解明すべき問題を挙げることができるだろう．研究開発を進めて技術を進歩させてゆくことが重要であることは言うまでもない．しかし，企業が行う研究開発には，非常に大きな初期投資が必要である．研究開発に成功した企業に大きな収益が生まれなければ，この初期投資のコストを回収することができない．したがって，研究開発の成果を他の企業に利用されないように，知的所有権の保護によって研究開発の成果が守られている必要がある．知的所有権を保護するための道具の1つが特許法である．知的所有権の保護を強化すれば，研究開発に対するインセンティブは高まるが，一方で新たな問題も生むことになる．特許により守られていれば，企業は高い値段で開発の成果を販売でき，それを買う企業や消費者に厚生の損失が発生する．このトレード・オフを解決するには知的所有権の保護をどの程度にすべきだろうか．

次のような問題もある．日本では少子高齢化により人口の減少が起き，これが経済成長にマイナスの影響を与えることが懸念されている．現在の年金制度は維持可能なのか．維持可能でなければ年金制度をどのように設計すべきなのか．さらに，人口規模の減少は経済成長にどのような影響を与えるのだろうか．これらは日本経済において解答を求められている重要な課題であることは疑い得ない．

また別の問題として，次のようなものが考えられる．法システム（裁判官や検事を含む），道路，港湾などのインフラストラクチャーの整備は経済成長にもちろん不可欠である．いくら豊富な天然資源を持っている国でも，整備された港がなければ宝の持ち腐れである．しかし，一方で過剰にインフラストラクチャーを整備しても，生産性のさらなる向上は期待できない．では，どの程度のインフラストラクチャーがあればよいのか．

本書が取り組む課題は以上のようなものである．

本書の構成・内容

本書の構成と内容は次のようになっている．

まず，第1章ではソロー・モデルを説明する．ソロー・モデルは非常にシンプルではあるが経済成長のプロセスを非常にうまく記述し，何が経済成長にとって重要なのかを明らかにしてくれる．実際，後の章で明らかにするが，新しい成長理論のモデルはソロー・モデルを拡張したものになっているのである．第2章では，家計の最適化行動というミクロ経済学的要因を導入し，現代のマクロ経済学における最も基本的なモデルである代表的個人モデルを説明する．この章以降で基本的な道具になる家計の最適条件のオイラー方程式，横断条件・NPG（no-Ponzi-game）条件を説明する．また，この章の動学分析の方法は本書独自のものである．第3章では，代表的個人モデルと並んで現代のマクロ経済学の基本的なモデルである世代重複モデルを説明し，このモデルを年金の問題に応用する．この章で人口成長率の大きさが経済効率（動学的な効率性）に大きな影響を与えることが明らかにされるであろう．

続く第4章では，世代重複モデルを用いて2つの経済問題を分析する．1つ目は，バブルがどのような条件の下で生じ得るかについて明らかにする．本章で言うバブルとは，単なる紙切れ（例えば，紙幣）を意味している．人はなぜ

そのものには真正の価値のない紙切れを保有するのであろうか．これに対する解答を与える．この分析はFutagami and Shibata（2000）に多くを依拠している．ただ，分析に使用するモデルは異なっている．Futagami and Shibata（2000）は連続時間の無限期間の世代重複モデルに基づく内生的な経済成長モデルであるが，この章のモデルは離散時間の2期間世代重複モデルに基づく外生的な経済成長モデルである．外生的成長モデルとは，経済成長率がモデルの外部から与えられたパラメーターによって決定される成長モデルである．2つ目は，伝染性の疾病の広がりについてのダイナミクスの分析である．マラリアなどの伝染性の疾病の多くは，その感染度合いが循環的変動を示すことが知られている．このような循環的変動が生じるメカニズムを解明することを目的としている．この分析は，Momota, Tabata and Futagami（2005）に基づいている．

　第5章以降では，経済成長率がモデルの内部で決定される内生的成長モデルを基礎においた分析がメインになる．

　まず第5章は，第6章，第7章，第8章の分析の基礎となる経済成長モデル，つまり研究開発をモデルの中で内生化した2つの経済成長モデルを説明する．1つ目は，ポール・ローマーが開発した経済成長モデルである（Romer 1990）．このモデルでは，最終財を生産するためにいくつかの中間財を使用する構造になっている．最終財生産に投入する中間財の数が増えることで最終財が進化する（自動車が進化する過程で部品の数が増えていることを想像してほしい）．新しく投入する中間財が研究開発により生み出されるのである．この新しい財を生産することができるのは，その財の特許を取得した企業だけで，この企業は独占企業として行動する．2つ目は，グロスマンとヘルプマンの2人が開発した経済成長モデルである（Grossman and Helpman 1991）．彼らのモデルでは家計が消費する財のヴァラエティが増えると家計の効用が上昇する．新しい財が研究開発により生み出される．ローマーのモデルと同様に，新しい財はその財の特許を取得した独占企業によってのみ生産される．2つのモデルに共通している独占の存在が厚生損失を生み出すことになる．これを回避する手段を考察するのが第6章の課題になる．

　第6章では，研究開発により開発された財に付与された特許に基づく独占による歪みを補正する政策を考察する．まず第1は特許の保護期間に制限を設け

ることである．よく知られているように，特許の保護は有限期間で切れることになっている．しかし，いくつかの部分均衡分析や外生的成長モデルによる分析では特許の保護は無限期間であることが望ましいという結論になっている．この章では，この結論を第5章の経済成長モデルを用いて分析し，最適な特許期間は有限であることを示す．この分析は，Iwaisako and Futagami（2003）に基づいている．次に，財のヴァラエティに選好を持つ家計を考慮したグロスマンとヘルプマンの成長モデルにおいて，財に物品税を課すことにより，独占の歪みを補正する政策を分析する．この分析のモデルは，Futagami and Doi（2004）に基づいている．以上のような経済政策の効果を分析できるところに，80年代後半以降の経済成長論の大きな特徴がある．

第7章では，第5章の財のヴァラエティに選好を持つグロスマンとヘルプマンの経済成長モデルを先進国と発展途上国の2国モデルに拡張し，先進国で開発された新しい財がライセンシング（技術供与）により発展途上国に移転されるモデルを構築する．発展途上国に技術移転された財は違法に模倣されるというリスクに直面する．この章では，発展途上国における知的所有権の強化により模倣されるリスクが減ることが，先進国での研究開発やライセンシングによる技術移転にどのような影響を与えるかについて分析する．日本から海外へとモノづくりの拠点が移転することは，日本経済の空洞化を招くのではないかと懸念されている．本章での分析は，この問題を理論的に検討することを目指している．本章は，Tanaka, Iwaisako and Futagami（2007）と Futagami, Iwaisako and Tanaka（2007）と同様の問題意識に基づいているが，これらの研究で用いた経済成長モデル（質のはしごモデル）とは異なるモデル（第5章の財のヴァラエティに家計が選好を持つモデル）を用いており，本書のために筆者が新たに構築したものである．

第8章は人口の規模が経済成長に与える影響について分析する．90年代前半までの経済成長モデルは人口規模が拡大すると経済成長が加速するという性質を持っていた．これを規模効果（scale effects）と呼ぶ．しかしながら，この結果は実証的には支持されないという研究がジョーンズによって発表された（Jones 1995）．第8章はこの問題を検討するために，規模効果のないモデルを考察する．さらに，規模効果が存在するモデルで得られた第6章の結果，「最適な特許期間は有限である」について検討し，本章での規模効果が存在しない

経済成長モデルでも同じ結論が得られることを示す．この結果は，Futagami and Iwaisako（2007）に基づいている．

第9章と第10章は，インフラストラクチャーが経済成長において果たす重要な役割に注目した経済成長モデルを説明する．

第9章は，バローが構築した生産的な公共サービスを導入した経済成長モデルを検討する（Barro 1990）．生産的公共サービスとは，法システムを維持するための裁判官，検事，警察官や公衆衛生の水準を維持改善するためのさまざまな公共サービスをさしている．この生産的公共サービスを支出するための財源は所得税であるとする．経済成長や経済厚生に対して所得税率がどのような影響を与えるかについて分析する．次に，生産的な公共サービスを賄うための公債の発行が認められており，財政赤字が存在するケースを分析する．ただし，財政破綻が生じないように，経済規模に対する債務残高の上限を決めている財政規律が導入されているとする．実際，EU ではマーストリヒト条約により，債務残高は GDP の60％以下にすることが定められている．このような場合，経済には低成長の均衡と高成長の均衡の複数が存在することが示される．この分析は，Futagami, Iwaisako and Ohdoi（2008）に基づいている．この問題は，EU 各国をはじめ日本でも債務残高が膨張していることを考えると非常に重要な問題であることがわかる．

第10章では，生産的公共サービスではなく公共資本を導入する．本章の分析は，Futagami, Morita and Shibata（1993）に基づいている．経済の生産性にプラスの影響を与えるものはサービスだけではなく，道路や港湾などのような，いわゆる公共資本も見逃すことはできない．すなわち，本章ではストックとしての性質を持つ公共資本が，生産性を上昇させるモデルを構築する．ストック変数としての公共資本を考慮すると，第9章の分析はどのような変更を被るかについて分析するのが本章の課題である．ストック変数が増えたことになり，経済にはダイナミクスが発生する．このため，所得税が経済厚生に与える影響は第9章とは異なることになる．最後に，公共資本における混雑効果を考慮に入れる．混雑効果とは多くの経済主体が利用すると生産性が低下することをさす．例えば，高速道路を多くの車両が通ると渋滞が発生し，高速道路の生産性が低下することである．混雑効果を考慮すると，公共資本を含む場合でも，第9章のモデルと同様の複数均衡が発生することを示すことができる．こ

の混雑効果の分析は，Futagami and Mino（1995）に基づいている．

　数学付録では，第10章での分析に必要な定差方程式の解法について説明する．また，本書の最後の「文献解題」で，本書で扱ったトピックスに関連する研究について解説を行う．

本書の特色・工夫

　本書が解き明かそうとする内容をできるだけ多くの方に知ってもらいたいというのが，筆者の願うところである．そこで，本書の分析方法に以下で述べるような2つの工夫を行った．

　第1の工夫は次の点にある．本書の目的は，これまでの筆者と共同研究者たちとの研究成果を提示することであるが，その内容を理解するうえで必要となる基本モデルや分析ツールの説明を第1，2，3，5章で行っている．後の章で展開される研究成果はこれらの基本モデルの上に構築されており，後の章の内容を理解するために必要な予備知識はこれらの章で与えられる．これらの基本モデルは現代のマクロ経済学研究における基本モデルでもある．したがって，本書を学部上級のマクロ経済学の講義や大学院のマクロ経済学の講義のテキストとして使用することも可能である．第1章から第3章までを1セメスターの講義で用いることが十分可能である．次のセメスターではその他の章のトピックスをいくつか取り上げて講義で用いることができる．

　もう1つの工夫は，解析の手法にかかわることである．筆者と共同研究者たちの研究の多くは連続時間のモデルを用いて分析を行っている．連続時間のモデルを分析する場合に必要となる数学的な手法はハードなものにならざるを得ない．必要とされる数学的手法は，微分方程式の解析方法，ポントリャーギンの最大値原理ないし動的計画法もしくは変分法である．大学院生はこれらの手法を習得してマクロ経済学の研究の最前線に立たなければならないので，大学院でもこれらの手法を教えることが必須になっている．したがって，学部で習うマクロ経済学と大学院で学ぶマクロ経済学の間には大きな溝があった（最近はこのギャップを埋めようとするテキストが現れてきてはいるが，まだ溝は深い）．

　そこで，筆者はすべての連続時間のモデルでの分析を離散時間のモデルでやり直すことにした．その結果，モデルの分析は微分方程式ではなく定差方程式

を用いた分析に変更されることになった．定差方程式による分析は決して簡単とは言えないが，微分方程式に比べれば最初の壁は比較的低い．時間に伴う変数の変化も理解しやすい．また，離散時間のモデルを用いることで経済主体の最適化問題は，通常の2期間モデルでの貯蓄決定問題とさほど大差のない問題であることがわかるのである．つまり，読者は数式を丹念に追うことで，筆者たちが行ってきたマクロ経済学の研究成果までたどり着くことができるはずである．もちろん，数式を丹念に追う作業は簡単なものでは決してなく，困難なつらい作業である．ただし，本書を読むために必要な数学の知識は，指数法則，対数関数，無理関数，微分法（合成関数の微分法を含む．本書の一部で全微分の知識を用いるが，必要というわけではない），そして極限操作だけである．極限操作では無限回の足し算を行うという操作も現れるが，極限操作の非常に難しい問題は出てこない．第9章では定差方程式の解法を用いるが，数学付録で定差方程式の解法については必要な範囲を説明している．ただし，行列に関する初歩的知識は用いている．すなわち，経済数学で習う程度の初歩の知識があれば，読者は本書のほとんどの範囲は読み進めることができるはずである．

しかしながら，やってみればわかることであるが，実は離散時間のモデルの方が解析は難しい．実際，筆者もやってみてはじめてわかったことも多かった．困難を生み出す原因の1つは，ダイナミクスを記述する動学方程式であるオイラー方程式のタイミングの取り方が連続時間のモデルとは異なり，利子率のタイミングが1期だけ前にずれていることである．この問題を解決するために，本書は1期だけ時点を進めた新しい変数を定義するという方法をとることで解析を容易にする工夫を行った．ただし，このために初期値の取り方により注意を払う必要が生じてしまった．筆者のこれらの方法が成功しているか否かについては，読者の判断を仰ぎたい．

謝辞

本書を執筆するために，共同研究の成果を分析方法を変更した形で利用することに同意してくださった共著者の方々，祝迫達郎，大土井涼二，柴田章久，田畑顕，土居潤子，三野和雄，桃田朗，森田雄一の各氏に感謝申し上げる．思えば，筆者は数多くの優秀な共同研究者に恵まれてきたと言える．それらの

方々なくしては筆者の研究者としての人生は非常に異なったものになっていたに違いない．特に，柴田章久氏との共同研究のはじまりは筆者にとって感慨深いものがある．彼と居酒屋で2回目に会った（飲んだ）ときに，2人がまったく同じ問題を研究をしていることに驚き，その場で共同研究を進めることになった（その成果は第10章のもとになった論文である）．その後もいくつもの共同研究を彼と行うことができたことは筆者にとって大きな喜びであった．彼との共同研究はそれ以降の筆者の研究スタイルを決めたと言っても過言ではないと考えている．

さらに，岡村誠氏との共同研究も筆者の研究スタイルに大きな影響を与えた．岡村誠氏は筆者と同じ愛媛県出身ということで，筆者が大学院生の時代から声をかけていただいた．共同研究というスタイルをとったのも岡村誠氏とがはじめてであった．また，国際的な査読誌への投稿（これは研究者にとって義務であり責任でもある）という，今では当たり前になっている研究スタイルを教わったのも彼からである．岡村誠氏との共同研究のほとんどは産業組織論の分野に属しているので，残念ながら本書に含めることはできなかった．

故置塩信雄教授には，筆者が大学院の門を叩いて以降，経済学および経済学研究のイロハを教えていただいた．置塩教授は，資本主義経済は不安定であるという信念を持っておられた．それに対して私は，資本主義経済は不安定な要素を持ちつつも，安定で頑健なシステムであるという信念を持っていた．本書は置塩教授に対する私なりの回答である（「まだまだ」と笑っておられるかもしれないが）．

本書で紹介している研究はさまざまな大学や研究機関で研究報告されたものである．その際に，多くの研究者の方から有益なコメントを頂戴した．コメントをしてくださった方々にこの場を借りて感謝申し上げたい．

本書の原稿を多くの方に読んでいただき貴重なコメントをいただいた．特に大土井涼二，川元康一，工藤教孝，三野和雄，森田忠士の各氏から貴重なコメントをいただいた．大切な時間を割いて原稿を読んでいただいたこれらの方々に深く感謝する．大阪大学大学院の冨田慶君と大阪大学経済学部の森本貴陽君は記述の仕方や原稿段階での計算まで丹念にチェックしてもらい，本書の記述を正確にするために非常に大きな役割を果たしてくれた．また，五十嵐直子さんには参考文献を作成していただいた．ここに，彼らに感謝するものである．

本書の基になっているのは，筆者と共同研究者との研究成果であるが，その一部を雑誌『経済セミナー』で「経済成長の理論」という題名で連載した（2007年4月号 – 9月号）．また，大阪大学，同志社大学，立命館大学などで行ってきた講義のノートも本書の基礎になっている．講義に出席した学生達からは多くの質問や意見をもらったが，それらの質問の多くは本書の内容をわかりやすくするうえで大いに役に立った．

　日本評論社の小西ふき子さんには拙著『マクロ経済学入門』の執筆のときにもお世話になっている．また，『経済セミナー』の「経済成長の理論」の連載でも大変お世話になった．さらに本書の執筆に関してもお骨折りをいただき深く感謝申し上げる．

　本書が経済学の研究を志す方や経済学の研究成果を理解しようとされる方の一助となれば幸いである．

2012年　春
二神孝一

目 次

はしがき　　*i*

第1章　ソロー・モデル　　1

  1-1　基本モデル …………………………………………………………… 1
  1-2　解析：ダイナミクス ………………………………………………… 7
  1-3　成長率の決定と推移 ………………………………………………… 11
  1-4　貯蓄率，人口成長率が経済成長に与える影響 …………………… 16
    1-4-1　貯蓄率の変化　*16*
    1-4-2　人口成長率の変化　*20*
  1-5　ソロー・モデルを超えて …………………………………………… 22

第2章　代表的個人モデル　　27

  2-1　家計の目的 …………………………………………………………… 27
  2-2　異時点間の予算制約式 ……………………………………………… 29
  2-3　家計の貯蓄決定（資産保有決定） ………………………………… 30
  2-4　横断条件と no-Ponzi-game 条件 …………………………………… 33
  2-5　企業の利潤最大化条件 ……………………………………………… 37
  2-6　資本市場の均衡 ……………………………………………………… 37
  2-7　解析 …………………………………………………………………… 38
    2-7-1　連立定差方程式　*39*
    2-7-2　定常状態　*40*
    2-7-3　位相図　*42*
    2-7-4　市場均衡　*51*
  2-8　市場均衡の最適性 …………………………………………………… 54
  補論　1人当たり資本 k_t と1人当たり消費 c_t のダイナミクス　*55*

第3章　世代重複モデル　59

- 3-1　人口構造 …………………………………………… *59*
- 3-2　家計の行動 …………………………………………… *60*
- 3-3　企業行動 …………………………………………… *61*
- 3-4　財市場と資金市場 …………………………………………… *62*
- 3-5　世代重複モデルのダイナミクス …………………………………………… *64*
- 3-6　市場均衡の非効率性 …………………………………………… *65*
- 3-7　年金システム …………………………………………… *68*
  - 3-7-1　積立方式　*68*
  - 3-7-2　賦課方式　*69*

第4章　世代重複モデルの応用：バブル資産・伝染病サイクル　75

- 4-1　バブル（bubble） …………………………………………… *75*
  - 4-1-1　家計の行動および無裁定条件　*76*
  - 4-1-2　政府の予算制約式　*78*
  - 4-1-3　資金市場　*79*
  - 4-1-4　解析　*80*
  - 4-1-5　バブル資産の成長率が資本蓄積に与える影響　*89*
- 4-2　死亡確率を考慮したモデル …………………………………………… *91*
  - 4-2-1　期待効用の最大化　*91*
  - 4-2-2　予算制約　*92*
  - 4-2-3　効用最大化問題　*93*
  - 4-2-4　資金市場　*94*
  - 4-2-5　寿命の内生化と伝染病サイクル　*95*
- 補論　(4-43)式の証明　*104*

第5章　内生的技術進歩：研究開発の内生化　　107

- 5-1　最終財の生産 …………………………………………… 108
- 5-2　中間財部門 ……………………………………………… 110
- 5-3　研究開発部門 …………………………………………… 111
- 5-4　市場 ……………………………………………………… 113
- 5-5　定常成長経路：貯蓄率が一定のケース ……………… 115
- 5-6　定常成長経路：家計の最適化を考慮したケース …… 121
- 5-7　財のヴァラエティに対する選好を持つモデル ……… 124
  - 5-7-1　家計　*124*
  - 5-7-2　企業・研究開発　*127*
  - 5-7-3　解析　*128*

第6章　経済政策と経済成長　　133

- 6-1　実験室モデル …………………………………………… 134
  - 6-1-1　中間財部門　*134*
  - 6-1-2　研究開発部門　*136*
- 6-2　特許と経済成長 ………………………………………… 136
  - 6-2-1　特許の保護が永久に続く場合　*137*
  - 6-2-2　特許期間が有限期間の場合　*137*
- 6-3　特許と経済厚生 ………………………………………… 141
  - 6-3-1　財市場　*142*
  - 6-3-2　経済厚生　*143*
- 6-4　物品税と経済成長 ……………………………………… 145
- 6-5　物品税と経済厚生 ……………………………………… 147
- 補論　命題6-1の証明　*149*

第7章　技術移転とイノベーション　　153

- 7-1　家計と企業 ……………………………………………… 154
- 7-2　イノベーション活動とライセンシング活動 ………… 157
- 7-3　無裁定条件 ……………………………………………… 158
- 7-4　財の移行過程 …………………………………………… 159
- 7-5　解析 ……………………………………………………… 161

7-5-1　イノベーションの決定　*161*
　　7-5-2　知的所有権の保護強化とイノベーション　*165*
　　7-5-3　技術移転の決定　*165*
　　7-5-4　知的所有権の強化とライセンシング活動　*169*
　7-6　違法な模倣による技術移転　……………………………………　*172*

第8章　規模効果　*175*

　8-1　ローマー・モデルの研究開発　………………………………　*176*
　8-2　ジョーンズの提案　……………………………………………　*177*
　8-3　ハイブリッド・モデル　………………………………………　*180*
　8-4　規模効果はどこまで問題か　…………………………………　*183*
　8-5　規模効果のない経済成長モデル　……………………………　*184*
　　8-5-1　最終財の生産　*185*
　　8-5-2　中間財部門と研究開発部門　*186*
　　8-5-3　人的資本の蓄積　*187*
　　8-5-4　家計の最適化行動　*188*
　　8-5-5　定常成長経路　*190*
　　8-5-6　規模効果のない成長モデルでの特許政策　*191*
　補論　命題8-2の証明　*196*

第9章　生産的公共サービスと経済成長　*203*

　9-1　生産的公共サービス　…………………………………………　*203*
　9-2　政府　……………………………………………………………　*205*
　9-3　家計　……………………………………………………………　*205*
　9-4　消費の成長率　…………………………………………………　*206*
　9-5　経済厚生に対する影響　………………………………………　*207*
　9-6　財政赤字と生産的公共サービス　……………………………　*211*
　　9-6-1　政府の予算制約式　*211*
　　9-6-2　財政ルールと経済成長　*212*
　　9-6-3　政策効果　*217*
　補論　ダイナミクス　*221*

第10章　公共資本と経済成長　　223

　10-1　政府　……………………………………………… *223*
　10-2　動学式　…………………………………………… *224*
　10-3　定常状態　………………………………………… *226*
　10-4　ダイナミクス　…………………………………… *226*
　10-5　比較静学：税率が定常状態に与える影響　…… *231*
　10-6　税率と経済厚生　………………………………… *233*
　10-7　混雑効果　………………………………………… *238*
　補論1　動学分析　　*242*
　補論2　初期曲線のシフト幅　　*246*

数学付録：定差方程式の解法　　247

　MA-1　線形近似　……………………………………… *247*
　MA-2　固有値と固有ベクトル　……………………… *248*
　MA-3　行列の対角化　………………………………… *251*
　MA-4　連立定差方程式の解法　……………………… *253*

文献解題　*255*
参考文献　*261*
索引　*269*

第1章

ソロー・モデル

　まず，最も基本的な経済成長モデルであるソロー・モデルから解説してゆこう．この成長モデルはソローが1956年に書いた論文 "A Contribution to the Theory of Economic Growth" において構築されたものである（Solow 1956）．現在においてもその基本的なフレームワークとモデルから得られるインプリケーションには非常に豊かなものがある．また，現代の経済成長モデルもソローのモデルを抜きに語ることはできない．まずソロー・モデルを説明してゆこう．

1-1　基本モデル

　ソロー・モデルはいくつかのパーツから構成されている．それは生産関数，家計の貯蓄行動，財市場・資金市場，生産要素市場，資本蓄積，技術進歩率，そして人口成長率である．まずこれらのパーツを1つずつ説明してゆこう．

① 生産関数

　資本と労働の2つが生産に投入される生産要素とする．資本の投入量を K で表し，労働の投入量を L で表すことにする．また資本と労働を用いて生産される生産水準 Y との関係は次の生産関数で表される．

$$Y = F(K, A \cdot L) \tag{1-1}$$

労働の投入量 L の前にかかっている係数は経済の技術水準を表すパラメーターを意味しており，この技術水準 A が増加すると，資本の投入量 K と労働投入量 L は変化していないにもかかわらず生産水準が増える．このように，労働が増大したのと同じ効果を持つので，このような技術の改善を労働増大的技術進歩という．

また，この生産関数は次の「規模に関して収穫一定」という性質を持っていると仮定する．

$$Y=F(K, AL), \quad \lambda Y=F(\lambda K, \lambda AL), \lambda>0 \tag{1-2}$$

投入要素を λ 倍すると産出量も λ 倍になることを意味している．このような関数の代表的な例が次のコブ＝ダグラス型生産関数である．

$$Y=K^{\alpha}(AL)^{1-\alpha}, \quad 0<\alpha<1$$

1人当たりの生産関数への変換を行おう．(1-2) 式において $\lambda=1/AL$ とおくと次のように変形できる．

$$\frac{Y}{AL}=F\left(\frac{K}{AL}, 1\right)$$

労働投入の役割を実質的に果たす AL を効率単位の労働投入と呼ぶ．この AL で割られた資本投入 K/AL と生産水準 Y/AL を効率労働1単位当たりの資本と効率労働1単位当たりの生産量と呼ぶ．またこの関数は，K/AL と Y/AL との関係を表しているので，これを次のように定義しよう．

$$\frac{Y}{AL}=F\left(\frac{K}{AL}, 1\right)\equiv f\left(\frac{K}{AL}\right) \rightarrow y=f(k) \tag{1-3}$$

この効率労働1単位当たりの生産量，資本投入量を小文字で表すことにする（$y=Y/AL$ と $k=K/AL$）．$y=Y/AL$ と $k=K/AL$ を関係づける関数 $y=f(k)$ を効率労働1単位当たりの生産関数と呼ぶ．

この生産関数の形状として次の4つの仮定が満たされると仮定する．

(A) $f'(k)>0$：資本の限界生産物はプラス

(B) $f''(k)<0$：資本の限界生産物の逓減

第1章 ソロー・モデル

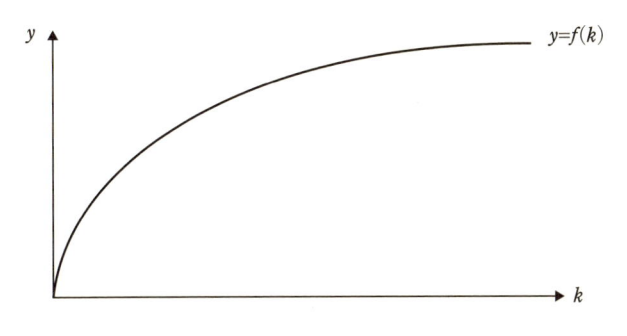

図1-1 効率労働1単位当たりの生産関数

(C) $\lim_{k \to 0} f'(k) = \infty$

(D) $\lim_{k \to \infty} f'(k) = 0$

生産関数の導関数 $f'(k)$ が資本の限界生産物であることを確認しておこう．というのは，効率単位の労働投入 AL を所与としたときに資本 K を1単位だけ増加させたときに，関数の値が限界的に変化する度合い，すなわち変化する生産量を示すのが導関数であるからである．(A)の条件は資本の限界生産物は常にプラスで資本を増やせば生産物の量も増えるということを意味している．(B)の条件は資本の限界生産物が資本の投入が増加するとともに低下することを意味している．(C)の条件は，資本労働比率が小さく0に近いとき資本の限界生産物は非常に大きいことを，(D)の条件は，資本労働比率が非常に大きいとき資本の限界生産物はほぼ0であることを意味している．(C)と(D)の2つの仮定を Inada 条件という[1]．この4つの条件を満たす効率労働1単位当たりの生産関数のグラフは図1-1のようになる．

② 家計の貯蓄行動

以下では簡単化のために，家計は所得の一定割合を貯蓄すると仮定する．

$$S = sY, \quad 0 < s < 1 \tag{1-4}$$

s は家計の貯蓄率を意味している．

---

1) Inada とは，今は亡き経済学者，稲田献一氏に由来する．Inada (1963).

③ 財市場・資金市場の均衡

簡単化のために政府と海外部門は捨象して分析を行う．すると財市場の均衡は次のように書ける．

$$Y = C + I \tag{1-5}$$

ここで，C は経済全体の消費，I は経済全体の投資を意味している．貯蓄は $S = Y - C$ だから，(1-5) 式は次のように変形できる．

$$S = I \tag{1-6}$$

つまり，(1-5) 式の財市場の均衡式は投資資金の供給（貯蓄）と需要の一致式（資金市場の均衡）とも解釈できるのである．

④ 生産要素の市場

資本と労働という生産要素の市場を考察する．そのために企業の行動を考察する必要がある．企業は価格受容者（price taker）として行動すると仮定し，その目的は利潤を最大にすることとする．貨幣のない実物経済を考察するので価格の絶対水準は問題にならないから，最終生産物の価格を 1 に基準化して考えよう．企業の行動は次のように定式化できる．

$$\max_{K,L} F(K, AL) - rK - wL$$

ここで，r は資本のレンタル価格，w は賃金率である．財が 1 つしか存在しないマクロ経済を考えるので，資本のレンタル価格は利子率に等しい[2]．資本と労働の 2 つの変数に関する最大化問題であるが，1 変数の関数の最大化問題と同様に，最大化する変数で微分して，微分したものを 0 とおけば最大化の必要条件を得ることができる．この利潤最大化条件は次のように求めることができる．

$$\frac{\partial F(K, AL)}{\partial K} = r, \quad A\frac{\partial F(K, AL)}{\partial L} = w \tag{1-7}$$

---

[2] 米を10kg借り，1 kgにつき0.2kgがそのレンタル価格とする．借手は借りた10kgとともに 2 kgの米を返済する必要がある．つまり，20%の米を元本とともに返済する．すなわち利子率が20%ということと同じである．

労働に関する条件で関数の微分の係数に技術パラメーター A があるのは，労働を 1 単位変化させたときに実際には効率単位で労働が変化するので労働投入が労働の変化の A 倍になっているからである．コブ＝ダグラス型生産関数ではこの利潤最大化条件は次のようになる．

$$\alpha\left(\frac{K}{AL}\right)^{\alpha-1}=r, \quad (1-\alpha)\left(\frac{K}{AL}\right)^{\alpha}A=w \tag{1-8}$$

資本と労働は家計が非弾力的に（資本のレンタル価格や賃金率とは無関係に）供給するとする．(1-7) 式もしくは (1-8) 式を満たすように資本のレンタル価格 r と賃金率 w が調整され，生産要素は完全雇用される．

この (1-8) 式を書き換えると次の関係式を得る．

$$\alpha\left(\frac{K}{AL}\right)^{\alpha-1}=\alpha\frac{K^{\alpha}(AL)^{1-\alpha}}{K}=\alpha\frac{Y}{K}=r$$

$$(1-\alpha)\left(\frac{K}{AL}\right)^{\alpha}A=(1-\alpha)\frac{K^{\alpha}(AL)^{1-\alpha}}{L}=(1-\alpha)\frac{Y}{L}=w$$

この 2 式より資本分配率と労働分配率を計算すると，次のように求めることができる．

$$\frac{rK}{Y}=\alpha, \quad \frac{wL}{Y}=1-\alpha \tag{1-9}$$

(1-9) 式は，コブ＝ダグラス型生産関数を前提とすると資本分配率，労働分配率は一定になることを示している[3]．

以下のいくつかの章で使うことになるので，効率労働 1 単位当たりの生産関数 (1-3) を用いた利潤最大化条件も導出しておこう．効率労働 1 単位当たりの生産関数を用いると利潤最大化問題は次のように書くことができる．

3）この事実はコブ＝ダグラス型生産関数の名前の由来と関係がある．経済学者のダグラス氏はアメリカのデータを観察して資本分配率と労働分配率が一定で推移していることを発見した．彼はこの事実について，完全競争の下での企業の利潤最大化行動と両立する生産関数は何か，という問題を立てた．この問題を数学者のコブ氏が解いたのである．彼らの論文は Cobb and Douglas (1928) である．

$$\max_{K,L} F(K, AL) - rK - wL = \max_{K,L} f\left(\frac{K}{AL}\right)AL - rK - wL$$

この形式で利潤最大化条件を求めると次のようになる.

$$f'\left(\frac{K}{AL}\right) = r$$

$$f'\left(\frac{K}{AL}\right) \times \left(-\frac{K}{A}\frac{1}{L^2}\right)AL + f\left(\frac{K}{AL}\right)A = w \rightarrow \left[f\left(\frac{K}{AL}\right) - f'\left(\frac{K}{AL}\right)\frac{K}{AL}\right]A = w$$

効率労働1単位当たりの変数で置き換えると次のようになる.

$$f'(k) = r \tag{1-10a}$$

$$[f(k) - f'(k)k]A = w \tag{1-10b}$$

⑤ 資本蓄積式

資本の蓄積は企業の投資によって行われる.次の(1-11)式が資本の変化と投資の関係を表している.

$$K_{t+1} - K_t = I_t \tag{1-11}$$

時間とともに変化する経済状態を記述するために,変数に時点を明記する.K_t は第 t 期の期首(例えば,第 t 期を2007年とすると2007年1月1日を意味している)の資本ストックを,K_{t+1} は次の期,つまり第 $t+1$ 期の資本ストックを意味する.同様に,I_t は第 t 期の投資を意味する.また,簡単化のために資本は減耗しないと仮定する.以下では生産量,投資,消費にも下付きの添え字で時点を明記することになる.

⑥ 技術進歩率

技術水準を表すパラメーター A は一定率 g^A で成長するとする.

$$\frac{A_{t+1} - A_t}{A_t} = g^A (一定) \tag{1-12}$$

これを外生的(exogenous)技術進歩という.外生的であるとは,技術進歩率

が変数ではなく最初から与えられた値（一定値）であることを指しているが，この点が第5章で説明する内生的成長モデルのローマー・モデルと大きく異なっている．

⑦ 人口成長率

労働人口も技術水準と同じく一定率 n で成長するとする．

$$\frac{L_{t+1}-L_t}{L_t}=n \tag{1-13}$$

以上でソロー・モデルの基本的な構成パーツがそろったことになる．以上の7つのパーツを統合してソロー・モデルの基本方程式を構築し，モデルのダイナミクスの解析に移ろう．

1-2　解析：ダイナミクス

解析のポイントは効率労働1単位当たりの資本の時間に伴う変化を調べることにある．まず，(1-4) 式，(1-6) 式，(1-11) 式より次式を得る．

$$K_{t+1}-K_t=I_t=S_t=sY_t$$

次に，この式の両辺を A_tL_t で割る．

$$\frac{K_{t+1}}{A_tL_t}-\frac{K_t}{A_tL_t}=s\frac{Y_t}{A_tL_t}$$

左辺の第2項と右辺は分子分母ともに第 t 期の変数からなっている．左辺の第2項は第 t 期の効率労働1単位当たりの資本ストック，右辺は効率労働1単位当たりの生産量である．それに対して左辺第1項の分子は第 $t+1$ 期の資本で，分母は第 t 期の効率労働量だから，他の項のように簡単に表現することができない．そこで，次のように左辺第1項の分母と分子に $A_{t+1}L_{t+1}$ をかける変形を施そう．

$$\frac{K_{t+1}}{A_{t+1}L_{t+1}}\frac{A_{t+1}L_{t+1}}{A_tL_t}-\frac{K_t}{A_tL_t}=s\frac{Y_t}{A_tL_t}$$

$k_t \equiv K_t/A_tL_t$, $y_t \equiv Y_t/A_tL_t$ であることを用い,さらに次の変形を左辺第1項の右側の分数に使う.

$$\frac{L_{t+1}-L_t}{L_t}=\frac{L_{t+1}}{L_t}-1 \rightarrow \frac{L_{t+1}}{L_t}-1=n \rightarrow \frac{L_{t+1}}{L_t}=1+n$$

技術進歩についても同様の変形を行おう.したがって,次の関係式が成立する.

$$\frac{A_{t+1}L_{t+1}}{A_tL_t}=\frac{A_{t+1}}{A_t}\times\frac{L_{t+1}}{L_t}=(1+g^A)(1+n)$$

よって,次の式を得たことになる.

$$(1+g^A)(1+n)k_{t+1}-k_t=sy_t$$

ここで (1-3) 式の効率労働1単位当たりの生産関数を用いると次のように書ける.

$$(1+g^A)(1+n)k_{t+1}-k_t=sf(k_t)$$

となる.この式を k_{t+1} について解いて,次の関係式を得る.

$$k_{t+1}=\frac{sf(k_t)+k_t}{(1+g^A)(1+n)} \tag{1-14}$$

これを新古典派成長論の基本方程式という.この式は,右辺に入っている第 t 期の効率労働1単位当たりの資本 k_t が決まると,左辺にある次の期,すなわち,第 $t+1$ 期の効率労働1単位当たりの資本ストック k_{t+1} が決まる式になっている.したがって,両辺を1期ずらした次の式の右辺にこの決定された k_{t+1} を代入すると左辺の k_{t+2} が決まる.

$$k_{t+2}=\frac{sf(k_{t+1})+k_{t+1}}{(1+g^A)(1+n)}$$

同様の代入を繰り返すと,次々に k_{t+3}, k_{t+4}, …… が求められる.数学的には,この基本方程式を非線形の1階の定差方程式という.

このような非線形の1階の定差方程式を解析するには図(位相図という)を

第1章 ソロー・モデル

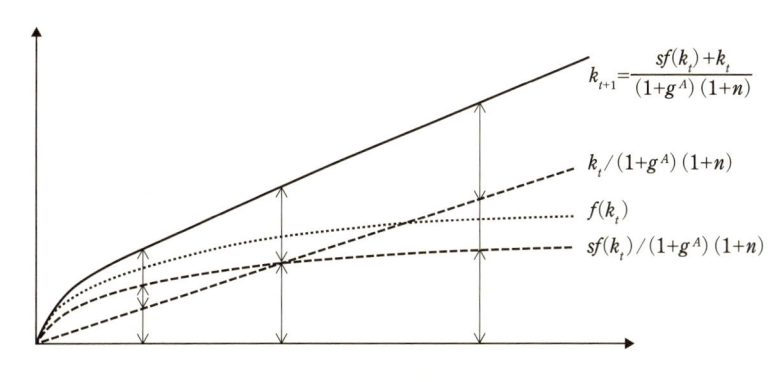

図1-2 基本方程式のグラフ

用いた分析が非常に便利である．基本方程式は k_{t+1} が k_t の関数になっているわけだから，k_t と k_{t+1} の関係をグラフに書いてみることができる．図1-2の縦軸はそれぞれの関数の値を測っている．

基本方程式の右辺は，次のように関数 $sf(k_t)/(1+g^A)(1+n)$ と $k_t/(1+g^A)(1+n)$ の2つの関数の足し算になっている．

$$k_{t+1}=\frac{sf(k_t)+k_t}{(1+g^A)(1+n)}=\frac{s}{(1+g^A)(1+n)}f(k_t)+\frac{1}{(1+g^A)(1+n)}k_t$$

この2つの関数のグラフを書いて，それを足し合わせてみよう．原点を通る点線の直線が右辺第2項を表している．その傾きは，$1/(1+g^A)(1+n)$ である．2つの点線の曲線のうち，下に位置する点線の曲線が右辺第1項のグラフである．上にある点線の曲線は効率労働1単位の生産関数である．右辺第1項の係数は $s/(1+g^A)(1+n)$ で，貯蓄率 s は1より小さく，技術進歩率 g^A がプラスで，人口成長率がマイナスでなければこの係数は必ず1より小さい．したがって，右辺第1項のグラフは生産関数のグラフをこの1より小さい係数分だけ下に縮小した形状をしているのである．図の矢印は右辺第1項の値の大きさを示しており，その値を直線のグラフに上乗せしたところに基本方程式のグラフが通っているはずである．つまり実線の曲線が基本方程式のグラフを表している．

図1-3で，$k_{t+1}=\Gamma(k_t)$ は基本方程式を表している．図1-3の基本方程式のグラフを用いて k_t が $t=0,1,2,3,\cdots\cdots$ と時間が進むにつれてどのように変化し

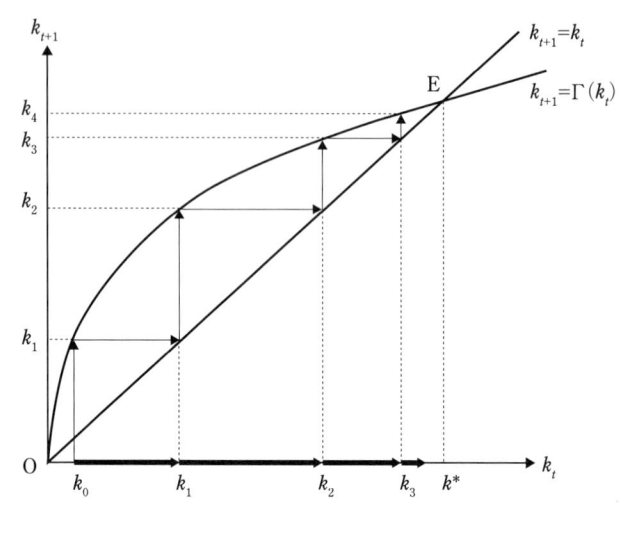

図1-3 ダイナミクス

てゆくかを次のように分析できる．その分析のために役に立つのが45度線である．Inada条件があるために，原点付近では基本方程式の接線の傾きは非常に大きいので45度線より必ず上から出発する．また，k_t が非常に大きくなると基本方程式のグラフの傾きは徐々に $1/(1+g^A)(1+n)$ に近づいてゆく．ゆえに，基本方程式のグラフは45度線と一度だけ必ず交わる．

横軸に効率労働1単位当たりの資本の初期値 k_0 をとる．この初期値は分析を開始する時点では，歴史的に与えられているとする．すると，基本方程式を用いて，$t=0$ とおいてやると次のように k_1 を求めることができる．

$$k_1 = \frac{sf(k_0)+k_0}{(1+g^A)(1+n)}$$

すなわち，基本方程式のグラフの対応する縦軸の目盛りが k_1 を表す．次に，45度線を用いてこれに対応する横軸の目盛りの位置に k_1 を移してやる．45度線を用いているので正方形が形成されていることに注意してほしい．再び基本方程式の右辺に k_1 を代入すると，次のように基本方程式のグラフを用いて k_2 を求めることができる．

第1章　ソロー・モデル

$$k_2 = \frac{sf(k_1) + k_1}{(1+g^A)(1+n)}$$

この手続きを繰り返してやると1人当たりの資本の時間に伴う変化がわかる（図1-3の矢印のように変化してゆくと記憶しておくと覚えやすいだろう）. 効率労働1単位当たりの資本 k_t は, 時間が経過するにつれて増加しながら基本方程式の曲線と45度線との交点Eの横軸の値 k^* に近づいてゆく. このプロセスを資本深化（capital deepening）と言う.

交点Eでは, 効率労働1単位当たりの資本 k_t は変化しない. つまり, $k_t = k_{t+1}$ となる. これを定常状態という. 基本方程式の両辺にある効率労働1単位の資本 k_{t+1}, k_t をともに k^* とおいてやると, 定常状態における1人当たりの資本 k^* は次の方程式を満たすことがわかる.

$$sf(k^*) = (g^A + n)k^* \tag{1-15}$$

ただし, この定常状態を定義する式では, 積 $g^A \cdot n$ を近似的に0とおいている.

1-3　成長率の決定と推移

これまでの節でソロー・モデルを構築し, そのダイナミクスを説明した. 本節は成長率に焦点を当て, 効率労働1単位当たりの資本やGDPの成長率が時間とともにどのように変化してゆくかを考察する. そのために, まず効率労働1単位当たりの資本の成長率がどのように変化するか考えよう.

効率労働1単位当たりの資本 k_t の成長率は次のように定義される.

$$g_t^k = \frac{k_{t+1} - k_t}{k_t} \tag{1-16}$$

(1-16) 式の左辺の上付きの添え字 k が効率労働1単位当たりの資本の成長率であることを表している. (1-16) 式を変形して次の (1-17) 式を得ることができる.

$$1 + g_t^k = \frac{k_{t+1}}{k_t} \tag{1-17}$$

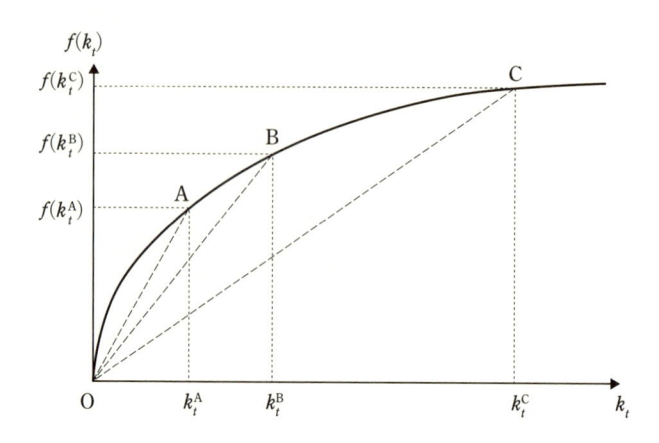

図1-4　効率労働1単位当たりの生産関数と産出資本比率

(1-17) 式の右辺の分子に基本方程式 (1-14) 式を代入して，右辺を次のように計算できる．

$$1+g_t^k = \frac{k_{t+1}}{k_t} = \frac{s}{(1+g^A)(1+n)}\frac{f(k_t)}{k_t} + \frac{1}{(1+g^A)(1+n)} \tag{1-18}$$

(1-18) 式の両辺から1を引くことで，効率労働1単位当たりの資本の成長率を得ることができる．

$$g_t^k = \frac{s}{(1+g^A)(1+n)}\frac{f(k_t)}{k_t} - \frac{g^A+n+g^An}{(1+g^A)(1+n)} \tag{1-19}$$

(1-19) 式の右辺第1項は効率労働1単位当たりの資本 k_t の関数になっている．また第2項は定数であるパラメーターのみから構成されており，g_t^k は k_t の関数になっていることがわかる．(1-19) 式の右辺の関数のグラフを描いてみよう．そのために，右辺第1項に含まれる $f(k_t)/k_t$（分子が効率労働1単位当たりの産出で，分母が効率労働1単位当たりの資本だから，これは産出資本比率であることに注意してほしい）がどのようなグラフとして描けるかについて説明しよう．

図1-4を見てほしい．産出資本比率 $f(k_t)/k_t$ は，効率労働1単位当たりの生産関数 $f(k_t)$ の値を効率労働1単位の資本 k_t で割った値である．効率労働1

単位当たりの資本が k_t^A であるとする。この値に対応する効率労働1単位当たりの生産関数の値は $f(k_t^A)$ であり、図1-4の点Aがそれに対応している。したがって、k_t^A のときの産出資本比率 $f(k_t^A)/k_t^A$ は、図1-4の原点からグラフ上の点Aに引かれた直線OAの傾きに等しい。同様に、効率労働1単位当たりの資本が k_t^B のときの産出資本比率 $f(k_t^B)/k_t^B$ は、図1-4の原点からグラフ上の点Bに引かれた直線OBの傾きに等しく、k_t^C のときの産出資本比率 $f(k_t^C)/k_t^C$ は、図1-4の原点からグラフ上の点Cに引かれた直線OCの傾きに等しい。したがって、図1-4からすぐわかるように、効率労働1単位当たりの資本 k_t が増加すると、産出資本比率 $f(k_t)/k_t$ は低下する。つまり、産出資本比率 $f(k_t)/k_t$ のグラフは図1-5に示すように右下がりになる。産出資本比率のグラフがこのような性質を持つのは、生産関数の形状に関する仮定(B)、つまり限界生産物が逓減するという仮定に基づいている。

産出資本比率 $f(k_t)/k_t$ のグラフで注意しておくべきことが1つある。効率労働1単位当たりの資本 k_t が非常に大きくなったとき、産出資本比率は限りなく0に近づいてゆくという点である。この点は生産関数の形状を考えれば直観的に理解することができる。生産関数は次のInada条件(D)を満たしていることを思い出してほしい。

(D) $\lim_{k \to \infty} f'(k) = 0$

そのため、効率労働1単位当たりの資本 k_t が限りなく大きくなると、効率労働1単位当たりの生産関数 $f(k_t)$ のグラフの接線の傾きは限りなく0に近づいてゆく。したがって、効率労働1単位当たりの生産関数 $f(k_t)$ のグラフはほぼ水平になっている。よって、図1-4の原点からグラフに引いた直線の傾きも限りなく0に近づくのである[4]。つまり、図1-5に示すように産出資本比率 $f(k_t)/k_t$ のグラフは横軸に漸近するのである。

以上を基に、g_t^k のグラフを描いてみよう。(1-19)式をもう一度見てみよう。(1-19)式は2つの部分から構成されている。(1-19)式の右辺第1項は、今まで考察してきた産出資本比率 $f(k_t)/k_t$ に係数 $s/(1+g^A)(1+n)$ を掛けたものである。技術進歩率 g^A と人口成長率 n が0以上の値をとれば、家計の貯蓄

---

4) l'Hospital(ロピタル)の定理を使って証明できる。

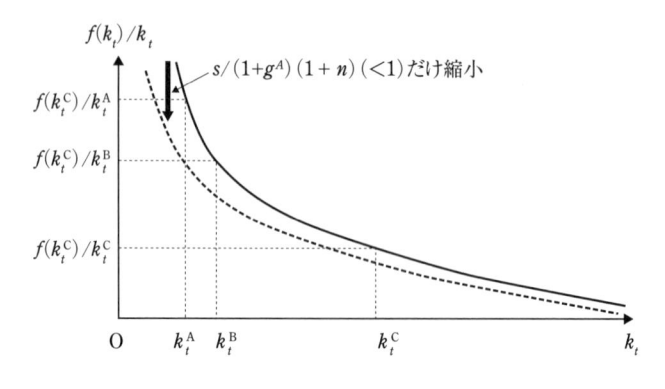

図1-5　産出資本比率

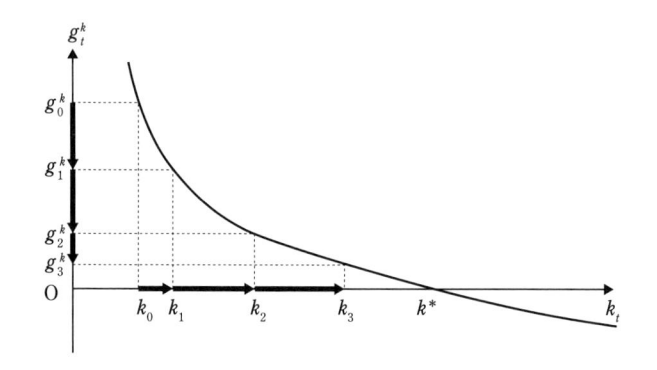

図1-6　効率労働1単位当たりの資本の成長率

率sが1より小さい値をとるためこの係数は1より小さい値をとる．したがって，右辺第1項のグラフは産出資本比率のグラフをこの係数分だけ下に縮小したグラフとして描くことができる．横軸に漸近するという性質も同じである．図1-5の点線のグラフが右辺第1項を表している．

効率労働1単位当たりの資本の成長率g_t^kのグラフを説明しよう．成長率g_t^kは，図1-5の点線のグラフの高さから（1-19）式の右辺第2項の定数を引いたものだから，図1-6のように描くことができる．

定常状態$k_t = k^*$のとき，効率労働1単位当たりの資本k_tは変化しないから（$k_{t+1} = k_t$），（1-16）式から明らかなように，その成長率g_t^kは0になる（$g^k = 0$）．つまり，成長率g^kのグラフと横軸との交点が定常状態における効率労働1単位当たりの資本k^*と一致する．

第1章 ソロー・モデル

定常状態では，効率単位ではかられた変数 $k_t \equiv K_t/A_tL_t$, $y_t \equiv Y_t/A_tL_t$ は一定なので，労働1単位当たりの変数 K_t/L_t, Y_t/L_t は技術進歩率 A_t と同じ速さで変化している．すなわち，労働1単位当たりの資本と産出は技術進歩率で成長していることがわかる．これを計算によって確認しておこう．効率労働1単位当たりの資本の定義を使うと次のような変形ができる．

$$\frac{k_{t+1}}{k_t} = \frac{\frac{K_{t+1}}{A_{t+1}L_{t+1}}}{\frac{K_t}{A_tL_t}} = \frac{\frac{K_{t+1}}{L_{t+1}} \times \frac{1}{A_{t+1}}}{\frac{K_t}{L_t} \times \frac{1}{A_t}} = \frac{\frac{K_{t+1}}{L_{t+1}}}{\frac{K_t}{L_t}} \times \frac{A_t}{A_{t+1}} = \frac{\frac{K_{t+1}}{L_{t+1}}}{\frac{K_t}{L_t}} \times \frac{1}{1+g^A}$$

ここで，最後の等式の部分で技術成長率の定義の変形の考え方を使っていることに注意してほしい．つまり，次の変形である．

$$g^A \equiv \frac{A_{t+1}-A_t}{A_t} = \frac{A_{t+1}}{A_t} - 1 \quad \rightarrow \quad \frac{A_{t+1}}{A_t} = 1+g^A$$

したがって，労働1単位当たりの資本の成長率について次の式を得る．

$$\frac{\frac{K_{t+1}}{L_{t+1}}}{\frac{K_t}{L_t}} = \frac{k_{t+1}}{k_t} \times (1+g^A)$$

成長率の記号 g を使ってこの式を表すと次の式を得る．

$$1 + g_t^{k^L} = (1+g_t^k) \times (1+g^A) \tag{1-20}$$

ここで，(1-20) 式の左辺の上付き添え字 k^L は労働1単位当たりの資本の成長率であることを示している．

時間とともに成長率はどのように変化してゆくだろうか．効率労働1単位当たりの資本は定常状態の値 k^* へと近づいてゆく．したがって，図1-6に示されているように，時間とともに成長率は低下してゆく．定常状態では，効率労働1単位当たりの資本の成長率 g_t^k は0になるから，(1-20) 式より労働1単位当たり資本の成長率は技術進歩率と一致する．

$$g_t^{k^L} = g^A \tag{1-21}$$

したがって，定常状態では労働1単位当たりの消費，GDPも外生的に与えられた技術進歩率で成長する．つまり，労働1単位当たりの産出・資本・消費を成長させる要因は外生的に与えられた技術進歩率であるといえる．

1-4 貯蓄率，人口成長率が経済成長に与える影響

外生的に与えられたパラメーターの変化は，定常状態と定常状態までの成長率の水準に変化をもたらす．ソロー・モデルでの重要なパラメーターは貯蓄率と人口成長率である．貯蓄率や人口成長率の変化は定常状態や成長率にどのような変化をもたらすかについて考察してゆこう．

1-4-1 貯蓄率の変化

家計の貯蓄率は一定と仮定した．もちろん，貯蓄率は家計の選好の変化や政策的な要因によっても変化する．例えば，貯蓄を優遇するような政策として資産収入に対する課税を緩和するという政策は貯蓄をするインセンティブを高めるだろう．このような貯蓄率の変化は経済の定常状態と成長率に影響を与えるはずである．では，いったいどのような影響を与えるだろうか．

まず定常状態に与える影響を考察しよう．図1-3を思い出してほしい．図1-7に描かれている右上がりの曲線と45度線との交点が定常状態であった．貯蓄率が s_a から s_b へ増加したとする．貯蓄率は基本方程式（1-14）式の右辺の分子に入っている．貯蓄率の上昇はこの係数の値を明らかに増加させるので右上がりの曲線を上にシフトさせる．その結果，定常点は E_a から E_b へと右上に変化する．したがって，図1-7からわかるように，定常状態における効率労働1単位当たりの資本は k_a^* から k_b^* へ増加する．したがって，生産関数 $f(k_t)$ から，効率労働1単位当たりの産出量も $y_a^* = f(k_a^*)$ から $y_b^* = f(k_b^*)$ へ増加することもわかる．

では，労働1単位当たりの変数に与える影響はどうだろうか．効率労働1単位当たりの変数の定義より次の関係を得る．

$$\text{効率労働1単位当たりの変数}: k_t \equiv \frac{K_t}{A_t L_t}, \quad y_t \equiv \frac{Y_t}{A_t L_t}$$

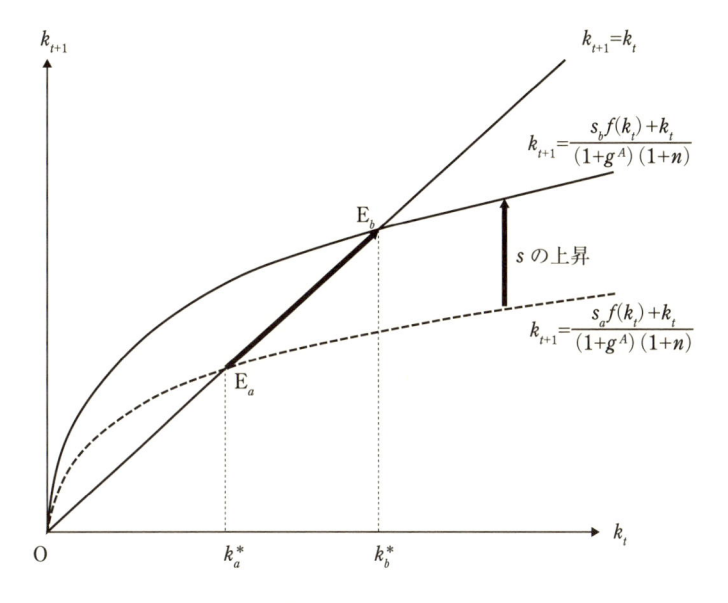

図1-7　貯蓄率の上昇と定常状態の変化

労働1単位当たりの変数： $k_t^L \equiv \dfrac{K_t}{L_t} = k_t A_t, \ y_t^L \equiv \dfrac{Y_t}{L_t} = y_t A_t$

変数の上付き添え字 L はそれが労働1単位当たりの変数であることを示している．したがって，定常状態では次の関係を得る．

$$k_t^{L*} = k^* A_t, \ y_t^{L*} = y^* A_t \tag{1-22}$$

ここでも，労働1単位当たりの変数が技術水準のパラメーターと同じ率で成長してゆくことを確認できる．(1-22) 式からわかるように，定常状態の効率労働1単位当たりの資本 k^* と産出 y^* が増加するので，定常状態の労働1単位当たりの変数の値も上昇し，かつその高いレベルを維持したまま，技術進歩率 g^A と同じ率で成長してゆくことになる．

では，労働1単位当たりの消費のレベルにはどのような影響を与えるだろうか．貯蓄率を増加させると，これまで説明したように，高い水準の生産量を達成できる．しかし，貯蓄率を高めるということは，生産されて所得になったものの中で消費に回す割合が減るわけだから，労働1単位当たりの消費が増える

とは限らない．より詳しく調べてみよう．まず，効率労働1単位当たりの消費について調べてみることにする．財市場の均衡条件（1-5）式と資本蓄積式（1-11）を用いて次の式を得る．

$$C_t = Y_t - I_t = Y_t - (K_{t+1} - K_t) \tag{1-23}$$

（1-23）式の両辺を効率労働 $A_t L_t$ で割ってみると，効率労働1単位当たりの変数に変換できる．

$$\frac{C_t}{A_t L_t} = \frac{Y_t}{A_t L_t} - \frac{K_{t+1}}{A_t L_t} + \frac{K_t}{A_t L_t} \rightarrow \frac{C_t}{A_t L_t} = \frac{Y_t}{A_t L_t} - \frac{K_{t+1}}{A_{t+1} L_{t+1}} \frac{A_{t+1} L_{t+1}}{A_t L_t} + \frac{K_t}{A_t L_t}$$
$$c_t = y_t - (1+g^A)(1+n)k_{t+1} + k_t \tag{1-24}$$

c_t は効率労働1単位当たりの消費である．第 $t+1$ 期の資本を含む項については，基本方程式の導出と同じ変形を用いていることに注意しよう．定常状態では毎期同じ水準の効率労働1単位当たりの資本で推移するから（$k_{t+1} = k_t = k^*$），（1-24）式は次のようになる．

$$c^* = y^* - (1+g^A)(1+n)k^* + k^* = y^* - (g^A + n + g^A n)k^*$$
$$= f(k^*) - (g^A + n + g^A n)k^* \tag{1-25}$$

この（1-25）式の値は定常状態における効率労働1単位当たりの資本の水準 k^* の関数とみることができる．（1-25）式の値が最大になるときが，効率労働1単位当たりの消費が最大になるときである．最大化の条件は，（1-25）式を k^* で微分して導関数の値が0になるときである．したがって，その条件は次のように求めることができる．

$$f'(k_G^*) = g^A + n \tag{1-26}$$

ただし，ここでも $g^A n$ という項は近似的に0とおいて無視している．（1-26）式は，効率等労働1単位当たりの資本が k_G^* のとき，資本の限界生産物が技術進歩率と人口成長率の和に等しいという条件である．これを黄金律（golden rule）と呼ぶ．（1-26）式を達成するように貯蓄率が決定されると，効率労働1単位当たりの消費は最大になり，他の変数と同様に最も高い水準で労働1単

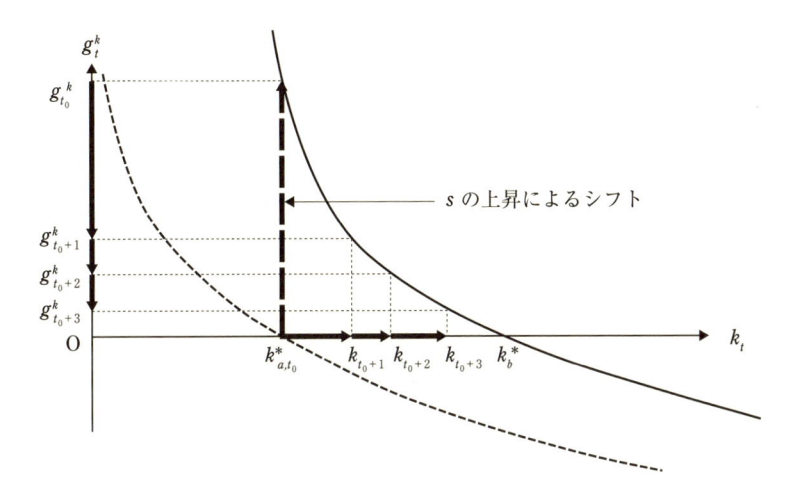

図1-8　貯蓄率の上昇と成長率

位当たりの消費が成長してゆくことになる．ここで，(1-15) 式を使うと黄金律を達成する貯蓄率を次のように求めることができる．

$$s_G = \frac{(g^A + n)k_G}{f(k_G)} \tag{1-27}$$

次に成長率に対して与える効果について説明しよう．効率労働1単位当たりの資本の成長率 g_t^k を求める (1-19) 式で，貯蓄率 s は右辺第1項の係数の分子にある．したがって，貯蓄率 s の上昇は，すべての効率労働1単位の資本 k_t に対して成長率 g_t^k の値を上昇させる効果を持つ．ゆえに，図1-6の成長率を表すグラフは図1-8の点線の上向き矢印で示したように上にシフトする．

いま，第 t_0 期に経済は定常状態 k_{a,t_0}^* にあったとしよう．ここで，貯蓄率が上昇したとする．すると効率労働1単位当たりの資本の成長率は $g_{t_0}^k$ へ上昇する．また定常状態も k_b^* へ上昇する．経済は新しい定常状態へ向かっての成長プロセスに入り，効率労働1単位当たりの資本が増加して，新しい定常状態 k_b^* へと収束してゆく．このプロセスで効率労働1単位当たりの資本は増加してゆくが（資本深化），成長率 g_t^k は図1-8からわかるように，$g_{t_0}^k$，$g_{t_0+1}^k$，$g_{t_0+2}^k$，$g_{t_0+3}^k$，……と徐々に低下して効率労働1単位当たりの資本の成長率 g_t^k が0の定常状態へと収束してゆく．

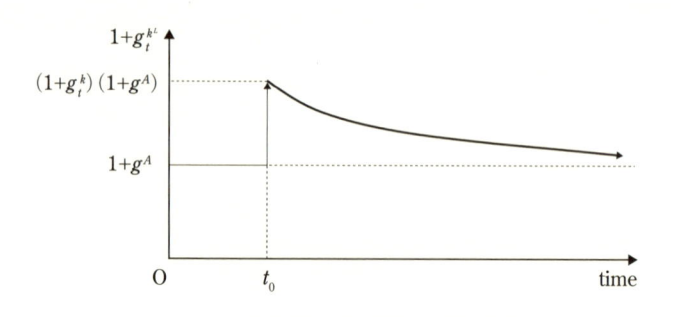

図 1-9　貯蓄率の上昇の効果：成長率の推移

　では労働 1 単位当たりの資本の成長率はどのように推移するだろうか．(1-20) 式と (1-21) 式を思い出してほしい．(1-21) 式から，定常状態においてはどのような貯蓄率であっても，労働 1 単位当たりの資本の成長率は技術進歩率 g^A と同じ成長率になる．また (1-20) 式からわかるように労働 1 単位当たりの資本の成長率に 1 を加えた値 $(1+g_t^{kL})$ は，効率労働 1 単位当たりの資本の成長率 $(1+g_t^k)$ を $(1+g^A)$ 倍だけ上回る．以上をまとめると，労働 1 単位当たり資本の成長率に 1 を加えた値（粗成長率という）の変化は，横軸に時間をとった図 1-9 のように表すことができる．

　まとめると，貯蓄率の上昇は短期的には労働 1 単位当たり資本の成長率を押し上げることができるが，長期的には外生的に与えられた技術進歩率 g^A が労働 1 単位当たりの資本の成長率を決定するのである．労働 1 単位当たりの消費や産出水準についても同じである．

1-4-2　人口成長率の変化

　まず，人口成長率の変化が定常状態に与える影響について考察しよう．ここでも図 1-3 の位相図を用いる．人口成長率が n_a から n_b へ上昇したとする．人口成長率は基本方程式の右辺の分母に入っているから，人口成長率の増加は基本方程式のグラフを図 1-10 に描かれているように下にシフトさせる．その結果，定常点は E_a から E_b へと左下に変化する．したがって，図 1-10 からわかるように，定常状態における効率労働 1 単位当たりの資本は k_a^* から k_b^* へ減少する．したがって，生産関数 $f(k_t)$ から効率労働 1 単位当たりの産出量も $y_a^* = f(k_a^*)$ から $y_b^* = (k_b^*)$ へ減少することになる．

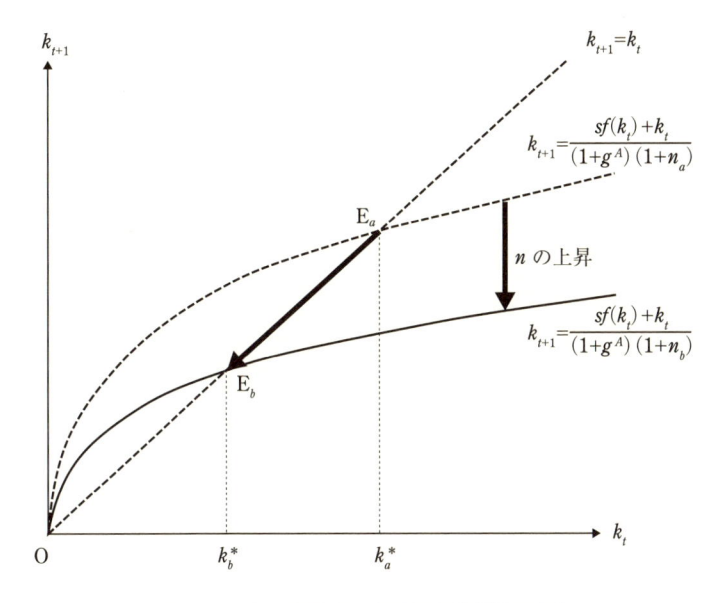

図1-10 人口成長率の上昇と定常状態の変化

　では消費はどうだろうか．貯蓄率はここでは変化していないから，人口成長率の上昇は労働1単位当たりの消費を明らかに減少させる．したがって，ソロー・モデルでは人口成長率の上昇はこれまでよりも人々の効用を低下させるのである[5]．

　次に成長率に与える影響について簡単にみておこう．(1-21)式から明らかなように労働1単位当たりの資本，産出，消費は技術進歩のパラメーター A と同じ成長率 g^A で成長してゆく．したがって，人口成長率の変化は労働1単位当たりの変数の成長率には影響を持たないのである．人口成長率の変化に伴う成長率の時間変化についても貯蓄率の場合と同じように分析できるが，それは読者にゆだねるとしよう．

---

[5] ただし，人々ができるだけ多くの子供を持つことで幸せを感じるならば，必ずしも不幸になるとはいえないかもしれない．しかし，数多くの子供を持つことはそれだけ養育費が増加することを意味している．この点を考慮した成長モデルを考察する必要があるが，これは本書の守備範囲を超えてしまう．

1-5 ソロー・モデルを超えて

ローマーは前節で説明した成長率の時間に伴う変化や，定常状態へと単調に収束してゆくプロセスが現実の経済と一致しているかについて疑問を持った．彼は1986年の論文（Romer 1986）で Baumol（1986）の実証結果を引用している．ボーモルは先進諸国，中進諸国，中央計画経済諸国，発展途上諸国の4グループに世界の国々を分けたときに，それぞれのグループの中では同じ定常状態への生産性の収束が観察されるが，異なるグループの間ではそのような収束は観察されず，むしろ差が広がっていると結論付けている．このような異なるグループ間での成長のパフォーマンスの差異を導き出すために，ローマーはソロー・モデルの仮定の中で重要な役割をはたしている仮定(B)，限界生産物が逓減するという仮定に注目した．図1-3で定常状態が存在し，図1-5において効率労働1単位当たりの資本が限りなく大きくなるときに，産出資本比率が低下して限りなく0に近づいてゆくことになるのは，この仮定(B)に基づいている．ではこの仮定を外してモデルを構築することができるだろうか[6]．

ローマーは資本の蓄積を生産経験の蓄積に基づく知識資本総体の成長ととらえた．知識資本の蓄積は労働者に学習の効果を生み生産効率を増加させる．この考え方を learning by doing と呼び，次の学習関数で表そう．

$$A_t = Q\left(\frac{K_t}{L_t}\right), \quad Q'(\cdot) > 0 \tag{1-28}$$

労働者1人に装備される資本が増加すると労働投入の効率性が上昇する設定である[7]．つまり，ソロー・モデルでは外生的に成長すると仮定された効率性を表すパラメーターが労働1単位当たりの資本とともに成長してゆくことになる．これが後でみるように内生的な成長を生み出す要因となる．生産関数は

---

[6] ローマーは企業の最適化行動も考慮に入れて問題を解いている．本文のような生産関数と競争均衡を両立させるために，ローマーはマーシャル的外部性という考え方を用いている．

[7] ローマーは1人当たり資本 K/L ではなく総資本 K が外部性を持つという設定にしている．ローマーは蓄積された知識を公共財としてとらえ，すべての労働者の生産効率性に影響を与えるという考え方をしている．

(1-1) 式で表される．(1-28) 式を (1-1) 式に代入すると次の生産関数を得る．

$$Y_t = F(K_t, A_t \cdot L_t) = F\left(K_t, Q\left(\frac{K_t}{L_t}\right) \cdot L_t\right) \tag{1-29}$$

以下では，学習関数を次の1次関数と仮定する．

$$Q\left(\frac{K_t}{L_t}\right) = a \cdot \frac{K_t}{L_t}, \quad a > 0 \tag{1-30}$$

ここで，a はプラスの一定値をとる学習効果を表すパラメーターである．(1-30) 式を (1-29) 式に代入しよう．

$$Y_t = F\left(K_t, a \cdot \frac{K_t}{L_t} \times L_t\right) = F(K_t, aK_t) \tag{1-31}$$

(1-1) 式の生産関数は1次同次の性質 (1-2) を持つので次のように書ける．

$$\lambda Y_t = F(\lambda K_t, \lambda a K_t)$$

ここで $\lambda = 1/K_t$ とおくと次の式を得る．

$$\frac{Y_t}{K_t} = F(1, a) \quad \rightarrow \quad Y_t = AK_t, \quad A \equiv F(1, a) \tag{1-32}$$

生産関数 $F(1, a)$ の中には変数は入っていないので，これを定数 A で表している[8]．(1-32) 式の生産関数の両辺を労働投入 L_t で割ると労働1単位当たりの生産関数を得る．

$$\frac{Y_t}{L_t} = A \frac{K_t}{L_t} \quad \rightarrow \quad y_t = A k_t \tag{1-33}$$

経済全体での資本の限界生産物が，一定値 A をとっていることに注意してほしい．また，ここでは労働1単位当たりの資本および産出を k_t, y_t と表すことにする．したがって，限界生産物が逓減しないのである．

(1-33) 式の生産関数のもとで，労働1単位当たり資本の成長率を求めてみ

---

8) この生産関数の形からこれを AK 生産関数と呼ぶ．

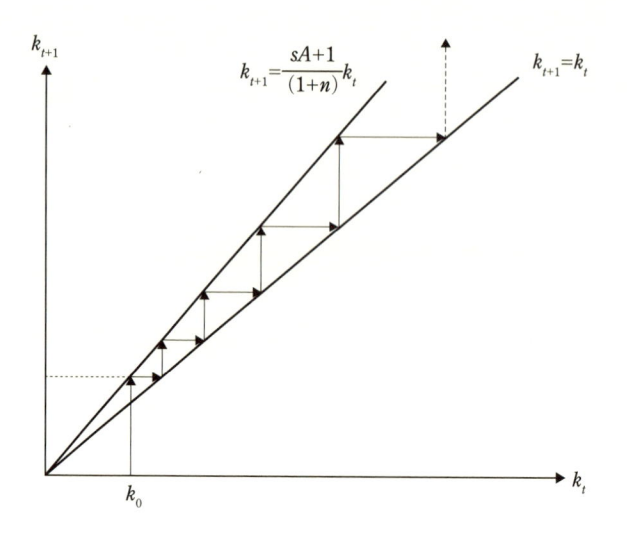

図1-11 ダイナミクス

よう．労働 L_t で $g^A=0$ とおいた基本方程式（1-14）の両辺を割る操作を行う．この操作の結果，(1-32) 式，もしくは (1-33) 式を用いると次の基本方程式を得る．

$$k_{t+1} = \frac{sAk_t + k_t}{(1+n)} = \frac{sA+1}{1+n} k_t \tag{1-34}$$

この基本方程式（1-34）の位相図を描くと図1-11のようになる．貯蓄率 s と経済全体での限界生産力 A が十分大きく $sA>n$ と仮定しよう．基本方程式のグラフは原点を通る直線で，その傾きは $(sA+1)/(1+n)$ である．したがって，この傾きは1より大きいので，基本方程式のグラフと45度線は原点以外に交点を持たないことに注意してほしい．これは限界生産物が逓減していないために他ならない．

次に，労働1単位当たりの資本の成長率を求めてみよう．(1-34) 式の両辺を k_t で割ると次の成長率の式を得る．

$$1+g^k = \frac{k_{t+1}}{k_t} = \frac{sA+1}{1+n} \quad \rightarrow \quad g^k = \frac{sA-n}{1+n} \tag{1-35}$$

第1章 ソロー・モデル

ソロー・モデルでの労働1単位当たり資本の成長率を決定する（1-21）式では，定常状態での成長率は外生的な技術進歩率 g^A で決定され，貯蓄率 s は成長率 g_t^k に影響を与えることができなかった．ところが，（1-35）式では労働1単位当たり資本の成長率に貯蓄率が影響を与えることができる．これがローマーの結論である．

しかし，この初期の内生成長モデルはいくつかの点で不満が残る．その最も大きな不満は知識資本が資本の蓄積と同時に自動的に進むという点にある．知識や経済の技術は研究開発という意図的な作業によって行われるはずである．第4章のローマー・モデルでは，この意図的な作業である研究開発を取り入れた内生成長モデルを説明することになる．

他にもソロー・モデルにおいて語られていないことがある．1つは，家計の行動が単純化されすぎていることである．ソロー・モデルでは家計はその所得の一定割合を必ず貯蓄すると仮定された．しかし，現実の家計はさまざまな条件，特に利子率や自らの選好を考慮に入れて行動しているはずである．第2章では，家計の最適化行動を考慮に入れた代表的個人モデルを説明する．家計の最適化行動を考慮に入れるとさまざまな経済政策の厚生評価を行うことが可能になる．特にこの点は内生的成長モデルにおいてクリアになる．さらに第3章で，人口の構造を考慮に入れた世代重複モデルを説明する．

第 2 章

代表的個人モデル

　本章では現代のマクロ経済学において土台となっている経済モデルである，代表的個人モデル（representative agent model）を説明する．最も基本的な代表的個人モデルはソロー・モデルに家計の最適化行動を導入したモデルである．そのために通常のミクロ経済学と同様に家計の目的を説明することから始めよう．本章でも政府と海外との取引は存在しないものとする．

2-1　家計の目的

　代表的個人モデルでは永遠に生き続ける個人を考える．その正当化は以下のようになされる．ある一族（dynasty）が経済には存在すると考えよう．この一族の第 0 世代の個人は，次の世代（第 1 世代）の代表的個人の効用を自分の効用としてカウントする．このような個人を利他的（altruistic）個人という．したがって，次のように表現できる．

$$U_0 = u(c_0) + \frac{1}{1+\rho} U_1 \tag{2-1}$$

ここで，U_0 は第 0 世代の個人の効用，U_1 は第 1 世代の個人の効用，ρ は主観的割引率（時間選好率）を表している．第 0 世代は，第 1 世代の個人の効用 U_1 を割引率 ρ で割り引いて，自分の消費から得る効用 $u(c_0)$ に加えて自分の効用 U_0 にする．計算の簡単化のために第 0 世代は第 1 世代の個人の効用を足し

算の形で自らの効用に加算すると仮定している．それ以降の世代についても，世代間に同様なリンクがある（$t>0$）．つまり，次の関係が成立している．

$$U_t = u(c_t) + \frac{1}{1+\rho} U_{t+1} \tag{2-2}$$

ここで，U_t は第 t 世代の個人の効用，U_{t+1} は第 $t+1$ 世代の個人の効用である．この関係式を使い，$t=1$ とおいて，第 1 世代の効用 U_1 を第 0 世代の個人の効用の式に代入すると次の式を得ることができる．

$$U_0 = u(c_0) + \frac{1}{1+\rho} U_1 = u(c_0) + \frac{1}{1+\rho}\left(u(c_1) + \frac{1}{1+\rho} U_2\right) = u(c_0) + \frac{1}{1+\rho} u(c_1) + \frac{1}{(1+\rho)^2} U_2$$

さらに，第 2 世代の効用 U_2 をこの式に代入すると次の関係式が得られる．

$$\begin{aligned} U_0 &= u(c_0) + \frac{1}{1+\rho} u(c_1) + \frac{1}{(1+\rho)^2} U_2 = u(c_0) + \frac{1}{1+\rho} u(c_1) + \frac{1}{(1+\rho)^2}\left(u(c_2) + \frac{1}{1+\rho} U_3\right) \\ &= u(c_0) + \frac{1}{1+\rho} u(c_1) + \frac{1}{(1+\rho)^2} u(c_2) + \frac{1}{(1+\rho)^3} U_3 \end{aligned}$$

このプロセスを続けてゆくと，第 0 世代の効用は，各世代の効用を主観的割引率 ρ で割り引いて現在価値にした項の無限に続く足し算の部分と，無限先の将来世代の効用の現在価値の和になることがわかる．

$$\begin{aligned} U_0 &= \left[u(c_0) + \frac{1}{1+\rho} u(c_1) + \frac{1}{(1+\rho)^2} u(c_2) + \frac{1}{(1+\rho)^3} u(c_3) + \cdots\right] + \lim_{t\to\infty} \frac{1}{(1+\rho)^t} U_t \\ &= \sum_{t=0}^{\infty} \frac{1}{(1+\rho)^t} u(c_t) + \lim_{t\to\infty} \frac{1}{(1+\rho)^t} U_t \end{aligned} \tag{2-3}$$

ここで，無限先の個人の効用の割引現在価値の極限は 0 であると仮定する．

$$\lim_{t\to\infty} \frac{1}{(1+\rho)^t} U_t = 0$$

以上より，この一族の目的は，各期の消費の効用の割引現在価値の総和を最大にすることになる．この一族を通常，無限期間生きる家計と称している．以下では単に家計と呼ぶことにする．つまり家計の目的（もしくは，無限の連鎖の

ある一族の目的）は次のように書くことができる[1]．

$$\max U_0 = \sum_{t=0}^{\infty} \frac{1}{(1+\rho)^t} u(c_t) \tag{2-4}$$

以下では経済はこの家計のみによって構成されると考える．また，ソロー・モデルと同様に家計の構成メンバー（代表的個人）は人口成長率 n で増加すると仮定する．

2-2 異時点間の予算制約式

次に，家計が従わねばならない予算の制約を説明する．時間的な流れがある点で，予算制約式はミクロ経済学ではじめに学ぶ予算制約式より少し難しくなる．しかし，予算制約は日々われわれが直面している問題にすぎないので，自然に答えは得られる．

まず，ソロー・モデルと同様に貯蓄を定義することができる．

$$\text{貯蓄 } S_t = \text{所得 } Y_t - \text{消費 } C_t \tag{2-5}$$

個人ではなく家計で考えているので大文字の変数が使われていることに注意しよう．では，所得は何から構成されるか．資産からの所得（利子）と労働所得（賃金）の2つから構成される．個人は労働を1単位保有しており，それを常に賃金率の水準とは無関係に（非弾力的に）供給すると仮定する．つまり所得は次のように定義される．

$$Y_t = r_t \cdot A_t \text{（利子）} + w_t \cdot L_t \text{（賃金）} \tag{2-6}$$

ここで，A_t は家計の保有する資産，r_t は利子率，w_t は賃金率である．最後に，家計の貯蓄により家計の保有する資産が増加する．これは次のように書くこと

---

[1] この目的関数の定式化は Blanchard and Fischer（1989）の考え方である．Romer（2011）の考え方は，第1世代（子供）の数だけの効用を加えるやり方である．この場合，第1世代の数は第0世代の $1+n$ 倍になっているから

$$U_0 = u(c_0) + \frac{1+n}{1+\rho} U_1$$

となる．

ができる．

$$(\text{第 } t+1 \text{ 期の資産 } A_{t+1}) - (\text{第 } t \text{ 期の資産 } A_t) = (\text{第 } t \text{ 期の貯蓄 } S_t) \tag{2-7}$$

したがって，(2-5)，(2-6)，(2-7) 式より家計の異時点間の予算制約式は次のようになる．

$$A_{t+1} - A_t = r_t A_t + w_t L_t - C_t \tag{2-8}$$

(2-8)式の両辺を人口 L_t で割って次を得る．

$$\frac{A_{t+1}}{L_{t+1}}\frac{L_{t+1}}{L_t} - \frac{A_t}{L_t} = r_t \frac{A_t}{L_t} + w_t - \frac{C_t}{L_t}$$

ここで左辺の第1項はソロー・モデルと同様の処理をしていることに注意してほしい．以上をまとめると次の予算制約式を得る．

$$(1+n)a_{t+1} - a_t = r_t a_t + w_t - c_t \quad or \quad (1+n)a_{t+1} = (1+r_t)a_t + w_t - c_t \tag{2-9}$$

2-3 家計の貯蓄決定（資産保有決定）

家計は初期（$t=0$）の消費 c_0 から始めて将来の消費の流列 $\{c_t\}_{t=0}^{\infty}$ を決める．しかしこの決定は，(2-9) 式の予算制約式からわかるように，資産保有の流列 $\{a_t\}_{t=1}^{\infty}$ を決めることと同値である．つまり，t 時点の消費 c_t を決めることは次の期に保有する資産 a_{t+1} を決定することと同じことである．以下では資産保有を決める問題で考えることにする．そこで家計の目的関数 (2-4) から消費を消去しよう．

$$\begin{aligned}
\max U_0 &= \sum_{t=0}^{\infty} \frac{1}{(1+\rho)^t} u(c_t) = \sum_{t=0}^{\infty} \frac{1}{(1+\rho)^t} u((1+r_t)a_t - (1+n)a_{t+1} + w_t) \\
&= u((1+r_0)a_0 - (1+n)a_1 + w_0) + \frac{1}{1+\rho} u((1+r_1)a_1 - (1+n)a_2 + w_1) \\
&\quad + \frac{1}{(1+\rho)^2} u((1+r_2)a_2 - (1+n)a_3 + w_2) + \frac{1}{(1+\rho)^3} u((1+r_3)a_3 - (1+n)a_4 + w_3) + \cdots
\end{aligned}$$

$$\tag{2-10}$$

この変形からわかるように a_1 は 1 番目の項と 2 番目の項だけに存在する．同様に a_2 は 2 番目の項と 3 番目の項だけに存在する．無限の足し算が続くが意外に単純な構造をしていることがわかる．つまり，(2-10) 式において第 t 期の資産 a_t は 2 回登場するだけである．実際に第 t 期の資産が含まれる項のみを抜き出してみよう．

$$\cdots + \frac{1}{(1+\rho)^{t-1}} u((1+r_{t-1})a_{t-1}-(1+n)a_t+w_{t-1}) + \frac{1}{(1+\rho)^t} u((1+r_t)a_t-(1+n)a_{t+1}+w_t) + \cdots$$

(2-11)

家計は資産の収益率（利子率）r_t（$t=0, 1, 2, \cdots$）と労働の価格 w_t（$t=0, 1, 2, \cdots$）を所与として，毎期の消費から得る効用の割引現在価値の総和 U_0，つまり (2-10) 式を最大にするように，毎期の資産の保有量 a_t を決定する．

　資産 a_t で目的関数 (2-10)，実際には (2-11) 式で取り出された項を微分しよう．この微分を行うために合成関数の微分法を使う．そのため (2-11) 式を消費を使って表すと次のようになる．

$$\cdots + \frac{1}{(1+\rho)^{t-1}} u(c_{t-1}) + \frac{1}{(1+\rho)^t} u(c_t) + \cdots$$

これを資産 a_t で微分することにより最大化の条件を求めよう．ここで，これ以外の項には a_t は含まれていないことに注意すると他の項は微分すると 0 になることがわかる．また，第 $t-1$ 期と第 t 期の予算制約式は $c_{t-1}=(1+r_{t-1})a_{t-1}-(1+n)a_t+w_{t-1}$，$c_t=(1+r_t)a_t-(1+n)a_{t+1}+w_t$ であるから，第 $t-1$ 期の消費 c_{t-1} と第 t 期の消費 c_t は第 t 期の資産 a_t の関数になっていることがわかる．そこで合成関数の微分を使うと (2-11) 式の第 t 期の資産 a_t による微分は次のように行うことができ，最大化の条件は次のようになる．

$$\frac{dU_0}{da_t} = \frac{1}{(1+\rho)^{t-1}} \frac{du(c_{t-1})}{dc_{t-1}} \frac{dc_{t-1}}{da_t} + \frac{1}{(1+\rho)^t} \frac{du(c_t)}{dc_t} \frac{dc_t}{da_t} = 0$$

第 $t-1$ 期と第 t 期の予算制約式より $\frac{dc_{t-1}}{da_t} = -(1+n)$，$\frac{dc_t}{da_t} = 1+r_t$ なので，資産を用いて表現すると次のようになっている．

$$-\frac{1+n}{(1+\rho)^{t-1}}u'((1+r_{t-1})a_{t-1}-(1+n)a_t+w_{t-1})+\frac{1+r_t}{(1+\rho)^t}u'((1+r_t)a_t-(1+n)a_{t+1}+w_t)=0$$

$c_t=(1+r_t)a_t-(1+n)a_{t+1}+w_t$, $c_{t-1}=(1+r_{t-1})a_{t-1}-(1+n)a_t+w_{t-1}$ であることに注意してこの式を変形すると，次の家計の最大化条件を得ることができる．

$$u'(c_{t-1})=\frac{1+r_t}{(1+n)(1+\rho)}u'(c_t) \tag{2-12}$$

(2-12) 式をオイラー方程式（Euler equation）という．ここで，消費の初期値は c_0 だから，(2-12) 式は $t\geq 1$ のときに成立していることに注意しておこう．

次に，このオイラー方程式を別の角度から見てみよう．第 t 期の予算制約式 (2-9) より第 t 期の消費を $1+n$ 単位減らすと，第 $t+1$ 期の資産を1単位増やすことができる．理由は次のようである．(2-9) 式で変化することができるのは第 t 期の消費 c_t と第 $t+1$ 期の資産 a_{t+1} のみであるから，(2-9) 式より変数の変化を計算すると次を得ることができる．

$$(1+n)da_{t+1}=-dc_t$$

ここで，第 t 期の資産を1単位増やすわけだから $da_{t+1}=1$ であることに注意すると次を得る．

$$dc_t=-(1+n)\times 1=-(1+n)$$

すなわち，第 $t+1$ 期に保有する資産を1単位増やすために第 t 期の消費を $1+n$ 単位犠牲にしていることになる．したがって，家計が1単位の資産を手に入れるために犠牲にしたものを効用単位で測ると $u'(c_t)\cdot(1+n)$ に等しい．これを資産の価格と考えることが可能である（購入するために支払うものが価格である）．そこで次のように第 $t+1$ 期に保有する資産の第 t 期の資産価格 q_t を定義する．

$$(1+n)u'(c_t)=q_t \tag{2-13}$$

よって，オイラー方程式は次のように書くことができる．

$$q_{t-1} = \frac{1+r_t}{(1+n)(1+\rho)} q_t, \quad t \geq 1 \tag{2-14}$$

これを変形すると（分母の $n\rho$ は無視する），次の関係式を得る．

$$\frac{q_t - q_{t-1} + r_t q_t}{q_{t-1}} = \rho + n$$

$$\frac{\text{キャピタル・ゲイン} + \text{利子}}{\text{資産価格}} = \text{時間選好率} + \text{人口成長率}$$

となっていることがわかる．この式は，資産保有の収益率（左辺）が時間選好率と人口成長率の合計に一致していることを意味している．

この (2-14) 式からわかるように，$1+r_t < (1+n)(1+\rho)$ の場合，次の不等式が成立する．

$$\frac{q_t}{q_{t-1}} = \frac{(1+n)(1+\rho)}{1+r_t} > 1$$

つまり，資産価格は上昇しつづけることになる．この場合，資産価格にバブルが発生している可能性がある[2]．このようなバブルは家計の効用最大化といかなる関係にあるだろうか．相容れるであろうか，それとも効用最大化と両立しないのだろうか？ 次節でこの点を検討しよう．

2-4 横断条件と no-Ponzi-game 条件

まず問題を明確にするために，2期間だけ生きる家計を考えてみよう．この家計の予算制約式は次のようになる．

$$(1+n)a_1 = (1+r_0)a_0 + w_0 - c_0 \tag{2-15a}$$
$$(1+n)a_2 = (1+r_1)a_1 + w_1 - c_1 \tag{2-15b}$$

この2つの式から a_1 を消去しよう．無限期間生きる家計の場合の変形をスムーズに行うために，次のように変形を行うことにする．予算制約式 (2-15a)

---

2) バブル (bubble) とは，資産保有から得る所得（利子や配当）の割引現在価値で決まる資産価格（これを fundamentals という）を資産価格が上回る部分を指す．

の両辺を $1+r_0$ で割る．

$$(1+n)a_1 = (1+r_0)a_0 + w_0 - c_0 :$$

両辺 $\times \dfrac{1}{1+r_0}$ → $\dfrac{1+n}{1+r_0}a_1 = a_0 + \dfrac{w_0}{1+r_0} - \dfrac{c_0}{1+r_0}$

次に（2-15b）にも次に示すように同様の操作を行う．

$$(1+n)a_2 = (1+r_1)a_1 + w_1 - c_1 :$$

両辺 $\times \dfrac{1+n}{(1+r_0)(1+r_1)}$ → $\dfrac{(1+n)^2}{(1+r_0)(1+r_1)}a_2 = \dfrac{1+n}{1+r_0}a_1 + \dfrac{(1+n)w_1}{(1+r_0)(1+r_1)} - \dfrac{(1+n)c_1}{(1+r_0)(1+r_1)}$

変形された2つの式の両辺を加えると次を得る．

$$\dfrac{c_0}{1+r_0} + \dfrac{(1+n)c_1}{(1+r_0)(1+r_1)} + \dfrac{(1+n)^2 a_2}{(1+r_0)(1+r_1)} = a_0 + \dfrac{w_0}{1+r_0} + \dfrac{(1+n)w_1}{(1+r_0)(1+r_1)}$$

左辺は，家計の消費の割引現在価値の総和と1期間目の終了時点に家計が保有する資産の現在価値で，右辺は初期資産と家計が得る所得の割引現在価値の総和である．

a_2 は家計が1期目の終了後に残している資産であるから次のことがわかる．

　$a_2 > 0$ のとき：資産を残して死亡する．

最後に資産を残すよりは消費し尽くした方が得であるので，このようなことは家計にとって最適ではない．これを排除する条件を横断（transversality）条件と言う．

　$a_2 < 0$ のとき：負債を残して死亡する．

これを許さない条件を no-Ponzi-game（NPG）条件という．したがって，横断条件・NPG条件は次のようになる．

　$a_2 = 0$ (2-16)

では，無限期間生きる家計のケースではどうか．2期間生きる家計の場合と同じく，次のように変形して両辺を足し合わせてゆく：

第 0 期目：$(1+n)a_1 = (1+r_0)a_0 + w_0 - c_0$ ：両辺 $\times \dfrac{1}{1+r_0}$ $\rightarrow$ $\dfrac{(1+n)a_1}{1+r_0} = a_0 + \dfrac{w_0 - c_0}{1+r_0}$

第 1 期目：

$(1+n)a_2 = (1+r_1)a_1 + w_1 - c_1$ ：両辺 $\times \dfrac{1+n}{(1+r_0)(1+r_1)}$

$\rightarrow \dfrac{(1+n)^2 a_2}{(1+r_0)(1+r_1)} = \dfrac{(1+n)a_1}{1+r_0} + \dfrac{(1+n)(w_1 - c_1)}{(1+r_0)(1+r_1)}$

第 2 期目：

$(1+n)a_3 = (1+r_2)a_2 + w_2 - c_2$ ：両辺 $\times \dfrac{(1+n)^2}{(1+r_0)(1+r_1)(1+r_2)}$

$\rightarrow \dfrac{(1+n)^3 a_3}{(1+r_0)(1+r_1)(1+r_2)} = \dfrac{(1+n)^2 a_2}{(1+r_0)(1+r_1)} + \dfrac{(1+n)^2 (w_2 - c_2)}{(1+r_0)(1+r_1)(1+r_2)}$

$\vdots$

第 $t-1$ 期目：

$(1+n)a_t = (1+r_{t-1})a_{t-1} + w_{t-1} - c_{t-1}$ ：両辺 $\times \dfrac{(1+n)^{t-1}}{(1+r_0)(1+r_1)\cdots(1+r_{t-1})}$

$\rightarrow \dfrac{(1+n)^t a_t}{(1+r_0)(1+r_1)\cdots(1+r_{t-1})} = \dfrac{(1+n)^{t-1} a_{t-1}}{(1+r_0)(1+r_1)\cdots(1+r_{t-2})} + \dfrac{(1+n)^{t-1}(w_{t-1} - c_{t-1})}{(1+r_0)(1+r_1)\cdots(1+r_{t-1})}$

第 t 期目：

$(1+n)a_{t+1} = (1+r_t)a_t + w_t - c_t$ ：両辺 $\times \dfrac{(1+n)^t}{(1+r_0)(1+r_1)\cdots(1+r_{t-1})(1+r_t)}$

$\rightarrow \dfrac{(1+n)^{t+1} a_{t+1}}{(1+r_0)(1+r_1)\cdots(1+r_{t-1})(1+r_t)} = \dfrac{(1+n)^t a_t}{(1+r_0)(1+r_1)\cdots(1+r_{t-2})(1+r_{t-1})} + \dfrac{(1+n)^t (w_t - c_t)}{(1+r_0)(1+r_1)\cdots(1+r_{t-1})(1+r_t)}$

第 t 期まで両辺を加えた結果：

$\dfrac{(1+n)^{t+1} a_{t+1}}{(1+r_0)(1+r_1)\cdots(1+r_{t-1})(1+r_t)} = a_0 + \dfrac{w_0 - c_0}{1+r_0} + \dfrac{(1+n)(w_1 - c_1)}{(1+r_0)(1+r_1)} + \dfrac{(1+n)^2 (w_2 - c_2)}{(1+r_0)(1+r_1)(1+r_2)} + \cdots$

$+ \dfrac{(1+n)^{t-1}(w_{t-1} - c_{t-1})}{(1+r_0)(1+r_1)\cdots(1+r_{t-1})} + \dfrac{(1+n)^t (w_t - c_t)}{(1+r_0)(1+r_1)\cdots(1+r_{t-1})(1+r_t)}$

これを，記号 $\prod_{i=0}^{n} x_i = x_0 \cdot x_1 \cdots x_n$ を使って，まとめて書くと次のように表現できる．

$$\frac{(1+n)^{t+1}a_{t+1}}{\prod_{j=0}^{t}(1+r_j)} = a_0 + \sum_{i=0}^{t}\frac{(1+n)^i(w_i-c_i)}{\prod_{j=0}^{i}(1+r_j)}$$

ゆえに，第 t 期まで考えた場合の横断条件・NPG 条件は次のようになる．

$$\frac{(1+n)^{t+1}a_{t+1}}{\prod_{j=0}^{t}(1+r_j)} = \frac{a_{t+1}}{\prod_{j=0}^{t}\left(\frac{1+r_j}{1+n}\right)} = 0 \iff a_{t+1}=0$$

ここで，1 番目の等式は，分子にある $t+1$ 個の $(1+n)$ の掛け算を分母に移したものである．これはすぐ後の変形に用いる．

無限期間生きる家計を考えているから，第 $t+1$ 期以降も同様の変形を行い無限期まで足し合わせた予算制約式の辺々の合計は次のようになる．

$$\lim_{t\to\infty}\frac{(1+n)^{t+1}a_{t+1}}{\prod_{j=0}^{t}(1+r_j)} = a_0 + \sum_{i=0}^{\infty}\frac{(1+n)^i(w_i-c_i)}{\prod_{j=0}^{i}(1+r_j)}$$

ゆえに，無限期先まで考えた横断条件・NPG 条件は次のようになる．

$$\lim_{t\to\infty}\frac{a_{t+1}}{\prod_{j=0}^{t}\left(\frac{1+r_j}{1+n}\right)} = 0 \tag{2-17}$$

資産価格で表したオイラー方程式（2-14）を使って（2-17）式の条件を変形してみよう．分母に（2-14）を使うと次のように変形できる．

$$\prod_{j=0}^{t}\frac{1+r_j}{1+n} = \frac{1+r_0}{1+n}\prod_{j=1}^{t}(1+\rho)\frac{q_{j-1}}{q_j} = \frac{1+r_0}{1+n}\left[(1+\rho)\frac{q_0}{q_1}\right]\left[(1+\rho)\frac{q_1}{q_2}\right]\cdots\left[(1+\rho)\frac{q_{t-1}}{q_t}\right] = \frac{1+r_0}{1+n}(1+\rho)^t\frac{q_0}{q_t}$$

したがって，横断条件・NPG 条件（2-17）は次のように書きなおすことができる．

$$\lim_{t\to\infty}\frac{1+n}{1+r_0}\frac{q_t a_{t+1}}{(1+\rho)^t q_0} = 0 \tag{2-18}$$

分母の $(1+\rho)^t$ は幾何級数的に増えてゆく．一方，分子は第 $t+1$ 期に残す資産の第 t 期の価値だから，この式は次のことを示唆している．

"資産の価値が ρ の率よりも速いスピードで大きくならない"

これは，バブルが発生しないと言っているにほぼ等しい．この条件は，2-7節でみるように資産の変化に大きな役割を果たす．

2-5 企業の利潤最大化条件

企業はソロー・モデルのときと同様の1次同次の生産関数で生産を行うと仮定する．また，技術進歩は考慮しない（$A=1$）とする．よって，ここでも1人当たりの生産関数 $y=f(k)$ を用いることができる．つまり利潤最大化条件は，ソロー・モデルと同じく次のようになる．

$$f'(k_t)=r_t \tag{2-19a}$$
$$f(k_t)-f'(k_t)k_t=w_t \tag{2-19b}$$

ここでも Inada 条件を仮定する．

2-6 資本市場の均衡

第 t 期の家計が保有する1人当たりの資産 a_t は，第 t 期の企業が需要する1人当たりの資本 k_t に等しいことが資本市場の均衡条件であるので，資本市場の均衡は次のようになる．

$$a_t=k_t \tag{2-20}$$

この式を家計の予算制約式（2-9）に代入し，さらに企業の利潤最大化条件を代入して，r_t と w_t を消去して次を得る．

$$(1+n)k_{t+1}=[1+f'(k_t)]k_t+[f(k_t)-f'(k_t)k_t]-c_t=f(k_t)+k_t-c_t$$
$$\therefore \quad (1+n)k_{t+1}=f(k_t)+k_t-c_t \tag{2-21}$$

ここで，(2-21) 式の経済的な意味を考えるために，(2-21) 式を別の角度から導き出してみよう．第1章のソロー・モデルで説明したように財市場の均衡は次のようである．

$$Y_t = C_t + I_t$$
$$\therefore Y_t = C_t + (K_{t+1} - K_t)$$

この式の両辺を人口 L_t で割ることにより，この財市場の均衡条件を1人当たりの変数で表してみよう．

$$\frac{Y_t}{L_t} = \frac{C_t}{L_t} + \frac{K_{t+1}}{L_t} - \frac{K_t}{L_t} = \frac{C_t}{L_t} + \frac{K_{t+1}}{L_{t+1}} \frac{L_{t+1}}{L_t} - \frac{K_t}{L_t}$$

したがって，1人当たりの生産関数 $y = f(k)$ を用いると次のようになる．

$$(1+n)k_{t+1} = f(k_t) + k_t - c_t \tag{2-22}$$

よって，(2-21) 式の変形は次のようになされていることがわかる．

資本市場の均衡（2-20）→ 予算制約 → 企業の利潤最大化条件 → 財市場の均衡（2-22）

すなわち，資本市場の均衡条件と財市場の均衡条件は同値であることがわかる．これはミクロ経済学で学習するワルラス法則と同じである．

2-7 解析

以上で代表的個人モデルを解析するために必要な準備が整った．これまでに導出された関係を企業の利潤最大化条件 (2-19) を使ってまとめると次のようになる．

$$\frac{1+f'(k_t)}{(1+n)(1+\rho)}u'(c_t) = u'(c_{t-1}) \quad : \text{オイラー方程式} \tag{2-23a}$$

$$(1+n)k_{t+1} = f(k_t) + k_t - c_t \quad : \text{財市場の均衡条件} \tag{2-23b}$$

$$\lim_{t \to \infty} \frac{q_t k_{t+1}}{(1+\rho)^t} = 0 \quad : \text{横断条件・NPG 条件} \tag{2-23c}$$

$$(1+n)u'(c_t) = q_t \quad : \text{資産価格の定義} \tag{2-23d}$$

ここで，横断条件・NPG 条件で，$\dfrac{1+n}{1+r_0}\dfrac{1}{q_0}$ は有限の値をとるから，この項は

条件 (2-18) から外している．この4つの方程式が資本と消費の動きを決定する．ただし，ソロー・モデルとは異なり，資本 k_t と消費 c_t の連立定差方程式になっているので，解析はやや難しくなる．

2-7-1　連立定差方程式

分析の簡単化のために，以下では効用関数を対数型にしよう．つまり，$u(c_t)=\ln c_t$ である[3]．このとき限界効用は $u'(c_t)=1/c_t$ となる．するとオイラー方程式は，次のようになる．

$$\frac{1+f'(k_t)}{(1+n)(1+\rho)}\frac{1}{c_t}=\frac{1}{c_{t-1}}$$

ここで，分析を容易にするために，新しい変数 p_{t+1} を $p_{t+1}=q_t$ と定義する．変数の時点を1期進めた表記になっている．以下ではこれを単に第 $t+1$ 期の資産価格と呼ぶことにする．すると，資産価格の定義 (2-23d) より $(1+n)/c_t=p_{t+1}$ が成立するので，これを上の式に代入することで解析の基礎となる第1の定差方程式を得る．

$$\frac{1+f'(k_t)}{(1+n)(1+\rho)}\frac{p_{t+1}}{1+n}=\frac{p_t}{1+n}$$

$$\therefore \quad \frac{1+f'(k_t)}{(1+n)(1+\rho)}p_{t+1}=p_t \quad \rightarrow \quad p_{t+1}=p_t\frac{(1+n)(1+\rho)}{1+f'(k_t)} \tag{2-24}$$

次に，財市場の均衡条件より第2の定差方程式を導出しよう．(2-23b) に (2-23d) を代入し，(2-24) を用いて次を得る．

$$(1+n)k_{t+1}=f(k_t)+k_t-c_t=f(k_t)+k_t-\frac{1+n}{p_{t+1}}=f(k_t)+k_t-\frac{1+f'(k_t)}{1+\rho}\frac{1}{p_t} \tag{2-25}$$

この (2-25) 式と先のオイラー方程式を変形した (2-24) 式の2つの定差方程式が経済システムを構成する．再度まとめて書いておこう．

$$k_{t+1}=\frac{1}{1+n}\left[f(k_t)+k_t-\frac{1+f'(k_t)}{1+\rho}\frac{1}{p_t}\right]$$

---

3) ここで $\ln x$ は自然対数の底 e を底とする対数関数 $\log_e x$ である．

$$p_{t+1} = p_t \frac{(1+n)(1+\rho)}{1+f'(k_t)}$$

この2つの式が解析すべき式で，連立定差方程式という．この式の構造はソロー・モデルの定差方程式よりも少し複雑である．しかし，時間の順番で p_t と k_t が決定されてゆく構造は同じである．2つの式は，それぞれ右辺に p_t と k_t があり，第1式は k_{t+1} を決定し，第2式は p_{t+1} を決める．ゆえに

$$(k_t, p_t) \rightarrow (k_{t+1}, p_{t+1}) \rightarrow (k_{t+2}, p_{t+2}) \rightarrow (k_{t+3}, p_{t+3}) \rightarrow \cdots$$

という順番で資産価格と1人当たり資本が決定されてゆくのである．ただし，2つの変数のうち，1人当たり資本の初期値 k_0 は歴史的に与えられた変数（先決変数という）であるが，初期値 q_0 に対応する第1期の資産価格 p_1（したがって，消費の初期値 c_0）はまだ決められていないことに注意しよう．また p_0 は定義されていないことに注意しておこう．この点は，後でもう一度考察することにして，連立定差方程式（2-24），（2-25）に戻ろう．

2-7-2　定常状態

ソロー・モデルでも定常状態を考えたように，代表的個人モデルでも定常状態を考察しよう．代表的個人モデルの定常状態とは次の2つが成立することである．

$$k_t = k_{t+1} = k_{t+2} = \cdots = k^*$$
$$p_t = p_{t+1} = p_{t+2} = \cdots = p^*$$

よって，第 t 期の変数と第 $t+1$ 期の変数が一致するから，連立定差方程式（2-25）より定常状態で次の式が成り立つ．

$$k_t = \frac{1}{1+n}\left[f(k_t) + k_t - \frac{1+f'(k_t)}{1+\rho}\frac{1}{p_t}\right] \rightarrow f(k_t) - nk_t = \frac{1+f'(k_t)}{1+\rho}\frac{1}{p_t}$$
$$\therefore p_t = \frac{1+f'(k_t)}{(1+\rho)(f(k_t)-nk_t)} \tag{2-26}$$

また，対数型の効用関数を仮定しているから限界効用は0にならないので $p_t \neq 0$ である．したがって，（2-24）式より定常状態において次の（2-27）式

第2章 代表的個人モデル

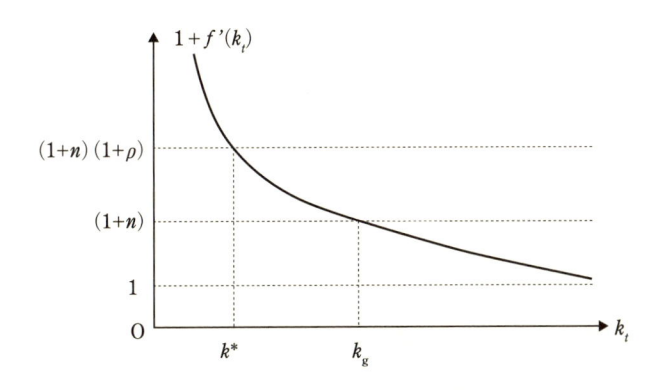

図2-1 1人当たり資本の定常値

が成り立つ．

$$p_t = p_t \frac{(1+n)(1+\rho)}{1+f'(k_t)}$$

$$\therefore 1+f'(k_t)=(1+n)(1+\rho) \tag{2-27}$$

まず，(2-27) 式から考察しよう．(2-27) 式で左辺は k_t のみを変数に含み，右辺は定数だからこの式から定常状態の1人当たり k^* が求まる．(2-27) の左辺は，資本の限界生産物が逓減するから図2-1に示すように右下がりのグラフで表すことができる．したがって，図2-1が示すように定常状態における1人当たりの資本 k^* が一意に決まる．

一方，財市場の均衡から導出された (2-26) 式は p_t が k_t の関数になっている．したがって，2番目の方程式から求められた k^* をこの式に代入すると p^* が求まる．この p^* の決定のされ方について詳しくみてゆこう．

(2-26) 式の分母を $h(k) \equiv f(k) - nk$ とおくと，これはソロー・モデルでみた黄金率 k_g ($f'(k_g)=n$) で最大値をとる．図2-1より定常状態の1人当たり資本の方が黄金律水準の1人当たり資本よりも小さいことがわかる ($k^* < k_g$)．(2-26) 式の関数の増減については次のことがわかる．$k_t < k_g$ のとき，(2-26) 式の分母は k の増加関数，また (2-26) 式の分子は資本の限界生産物 $f'(k)$ の減少関数なので，この関数は，$k_t < k_g$ のとき減少関数である．しかし，$k_t > k_g$ のときは分母 $h(k)$ が減少関数になるので，全体としては増加関数とも減少関

41

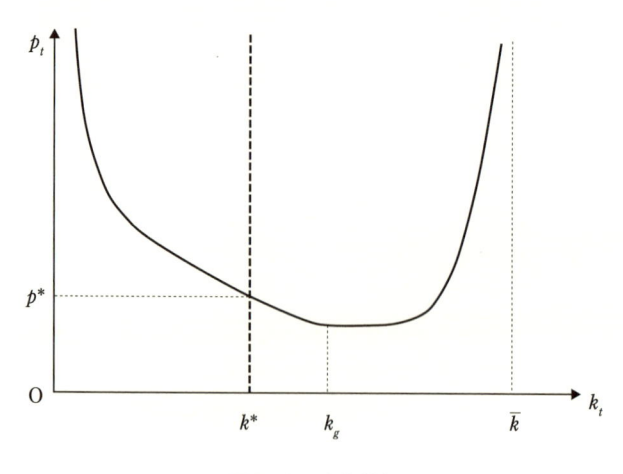

図 2-2　定常状態

数であるともいえない．しかし次に説明するように，(2-26) の関数のグラフは 2 つ漸近線を持つことがわかる．$k_t=0$ とある正の値 $\bar{k}$ で $h(0)=h(\bar{k})=0$ となるので，$k_t \to 0$ や $k_t \to \bar{k}$ の極限をとると次が成立する．

$$\lim_{k_t \to 0} [f(k_t) - nk_t] = 0$$
$$\lim_{k_t \to \bar{k}} [f(k_t) - nk_t] = 0$$

したがって，(2-26) 式の分母はそれぞれ 0 に近づいてゆく．したがって，(2-26) 式の値は無限大になる．つまり，$k_t=0$ と $k_t=\bar{k}$ の 2 つの垂直線が漸近線になることを示している．ゆえに，この (2-26) 式の関数のグラフは連続であるから，図 2-2 のように U 字型になる．そのため，図 2-2 が示すように，定常状態の 1 人当たり資本 k^* に対して定常状態での資産価格 p^* の水準が決まる．

2-7-3　位相図

時間の推移に伴う変数の変化を考察するために，代表的個人モデルの位相図を考えよう．ソロー・モデルとは異なり，変数が 1 人当たり資本と資産価格の 2 つ存在するので，位相図は必然的に 2 次元になる．ある第 t 期の変数の組 (k_t, p_t) が与えられたときに，次の第 $t+1$ 期の変数 (k_{t+1}, p_{t+1}) は連立定差方程式 (2-24) と (2-25) によって決定される．この 2 つを用いることによ

第2章　代表的個人モデル

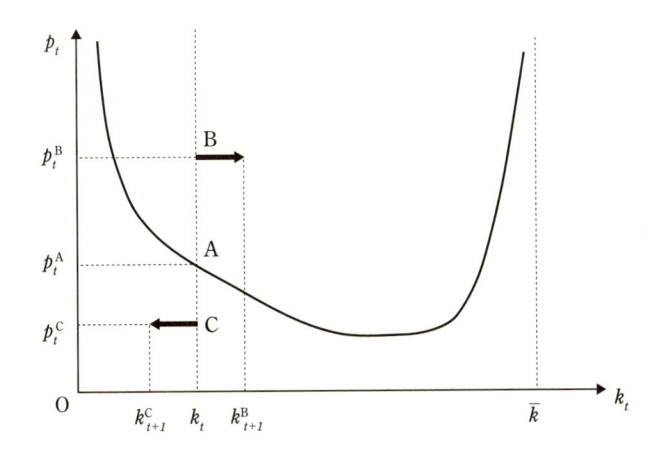

図2-3　1人当たり資本の動き

り，第 t 期から第 $t+1$ 期にかけての変化の仕方，つまり，変数が増加するか減少するかを調べることにする．そのためには第 $t+1$ 期の変数から第 t 期の変数を引き，この引き算がプラスの値をとるかマイナスの値をとるかを調べればよい．

まず，1人当たりの資本から調べてみよう．(2-25) 式を用いると次の計算ができる．

$$k_{t+1}-k_t=\frac{1}{1+n}\left[f(k_t)+k_t-\frac{1+f'(k_t)}{1+\rho}\frac{1}{p_t}\right]-k_t=\frac{1}{1+n}\left[f(k_t)-nk_t-\frac{1+f'(k_t)}{1+\rho}\frac{1}{p_t}\right]$$

$$=\frac{f(k_t)-nk_t}{(1+n)p_t}\left[p_t-\frac{1+f'(k_t)}{(1+\rho)(f(k_t)-nk_t)}\right] \tag{2-28}$$

$k_t<\bar{k}$ のときの $f(k)-nk$ は正の値をとることに注意する．したがって，(2-28) 式の引き算の符号は大括弧の引き算の符号により決定される．

第 t 期の変数の組み合わせが (k_t, p_t^A) であるとする．これは図2-3の点Aに対応している．U字型のグラフは (2-26) 式の関数のグラフであるから，点Aでは (2-28) の引き算は0になる．したがって，点Aの値を第 t 期の変数がとっているとき，第 $t+1$ 期の1人当たりの資本 k_{t+1} は第 t 期の1人当たりの資本 k_t と同じ値をとる ($k_t=k_{t+1}$)．

次に，第 t 期の変数の組み合わせが (k_t, p_t^B) であるとする．これは図2-

43

3の点Bに対応している．この点BはU字型のグラフよりも上方に位置するから，次の不等式が成立している．

$$p_t^B > \frac{1+f'(k_t)}{(1+\rho)(f(k_t)-nk_t)}$$

すなわち，(2-28)式の引き算はプラスの値をとる．したがって，第 $t+1$ 期の1人当たりの資本 k_{t+1} は第 t 期の1人当たりの資本 k_t よりも大きな値をとる（$k_t < k_{t+1}^B$）．

最後に，t 期の変数の組み合わせが（k_t, p_t^C）であるとする．これは図2-3の点Cに対応している．この点CはU字型のグラフよりも下方に位置するから次の不等式が成立している．

$$p_t^C < \frac{1+f'(k_t)}{(1+\rho)(f(k_t)-nk_t)}$$

すなわち，(2-28)式の引き算はマイナスの値をとる．したがって，第 $t+1$ 期の1人当たりの資本 k_{t+1} は第 t 期の1人当たりの資本 k_t よりも小さな値をとる（$k_t > k_{t+1}^C$）．

$k_t > \bar{k}$ のときの $f(k)-nk$ は負の値をとるので，(2-28)式の大括弧の中は正の値をとる．したがって，(2-28)式は負の値をとるので，$k_t > \bar{k}$ のときも1人当たり資本の動きは $k_t < \bar{k}$ のときと同様である．

次に資産価格の変化を調べよう．(2-24)式を使うと次の引き算を計算することができる．

$$p_{t+1} - p_t = p_t \frac{(1+n)(1+\rho)}{1+f'(k_t)} - p_t = p_t \left[\frac{(1+n)(1+\rho)}{1+f'(k_t)} - 1\right] \qquad (2\text{-}29)$$

この引き算の符号も大括弧の中の引き算により決定される．

第 t 期の変数の組み合わせが（k^*, p_t）であるとする．これは図2-4の点Dに対応している．垂直線は(2-27)式のグラフであるから点Dでは(2-29)式の引き算は0になる．したがって，点Dの値を第 t 期の変数がとっているとき，第 $t+1$ 期の資産価格 p_{t+1} は第 t 期の資産価格 p_t と同じ値をとる（$p_t = p_{t+1}$）．

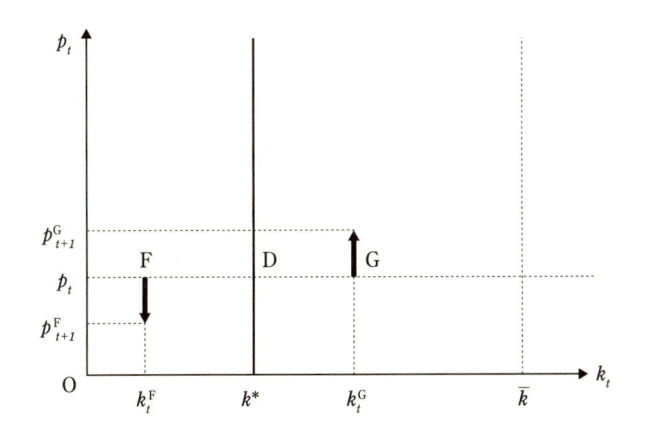

図 2-4　資産価格の動き

次に，第 t 期の変数の組み合わせが (k_t^F, p_t) であるとする．これは図 2-4 の点 F に対応している．この点 F は垂直線よりも左に位置する．すなわち，定常状態の 1 人当たり資本よりも 1 人当たりの資本は小さい値をとっている（$k_t^F < k^*$）．図 2-1 を見てほしい．定常状態の 1 人当たり資本より小さい 1 人当たり資本のときには次の不等式が成立していることがわかる．

$$1 + f'(k_t^F) > 1 + f'(k^*) = (1+n)(1+\rho)$$

すなわち，(2-29) 式の引き算はマイナスの値をとる．したがって，第 $t+1$ 期の資産価格 p_{t+1} は第 t 期の資産価格 p_t よりも小さな値をとる（$p_t > p_{t+1}^F$）．

最後に，第 t 期の変数の組み合わせが (k_t^G, p_t) であるとする．これは図 2-4 の点 G に対応している．この点 G は垂直線よりも右に位置する．すなわち定常状態の 1 人当たり資本よりも 1 人当たりの資本は大きい値をとっている（$k_t^G > k^*$）．図 2-1 を見てほしい．定常状態の 1 人当たり資本より大きい 1 人当たり資本のときには次の不等式が成立していることがわかる．

$$1 + f'(k_t^G) < 1 + f'(k^*) = (1+n)(1+\rho)$$

すなわち，(2-29) 式の引き算はプラスの値をとる．したがって，第 $t+1$ 期の資産価格 p_{t+1} は第 t 期の資産価格 p_t よりも大きな値をとる（$p_t < p_{t+1}^G$）．

以上の変数の変化をまとめておこう．

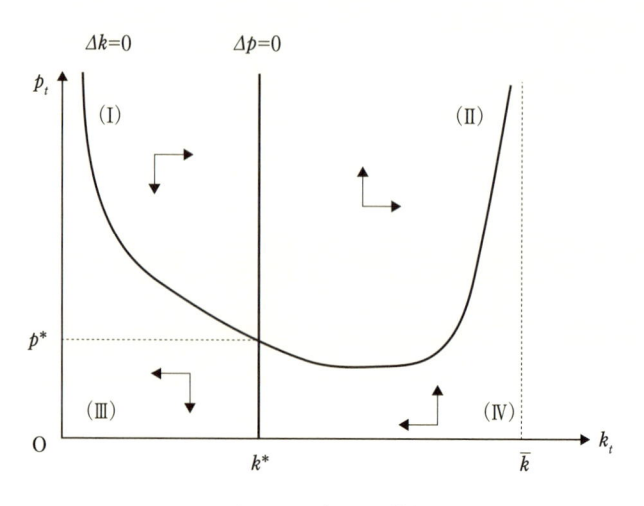

図 2-5　k_t と p_t の動き

（ⅰ）(2-28) 式の U 字型のグラフ上では：

　$k_t = k_{t+1}$

（ⅱ）(2-28) 式の U 字型のグラフより上の領域では：

　$k_t < k_{t+1}$

（ⅲ）(2-28) 式の U 字型のグラフより下の領域では：

　$k_t > k_{t+1}$

（ⅳ）(2-27) 式の垂直線上では：

　$p_t = p_{t+1}$

（ⅴ）(2-27) 式の垂直線より左の領域では：

　$p_t > p_{t+1}$

（ⅵ）(2-27) 式の垂直線より右の領域では：

　$p_t < p_{t+1}$

この結果に基づき，グラフの説明をクリアに行うために，(2-27) 式の垂直線を $\Delta p=0$ 線，(2-26) 式の U 字型のグラフを $\Delta k=0$ 線と呼ぶことにする．ここで Δ は変化を意味する．

　この変数の変化をグラフに書き込もう．図 2-4 の (2-27) 式の垂直線と図 2-3 の (2-26) 式の U 字型のグラフを同じ平面に描いてみよう．それが図 2

−5である．この図2−5に示すように，平面は実線で分けられた4つの領域（Ⅰ），（Ⅱ），（Ⅲ），（Ⅳ）に分かれることになる．

領域（Ⅰ）はU字型のグラフ（$\Delta k=0$ 線）の上，かつ垂直線（$\Delta p=0$ 線）よりも左の領域である．したがって，変数の変化は（ⅱ）かつ（ⅴ）になる．つまり：

（Ⅰ）：（ⅱ）かつ（ⅴ）
　1人当たり資本の変化は増加：$k_t < k_{t+1}$
　資産価格は減少：$p_t > p_{t+1}$

同様にして他の領域での変数の変化は次のようになる．

（Ⅱ）：（ⅱ）かつ（ⅵ）
　1人当たり資本の変化は増加：$k_t < k_{t+1}$
　資産価格は増加：$p_t < p_{t+1}$

（Ⅲ）：（ⅲ）かつ（ⅴ）
　1人当たり資本の変化は減少：$k_t > k_{t+1}$
　資産価格は減少：$p_t > p_{t+1}$

（Ⅳ）：（ⅲ）かつ（ⅵ）
　1人当たり資本の変化は減少：$k_t > k_{t+1}$
　資産価格は増加：$p_t < p_{t+1}$

図2−5の矢印がそれぞれの領域での変化を表している．各領域における横軸方向の矢印は1人当たり資本の変化の方向を，縦軸方向の矢印は資産価格の変化の方向を表している．

では，1人当たり資本の変化と資産価格の変化を同時に考えると，2つの変数はどのように変化するか考えてみよう．

まず第 t 期の変数の組み合わせが領域（Ⅰ）にあったとして，それが図2−6の A_0 点だとする．領域（Ⅰ）では1人当たり資本は増加し，資産価格は減少するから第 $t+1$ 期の1人当たり資本 k_{t+1} と資産価格 p_{t+1} は図2−6のようになる．したがって，第 $t+1$ 期の1人当たり資本と資産価格の組み合わせは第 t 期に比べて右下の点 $A_1(k_{t+1}, p_{t+1})$ になる．第 $t+2$ 期の変数の組み合わせはどのようになるだろうか．第 $t+1$ 期の点 A_1 もやはり領域（Ⅰ）にあるから第 $t+2$ 期の変数の組み合わせ（k_{t+2}, p_{t+2}）は点 A_1 の右下に位置することになる．ここで注意してほしいのは，点 A_0 から点 A_1 への変化よりも点 A_1 から

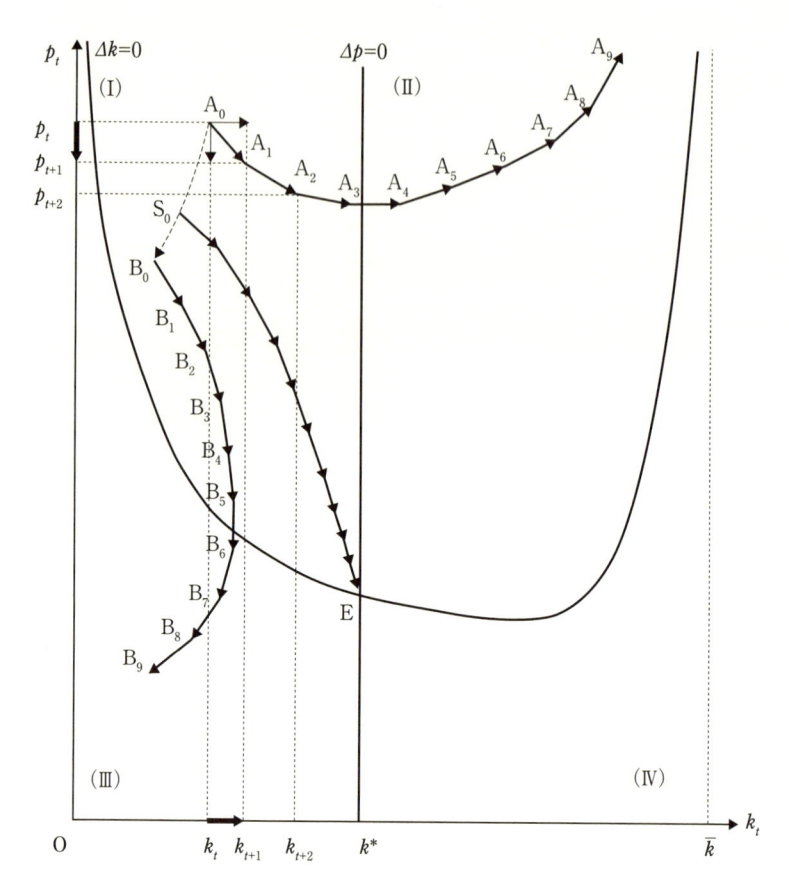

図 2-6　位相図

点 A_2 への変化の方が，より矢印の傾斜が緩やかになっていることである．これは次の理由による．点 A_1 は点 A_0 に比べて $\Delta p=0$ 線により近い位置にある．一方，$\Delta k=0$ 線からの距離はそれほど変わらない．$\Delta p=0$ 線は資産価格が変化しない場所に対応しているから，$\Delta p=0$ 線に近いということは資産価格の変化がより少なくなることを意味している．すなわち，1人当たり資本と資産価格の組み合わせの点の縦軸方向の変化が第 t 期から第 $t+1$ 期にかけてより第 $t+1$ 期から第 $t+2$ 期にかけての方が少なくなるのである．

このような変化は経済（1人当たり資本と資産価格の組み合わせ）が領域（Ⅰ）にいる限り続いて起こり，図 2-6 に示すように経済は $A_0 \rightarrow A_1 \rightarrow A_2$

→ A_3 へと変化してゆく．経済が $\Delta k=0$ 線から離れたままなので，横軸方向の変化はある程度以上の大きさで生じつづける．したがって，ある時点で経済は $\Delta p=0$ 線をまたいで領域（Ⅰ）から領域（Ⅱ）に入る．図2-6は点 A_4 から領域（Ⅱ）に入る場合を示している．領域（Ⅱ）では1人当たり資本も資産価格も増加する．したがって，経済の変動方向は右下方向への変化から右上方向への変化に切り替わる．図2-6に示されているように経済は $A_4 \to A_5 \to A_6 \to A_7 \to A_8 \to A_9$ と推移してゆく．

これまで領域（Ⅰ）から出発して経済が領域（Ⅱ）に入る経路を説明したが，他に2つの可能性があることに読者の方はすぐ気が付かれるであろう．1つは領域（Ⅲ）に入るケースで，もう1つは領域（Ⅱ）にも領域（Ⅲ）にも入らず，垂直線（$\Delta p=0$ 線）とU字型（$\Delta k=0$ 線）のグラフの交点Eに収束するケースである．前者から見てみよう．

第 t 期に経済は図2-6の点 B_0 にいたとする．点 B_0 は領域（Ⅰ）に属しているから第 $t+1$ 期に経済は右下に位置する点 B_1 に移動する．点 B_1 も領域（Ⅰ）に属しているから第 $t+2$ 期の経済は同じく右下に位置する点 B_2 に移動する．このような変化は経済が領域（Ⅰ）にいる限り続いて起こり，図2-6に示すように経済は $B_0 \to B_1 \to B_2 \to B_3$ へと変化してゆく．ただし，先ほどと同様に経済は $\Delta k=0$ 線に近づいているから1人当たり資本の変化は小さくなってゆく．一方で，$\Delta p=0$ 線からは離れているので縦軸方向の変化はあまり変わらない．したがって，縦軸方向に比べて横軸方向の変化が少なくなるから矢印は徐々により急傾斜になるのである．縦軸方向の変化は，経済が $\Delta p=0$ 線から離れたままだからある程度以上の大きさで生じつづける．したがって，ある時点で経済は $\Delta k=0$ 線をまたいで領域（Ⅰ）から領域（Ⅲ）に入る．図2-6では点 B_6 から領域（Ⅲ）に入る場合を示している．領域（Ⅲ）では1人当たり資本は減少に転じ，また資産価格も減少する．したがって，経済の変動方向は右下方向への変化から左下方向への変化に切り替わる．図2-6に示されているように，経済は $B_6 \to B_7 \to B_8 \to B_9$ と推移してゆく．

最後の可能性は垂直線とU字型の曲線の交点Eへ収束してゆく経路である．図2-6の点 A_0 から点 B_0 へと，出発点を連続的に点線の矢印 A_0B_0 のように変化させたとしよう．すると最初は領域（Ⅱ）へ入る経路を生み出す出発点だったのが，ある点以降は領域（Ⅲ）へ入る経路を生み出す出発点へと変化す

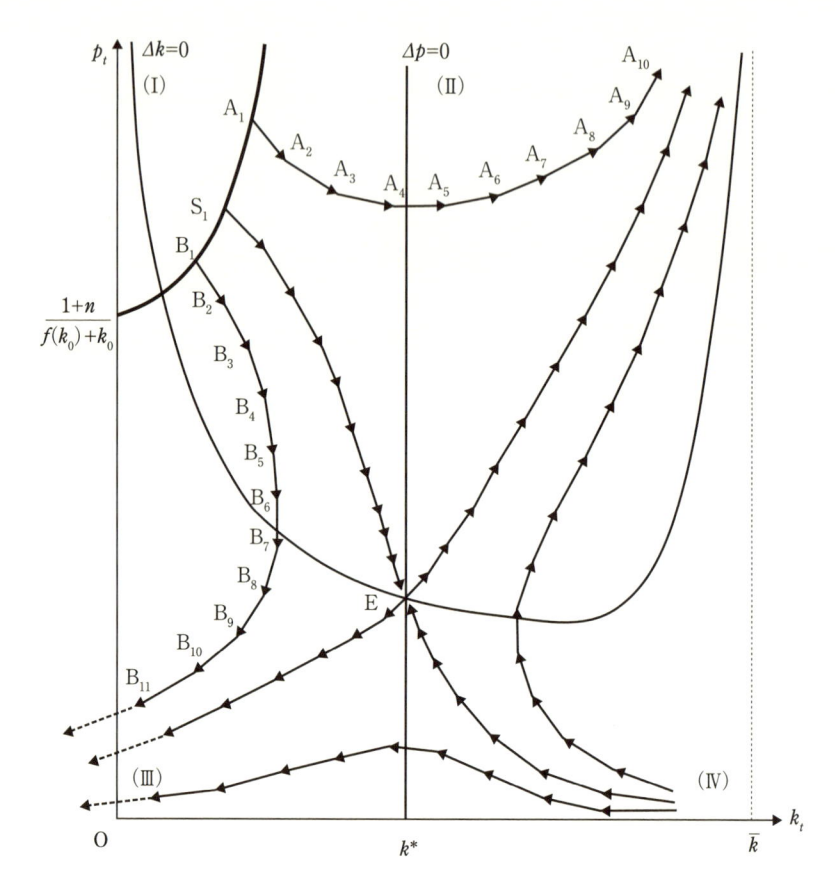

図2-7　初期曲線と位相図

る．したがって，矢印 A_0B_0 上のある点（図2-6では点 S_0）から出発すると領域（II）にも領域（III）にも入ることなく点 E に収束してゆく経路が存在する[4]．このような経路を安定鞍点経路（stable saddle path）と呼ぶ．この経路は $\Delta p=0$ 線と $\Delta k=0$ 線の両方に近づいてゆくので，徐々に変化の大きさが小さくなってゆくことに注意しよう．

典型的な経路のパターンを描いたのが図2-7である．安定な鞍点経路は右

---

[4] このような経路の存在を実際に証明することは簡単ではない．第10章の補論1と同様に連立定差方程式（2-24）と（2-25）を線形近似して，その固有値を調べる必要がある．

下から近づくものがもう一つ存在する．また定常点Eから離れてゆく経路が2つ存在することもわかる．

　経路を求めるために使用した条件は，(2-23a)のオイラー方程式，(2-23b)の財市場の均衡条件，(2-23d)の資産価格の定義の3つの条件である．図2-6には代表的な3つの経路を書き込んだが，これら3つの条件を満たす経路は出発点しだいで無数に存在する．これらはすべて経済の均衡経路なのだろうか．ここでまだ用いていない条件が1つあることを思い出してほしい．それは(2-23c)の横断条件・NPG条件である．これを用いることで経路を絞ることが可能になるのである．それを示す前に，実は出発点は任意に選べるわけではないことを説明しよう．

2-7-4　市場均衡

　ソロー・モデルでは，初期条件は1人当たりの資本の初期値 k_0 であった．2-7-1項で説明したように，代表的個人モデルでも1人当たりの資本の初期値 k_0 は初期に決まっている初期条件である．しかし，代表的個人モデルにはもう1つの変数である資産価格が存在するのでこの初期条件も必要になる．では初期条件は p_0 か．いやそうではない．2-7-1項で述べたように資産価格の初期値は p_1 である．そうすると初期時点（$t=0$）では連立差分方程式（2-24）と（2-25）のロジックが使えないことになる．

$$(k_0, \ ?) \not\rightarrow (k_1, p_1) \longrightarrow (k_2, p_2) \longrightarrow (k_3, p_3) \longrightarrow \cdots$$

ではどうしたらよいのか．財市場の均衡条件（2-23b）を使うとこの問題を解決することができる．(2-25)式の変形を初期時点（$t=0$）に使ってみると次を得ることができる．

$$(1+n)k_1 = f(k_0) + k_0 - c_0 = f(k_0) + k_0 - \frac{1+n}{p_1} \tag{2-30}$$

この（2-30）式で k_0 は初期条件なので変数ではない．変数は第1期の1人当たり資本 k_1 と第1期の資産価格 p_1 である．つまり，第1期の1人当たり資本 k_1 と第1期の資産価格 p_1 はこの（2-30）式を満たすように決まらなければならないということである．（2-30）式を変形すると次を得ることができる．

$$p_1 = \frac{1}{\frac{f(k_0)+k_0}{1+n} - k_1} \tag{2-31}$$

これは1期の資産価格 p_1 は1期の1人当たり資本 k_1 の関数になっており，このグラフを先の図2−6に書き込むと図2−7のように縦軸との交点が $\frac{1+n}{f(k_0)+k_0}$ の双曲線 **H** になる．1人当たり資本の初期値 k_0 が決まると（2-31）式の分母の $\frac{f(k_0)+k_0}{1+n}$ が決まり，双曲線の位置が決まる．つまり，第1期の1人当たり資本 k_1 と1期の資産価格 p_1 はこの双曲線上に決まらなければならないのである．つまり，初期には（2-31）式の関係を満たすように1期の1人当たり資本と1期の資産価格が決まるのである．これを初期曲線 **H** と呼ぼう．

```
(2-31)          連立定差方程式 (2-24) と (2-25)
  ↓                ↓                ↓
 k₀ →   (k₁, p₁) → (k₂, p₂) → (k₃, p₃) →  …
```

初期の1人当たり資本 k_0 が与えられ図2−7のように初期曲線 **H** になったとき，経済は1期にこの初期曲線 **H** 上に存在しなければならない．しかし，まだいくつもの可能性が残っている．図2−7に示されているように，点 A_1，点 B_1，点 S_1 などいくつも可能性がある．次にこの中から1つだけを選ぶことができることを示そう．このために用いるのが（2-23c）の横断条件・NPG条件である．検討すべきは3つの経路のパターンだけでよい．安定な鞍点経路の出発点Sよりも上方の点から出発する経路，つまり図2−7の点 A_1 から出発するような経路と安定な鞍点経路より下方の点から出発する経路，つまり図2−7の点 B_1 から出発する経路，そして S_1 から出発する安定な鞍点経路である．

① 点 A_1 から出発する経路

この経路は，1人当たり資本は増加しつづけ $\bar{k}$ に近づいてゆく．一方，p_t が限りなく大きくなるので，資産価格の定義（2-23d）より消費量は0になってゆく．k_t が $\bar{k}$ に近づいたとき，1人当たり資本は黄金率を越えた水準にあるから，次の不等式が成立する．

$$1+f'(k_t)<1+f'(k_g)=1+n$$

よって，次の不等式が成立する．

$$\frac{p_{t+1}}{p_t}=\frac{(1+n)(1+\rho)}{1+f'(k_t)}=\frac{1+n}{1+f'(k_t)}(1+\rho)>1+\rho$$

したがって，次の横断条件・NPG条件を満たさない．

$$\lim_{t\to\infty}\frac{q_t k_{t+1}}{(1+\rho)^t}=\lim_{t\to\infty}\frac{p_{t+1}k_{t+1}}{(1+\rho)^t}=0$$

なぜなら，1人当たり資本は近似的に $\bar{k}$ で有限の値をとっている．また資産価格 p_t は ρ 以上の率で成長しているから，分母の成長スピードよりも分子の成長スピードが速いので，この分数の極限値は0にならない．

② 点 B_1 から出発するような経路

この経路では，p_t は低下しつづけ，1人当たり資本 k_t は最初増加し，点 B_7 を過ぎて以降は減少をはじめる．k_t は一定速度で減少しつづけるから，定差方程式を守っている限り経済は縦軸を通り抜けてしまい1人当たり資本はマイナスの値になる．しかし，1人当たり資本がマイナスの値をとることは不可能なので，最後は1人当たり資本が0になるように消費が調整されなければならない．しかし，それでは家計の最適条件オイラー方程式が満たされないので，この経路は均衡ではないのである．

また，この経路については次のように考えることもできる．$k_t=0$ になった時点で，消費を行うことができないから $c_t=0$ になる．しかし，このときには資産価格の定義から $p_{t+1}=\infty$ になる．したがって，この時点で資本の収益率も ∞ になる．よって，それを見越した家計は，最初の時点 $t=1$ で資本をより多く持とうとする．ゆえに，資産価格 p_1 (q_0) が上昇し，初期曲線 H に沿って点 S_1 まで資産価格と1人当たり資本が増加する．

③ 点 S_1 から出発する安定な鞍点経路

この経路では定常点 E に収束してゆく．したがって，1人当たり資本は k^*

へ収束し，資産価格は p^* へ収束する．よって，明らかに横断条件・NPG 条件は成立する．

2-8 市場均衡の最適性

全知全能の政府が家計の効用を資源制約のもとで最大化する問題を解くと，効率的資源配分の解を求めることができる．ここで資源制約は（2-23b）式である．この問題は次のようである．

$$\max U_0 = \sum_{t=0}^{\infty} \frac{1}{(1+\rho)^t} u(c_t)$$

$$\text{s.t.} \ (1+n)k_{t+1} = f(k_t) + k_t - c_t, \quad t=0, 1, 2, \cdots$$

全知全能の政府はこの問題を解くように消費の流列 c_t を決める．この問題も1人当たり資本 k_t を決める問題と同じであることに注意しよう．

この問題は家計の最適化問題と同様に解くことができる．つまり資源制約の式を目的関数に代入して次を得る．

$$\max U_0 = \sum_{t=0}^{\infty} \frac{1}{(1+\rho)^t} u(c_t) = \sum_{t=0}^{\infty} \frac{1}{(1+\rho)^t} u(f(k_t) + k_t - (1+n)k_{t+1})$$

1人当たり資本 k_t で目的関数を微分しよう．そのために，k_t が入っている項を抜き出す．

$$\cdots + \frac{1}{(1+\rho)^{t-1}} u(f(k_{t-1}) + k_{t-1} - (1+n)k_t) + \frac{1}{(1+\rho)^t} u(f(k_t) + k_t - (1+n)k_{t+1}) + \cdots$$

合成関数の微分を用いて計算すると次を得る．

$$\frac{1}{(1+\rho)^{t-1}} u'(f(k_{t-1}) + k_{t-1} - (1+n)k_t) \times [-(1+n)] + \frac{1}{(1+\rho)^t} u'(f(k_t) + k_t - (1+n)k_{t+1}) \times [f'(k_t) + 1] = 0$$

これを変形して次を得る．

$$\frac{1+f'(k_t)}{(1+n)(1+\rho)} u'(c_t) = u'(c_{t-1})$$

これは (2-23a) のオイラー方程式と同じ条件である．

また，本書では割愛するが，横断条件も最適化条件であることが示せる．ゆえに全知全能の政府が解く問題の条件（オイラー方程式，資源制約，横断条件）と市場均衡の条件は同じであることがわかる．次の厚生経済学の第1基本定理が示されたことになる．

＜命題2-1：厚生経済学の第1基本定理＞
市場均衡は効率的である．

・・
■■■ 補論　1人当たり資本 k_t と1人当たり消費 c_t のダイナミクス ■■■

本文では1人当たり資本 k_t と資産価格 p_t を2つの変数とみて解析を行ったが，1人当たり資本 k_t と1人当たり消費 c_t を2つの変数とみて解析することもできる．もう一度オイラー方程式 (2-23a) と財市場の均衡条件 (2-23b) を見てみよう．財市場の均衡条件 (2-23b) は，第 t 期の1人当たり資本 k_t と1人当たり消費 c_t により第 $t+1$ 期の1人当たり資本 k_{t+1} が決まる構造になっていることがわかる．一方，オイラー方程式 (2-23a) はそうなっていない．(2-23a) を1期前に進めたものを次に書いてみよう．

$$\frac{1+f'(k_{t+1})}{(1+n)(1+\rho)}u'(c_{t+1})=u'(c_t) \tag{A2-1}$$

この式は第 t 期の1人当たり消費 c_t が決まったときに，第 $t+1$ 期の1人当たり資本 k_{t+1} と第 $t+1$ 期の1人当たり消費 c_{t+1} の関係のみが決まることを示している．したがって，(2-23b) 式により決定された1人当たり資本 k_{t+1} を用いて第 $t+1$ 期の消費 c_{t+1} を決めなければならない．これを数式を用いて表現してみよう．

本文と同様に対数型の効用関数 $u(c_t)=\ln c_t$ を用いると (A2-1) 式より次を得る．

$$c_{t+1}=\frac{1+f'(k_{t+1})}{(1+n)(1+\rho)}c_t \tag{A2-2}$$

この (A2-2) 式に (2-23b) 式を代入して次を得る.

$$c_{t+1} = \frac{1+f'\left[\dfrac{f(k_t)+k_t-c_t}{1+n}\right]}{(1+n)(1+\rho)} c_t \tag{A2-3}$$

この (A2-3) 式の左辺には第 $t+1$ 期の消費のみが存在し,右辺には1人当たり資本 k_t と1人当たり消費 c_t の2つの変数が存在する.したがって,(A2-3) 式により第 t 期の1人当たり資本 k_t と1人当たり消費 c_t により第 $t+1$ 期の1人当たり消費 c_{t+1} が決まる構造になっていることがわかる.つまり,(2-23b) と (A2-3) の2本の定差方程式が1人当たり資本 k_t と1人当たり消費 c_t のダイナミクスを決定することになる.

まず定常状態を定義しよう.この場合の定常状態は次のようになっている.

$$k_t = k_{t+1} = k_{t+2} = \cdots = k^*$$
$$c_t = c_{t+1} = c_{t+2} = \cdots = c^*$$

したがって,(2-23b) 式と (A2-3) 式より次の2本の方程式が定常状態を定義する.

$$\Delta k = 0 : c_t = f(k_t) - nk_t \tag{A2-4a}$$

$$\Delta c = 0 : 1 + f'\left[\frac{f(k_t)+k_t-c_t}{1+n}\right] = (1+n)(1+\rho) \tag{A2-4b}$$

(A2-4a) 式を (A2-4b) 式に代入すると (2-27) 式を得る.したがって,(A2-4a) 式と (A2-4b) 式は本文と同じ定常状態を定義していることがわかる.

次に,ダイナミクスを見てみよう.(A2-4b) 式より左辺の資本の限界生産物の値が一定で,この値は定常状態における1人当たり資本 k^* であることがわかる.したがって,次式が成立する.

$$\frac{f(k_t)+k_t-c_t}{1+n} = k^*$$

よって,次を得る.

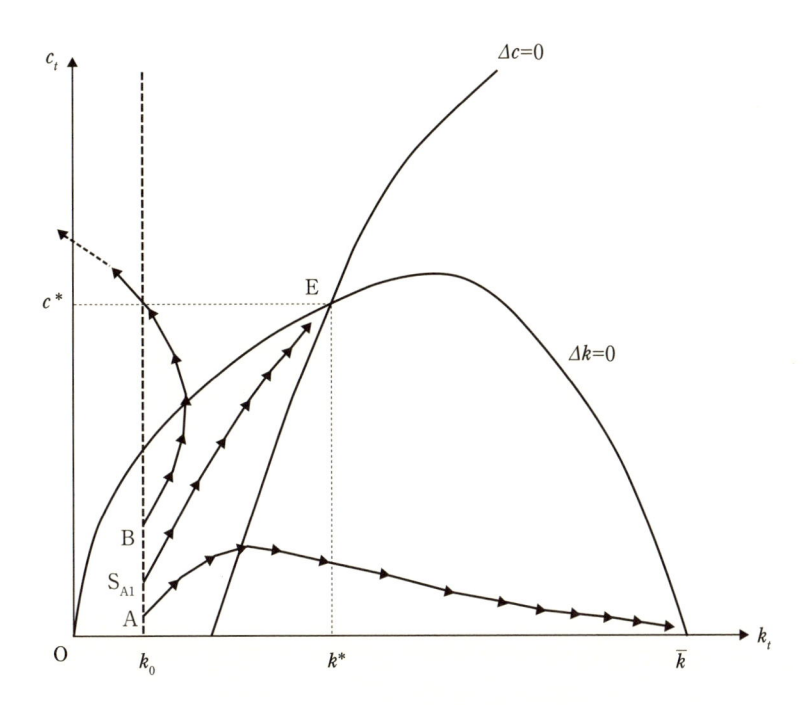

図 A2-1　1人当たり資本と消費の位相図

$$c_t = f(k_t) + k_t - (1+n)k^* \tag{A2-5}$$

つまり，1人当たり消費 c_t と1人当たり資本 k_t がこの関係を満たすとき，1人当たり消費は変化しない．

では，本文と同じく1人当たり資本 k_t と1人当たり消費 c_t で位相図を書いてみよう．(A2-4a) 式と (A2-5) 式をグラフに描くと図 A2-1 のようになる．したがって，点 E が定常点を示している．次に，本文と同様の方法で1人当たりの資本の変化を調べよう．(2-23b) 式より次を得ることができる．

$$k_{t+1} - k_t = \frac{f(k_t) - nk_t - c_t}{1+n}$$

(A2-4a) 式と比較すると，$\Delta k = 0$ 線より上の領域では1人当たりの資本は減少し，下の領域では1人当たり資本は増加することがわかる．

次に1人当たりの消費の変化を調べよう．(A2-3) 式より次を得る．

$$c_{t+1}-c_t=\left[\frac{1+f'\left[\frac{f(k_t)+k_t-c_t}{1+n}\right]}{(1+n)(1+\rho)}-1\right]c_t$$

1人当たり資本が増加すると $f(k_t)+k_t$ は増加する．したがって，資本の限界生産物の値は減少するので，右辺の値はやがて負の値をとるようになる．逆は逆なので，$\Delta c=0$ 線より右の領域では1人当たりの消費は減少し，左の領域では1人当たり消費は増加することがわかる．

　1人当たり資本と1人当たり消費の変化は図 A2-1 のように描くことができる．初期値の決定は本文の解析よりも簡単である．1人当たり資本は初期に与えられている．これを先決変数（または非ジャンプ変数）という．一方，消費は家計が自由に決定することができる．これを非先決変数（またはジャンプ変数）という．1人当たり資本の初期値が k_0 とすると，垂直な点線上にある点 S_{A1} から出発するように家計により初期の消費が決定されると，経済は安定な鞍点経路上を定常点 E に収束してゆく．安定的な鞍点経路より下の点 A から出発する経路は横断条件・NPG 条件を満たさず，安定的な鞍点経路より上の点 B から出発する経路は，有限期間で消費と資本が 0 になる点に到達するから最適条件を満たさない．

第 3 章

世代重複モデル

　本章では，現代のマクロ経済学の基礎となっているもう1つの経済モデル，世代重複モデル（overlapping generations model）を説明する．代表的個人モデルは，各世代が次の世代の効用を自らの効用に織り込んで最適化する考え方をとっていた．世代重複モデルでは個人は自分自身の効用のみを最適化するという考え方をとっている．したがって，世代間のつながりが切れていることになるので，世代間で利害が対立するような年金の問題，公債の負担の問題，環境問題などの分析に用いることができる．本章ではDiamond（1965）が構築した世代重複モデルを説明する．

3-1　人口構造

　各個人は若年期（young）と老年期（old）の2期間生き，2期間後に死亡すると仮定する．すべての個人は資産を持って生まれることはない．逆に言うと，個人は自分の資産を遺産として次の世代に残さない．初期の経済（第0期）には，初期の老年世代の個人と第0期に生まれてきた個人の2つの世代が存在する．引き続く第1期以降の期間においても図3-1に示されるように，若年世代の個人と老年世代の個人の2つの世代が共存する．例えば，第2期には第1世代と第2世代の2つの世代が共存している．したがって，このモデルを世代重複モデルと呼ぶ．また，代表的個人モデルと同様に，毎期生まれる個人はnの率で成長すると仮定する．L_tだけの個人が第t期に生まれるとする．

59

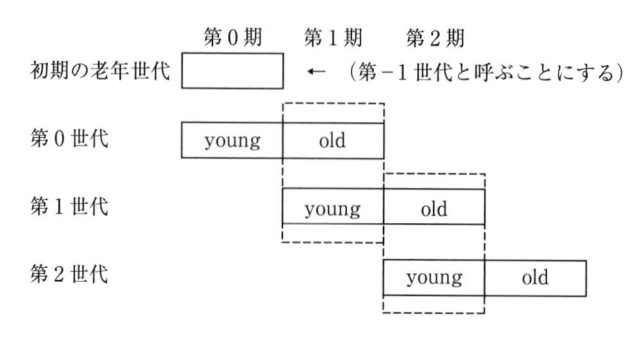

```
            第0期   第1期   第2期
初期の老年世代  [    ]  ←  （第-1世代と呼ぶことにする）

第0世代    [young │ old ]

第1世代         [young │ old ]

第2世代              [young │ old ]
```

図3-1　人口構造

第 t 期に生まれた世代を第 t 世代と呼ぶ．第0期の初期の老年世代が第0期に存在しているすべての資産を保有していると仮定する．

3-2　家計の行動

　代表的個人モデルと同様に個人の目的から説明する．代表的個人モデルとは異なり世代間に利他性がないので，個人は自らの消費から得る効用のみを考慮に入れて行動する．個人の効用関数は，代表的個人モデルと同様に対数型を仮定する．

$$\max_{c_t^y, c_{t+1}^o} u(c_t^y) + \frac{1}{1+\rho} u(c_{t+1}^o) \equiv \ln c_t^y + \frac{1}{1+\rho} \ln c_{t+1}^o \tag{3-1}$$

ここで，c_t^y は第 t 期の若年世代の個人の消費，c_{t+1}^o は第 t 世代が第 $t+1$ 期に行う消費である（したがって，c_t^o は第 t 期の老年世代（第 $t-1$ 世代）の個人の消費である）．ρ は個人の主観的割引率である．

　次に個人の予算制約式を説明する．個人は若年期に1単位の労働を保有し，それを賃金率の水準とは無関係に非弾力的に供給し，老年期は引退すると仮定する．したがって，個人は若年期の賃金所得を消費と貯蓄に振り分ける．一方，老年期には利子所得と若年期の貯蓄の元金を引き出すことにより老年期の消費を行う．以上より若年期および老年期の予算制約式は次の (3-2a) 式と (3-2b) 式のようになる．

$$c_t^y + s_t = w_t \cdot 1 \tag{3-2a}$$

$$c_{t+1}^o = (1+r_{t+1})s_t \tag{3-2b}$$

ここで s_t は第 t 期の若年期の貯蓄である．また s_t を消去すると次の異時点間の予算制約式を得る．

$$c_t^y + \frac{c_{t+1}^o}{1+r_{t+1}} = w_t \tag{3-3}$$

家計の消費，貯蓄行動は (3-3) 式の制約の下で (3-1) 式を最大化することによって求めることができる．ここでは，(3-2a) 式と (3-2b) 式を (3-1) 式に代入した次の関数を貯蓄 s_t について最大化することによって家計の最適な貯蓄を求めよう．

$$\max_{c_t^y, c_{t+1}^o} \ln c_t^y + \frac{1}{1+\rho} \ln c_{t+1}^o = \max_{s_t} \ln(w_t - s_t) + \frac{1}{1+\rho} \ln[(1+r_{t+1})s_t]$$

これを s_t で微分することで次の最大化条件を得る．

$$\frac{-1}{w_t - s_t} + \frac{1}{1+\rho}\frac{1}{s_t} = 0$$

これを s_t について解くことで家計の最適な貯蓄関数を得ることができる．

$$s_t = \frac{1}{2+\rho} w_t \tag{3-4}$$

したがって，対数型効用関数の場合に個人は若年期の所得の賃金の一定割合を貯蓄に回し，残りの一定割合 $(1+\rho)/(2+\rho)$ を消費に回す．

3-3 企業行動

代表的個人モデルと同じ生産技術，企業行動を考えよう．これまでと同様に，利潤最大化条件は 1 人当たりの生産関数 $y = f(k)$ を用いて次のように表せる．

$$f'(k_t) = r_t \tag{3-5a}$$

$$f(k_t) - f'(k_t)k_t = w_t \tag{3-5b}$$

よって，$f(k_t) = r_t k_t + w_t$ が成立する．この式の両辺に L_t を乗じると次の完全分配を意味する (3-6) 式を得る．

$$Y_t = r_t K_t + w_t L_t \tag{3-6}$$

(3-6) 式は産出が資本と労働に完全に分配され，利潤はゼロになることを示している．

3-4 財市場と資金市場

世代重複モデルの特徴の1つは資金市場の均衡条件の定式化にある．以下では，財市場の均衡条件から資金市場の均衡条件を導いてみよう．第 t 期には第 t 世代の若年世代の個人と第 $t-1$ 世代の老年世代の個人が共存しており，この2つの世代の個人たちが財の消費を行う．この点を考慮すると財市場の均衡条件は次のように書くことができる．

$$Y_t = c_t^y L_t + c_t^o L_{t-1} + I_t = c_t^y L_t + c_t^o L_{t-1} + (K_{t+1} - K_t) \tag{3-7}$$

ここで，左辺は産出を表しており，右辺の第1項は第 t 期の若年世代（第 t 世代）の消費，第2項は第 t 期の老年世代（第 $t-1$ 世代）の消費，第3項は投資である．第1項と第2項は個人の消費に人口をかけて集計していることに注意しよう．第1章と同じく資本は減耗しないと仮定すると，投資が資本の蓄積になる．ここで，完全分配の式 (3-6) より (3-7) 式を次のように変形できる．

$$r_t K_t + w_t L_t = c_t^y L_t + c_t^o L_{t-1} + (K_{t+1} - K_t)$$

個人の予算制約式 (3-2) を用いると次のように書き換えることができる．

$$K_{t+1} = (w_t - c_t^y)L_t + (1+r_t)K_t - c_t^o L_{t-1} = s_t L_t + (1+r_t)K_t - c_t^o L_{t-1} \tag{3-8}$$

ここで $t=0$ とおくと次を得る．

$$K_1 = s_0 L_0 + (1+r_0)K_0 - c_0^o L_{-1}$$

第2項は第0期の初期老年世代の得る利子と初期に保有する資産（したがって第0期の資本）の合計所得で，彼らはそれをすべて消費する．第3項はその老年世代の消費なので次の式が成立する．

$c_0^o L_{-1} = (1+r_0) K_0$

ゆえに，次の式が成立する．

$K_1 = s_0 L_0$

したがって，第1期以降，第t期に存在するすべての資本は，その期に生存している老年世代の供給する資産に等しいから，すべての時点について同様の式が成立する．

$K_{t+1} = s_t L_t$ (3-9)

この (3-9) 式が資金市場の均衡条件，つまり貯蓄と投資が一致する均衡条件である[1]．(3-8) 式が資金市場の均衡条件であることを確認するために (3-9) 式，また (3-8) 式を別の角度から見てみよう．(3-8) 式で右辺の K_t を左辺に移行すると次を得る．

$K_{t+1} - K_t = s_t L_t + (r_t K_t - c_t^o L_{t-1})$

この式の右辺の第2項は第t期の老年世代（第$t-1$世代）の所得 $r_t K_t$ から老年世代の個人の消費 $c_t^o L_{t-1}$ を差し引いたものだから，この式は次のことを意味している．

　投資（資本の蓄積）
　　＝若年世代の貯蓄＋老年世代の貯蓄（負の貯蓄＝元金の引出）

つまり，この式の右辺第2項の元金の引出がこの式の左辺の K_t に等しいので

---

1) (3-9) 式は資本が減耗しないという設定とは無関係に成り立つことに注意しよう．資本が毎期一定率 δ で減耗する場合，第t期の期首に存在する資本は第t期の末（もしくは第$t+1$期の期首）には $(1-\delta)K_t$ になる．第t期の若年世代の貯蓄は，第t期の老年世代からこの残存資本と新たに付け加える資本 $K_{t+1} - (1-\delta)K_t$ を購入する．したがって，$s_t L_t = (1-\delta)K_t + [K_{t+1} - (1-\delta)K_t] = K_{t+1}$ が成立するので，(3-9) 式は資本減耗を考慮しても成立する．

ある.

3-5 世代重複モデルのダイナミクス

資金市場の均衡条件 (3-9) 式を変形することで次を得る.

$$\frac{K_{t+1}}{L_t}=s_t \rightarrow \frac{K_{t+1}}{L_{t+1}}\frac{L_{t+1}}{L_t}=s_t \therefore (1+n)k_{t+1}=s_t$$

よって,若年世代の家計の貯蓄関数 (3-4) と利潤最大化条件 (3-5b) より次の式を得る:

$$(1+n)k_{t+1}=\frac{1}{2+\rho}w_t=\frac{1}{2+\rho}[f(k_t)-f'(k_t)k_t]$$
$$\rightarrow k_{t+1}=\frac{1}{(1+n)(2+\rho)}[f(k_t)-f'(k_t)k_t] \tag{3-10}$$

(3-10) 式が1人当たり資本（若年期の人口で割っているので,正確には労働人口1人当たり資本になることに注意）の時間に伴う変化を記述する1階の定差方程式である.第 t 期の1人当たりの資本 k_t が決まると第 $t+1$ 期の1人当たり資本 k_{t+1} が決まる構造になっており,第1章のソロー・モデルの基本方程式 (1-14) と同じ構造をしている.(3-10) 式は各世代の個人の効用が最大化され,企業は利潤最大化をし,すべての市場が均衡している市場均衡を記述している.

また,定常状態では次の式が成立する.ただし,k_{OLG}^* は世代重複モデルでの定常状態の1人当たり資本の値である.

$$k_{\text{OLG}}^*=\frac{1}{(1+n)(2+\rho)}[f(k_{\text{OLG}}^*)-f'(k_{\text{OLG}}^*)k_{\text{OLG}}^*] \tag{3-11}$$

以下では,生産関数をコブ=ダグラス型,$y=k^\alpha$ に特定化して分析を進めてゆこう[2].利潤最大化条件 (3-5b) は次のようになる.

---

[2] CES型生産関数の場合には複数の定常状態が存在することがある.Galor and Ryder (1989) を参照せよ.

第3章 世代重複モデル

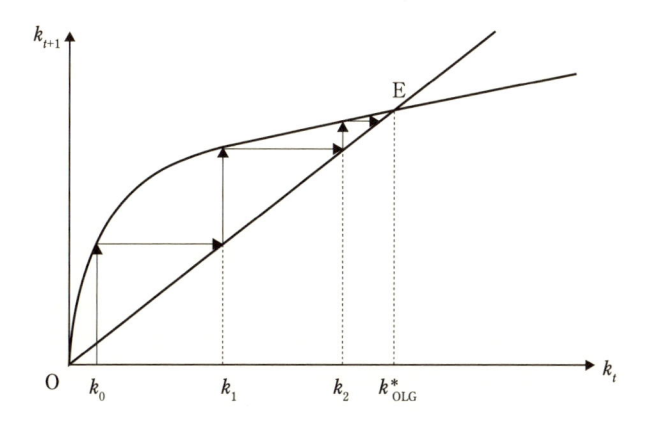

図 3-2 世代重複モデルのダイナミクス

$$f(k_t) - f'(k_t)k_t = k_t^\alpha - \alpha k_t^{\alpha-1} k_t = (1-\alpha) k_t^\alpha = w_t$$

したがって，定差方程式（3-10）は次のようになる．

$$k_{t+1} = \frac{1-\alpha}{(1+n)(2+\rho)} k_t^\alpha \tag{3-12}$$

この式の右辺をグラフに描くと図 3-2 のようになる．個人の効用関数が対数型で，生産関数がコブ＝ダグラス型の場合，初期条件 k_0 が決まるとソロー・モデルと同じように定常状態 k_{OLG}^* に単調に収束してゆくことがわかる．

定常状態を求めてみよう．(3-12) 式より定常状態で次を得る．

$$k_{OLG}^* = \frac{1-\alpha}{(1+n)(2+\rho)} (k_{OLG}^*)^\alpha \quad \to \quad (k_{OLG}^*)^{\alpha-1} = \frac{(1+n)(2+\rho)}{1-\alpha} \tag{3-13}$$

3-6 市場均衡の非効率性

実は，世代重複モデルにおける市場均衡はパレート効率的ではない可能性がある．つまり代表的個人モデルとは異なり，厚生経済学の第1基本定理「市場均衡は効率的である」が成立しないことがある．以下でこれを説明しよう．

市場均衡が非効率であることを示すにはどうすればよいだろうか．まず，「市場均衡が効率的」とはどのように定義されるか説明しよう．ある均衡が効

65

率的であるとは次のように定義される．

「他の誰かの効用を下げることなく，ある個人の効用を上昇させることができない状態」

したがって，ある均衡において他の誰の効用も下げることなくある個人の効用を上昇させることができれば，この均衡は非効率的であるといえる．財市場の均衡条件を調べることから始めよう．

分析の準備のために財市場の均衡条件を変形してみよう．財市場の均衡条件 (3-7) の両辺を L_t（第 t 期の若年世代の人口）で割ると，人口成長率の定義より次を得る．

$$f(k_t) = c_t^y + c_t^o \frac{1}{1+n} + (1+n)k_{t+1} - k_t = c_t + (1+n)k_{t+1} - k_t \tag{3-14}$$

ここで，$c_t \equiv c_t^y + c_t^o/(1+n)$ と定義している．これは第 t 期の若年世代 1 人当たりの総消費である．

いま第 t 期にある定常状態にいたとする．このとき，定常状態での個人の消費をすべての個人が取り続けるとすれば，1 人当たりの資本は一定のままである（$k_t = k_{t+1} = k_{t+2} = k_{t+3} = \cdots = k_{\text{OLG}}^*$）．ここで，この定常状態から第 t 期の若年世代 1 人当たりの総消費 c_t を増加させてみよう．このとき第 t 期のすべての個人の消費を増やすことができるので，第 t 期に生存しているすべての個人の効用を増加させることができる．さらに，このとき同時に第 $t+1$ 期以降のすべての個人の効用を下げることがなければ，この定常状態は非効率であるといえる．第 t 期には定常状態にいるが，第 t 期の c_t を変更するので第 $t+1$ 期以降の変数は変化する．第 t 期の財市場の均衡条件は (3-14) 式より次のように書ける．

$$f(k_{\text{OLG}}^*) + k_{\text{OLG}}^* = c_t + (1+n)k_{t+1} \tag{3-15}$$

第 t 期の消費を dc_t（>0）だけ増やしたとする．すると第 $t+1$ 期の資本が次のように変化する．

$$dc_t + (1+n)dk_{t+1} = 0 \quad \rightarrow \quad dk_{t+1} = -\frac{1}{1+n}dc_t < 0 \quad \because dc_t > 0$$

この第 $t+1$ 期の資本の変化によって引き起こされる第 $t+1$ 期の財市場の均衡の変化を調べよう．第 $t+1$ 期の財市場の均衡条件は次のようになっている．

$$f(k_{t+1})+k_{t+1}=c_{t+1}+(1+n)k_{t+2} \tag{3-16}$$

ただし，変化の前には定常状態にいたから，(3-16) 式で $k_{t+1}=k_{t+2}=k_{\text{OLG}}^*$ と $c_{t+1}=c_{\text{OLG}}^*$ が成立していることに注意してほしい．定常状態で微小な変化を取っているから，k_{t+1} の変化により (3-16) 式は（全微分をとることにより）次のように変化を示す式に変換できる．

$$f'(k_{t+1})dk_{t+1}+dk_{t+1}=dc_{t+1}+(1+n)dk_{t+2} \;\rightarrow\; [f'(k_{\text{OLG}}^*)+1]dk_{t+1}=dc_{t+1}+(1+n)dk_{t+2}$$
$$\because k_{t+1}=k_{\text{OLG}}^*$$

ここで，$dk_{t+1}=dk_{t+2}$ となるように dk_{t+2} をとると次のように変形できる．

$$dc_{t+1}=[f'(k_{\text{OLG}}^*)-n]dk_{t+1}$$

$dk_{t+1}=dk_{t+2}$ となるように dk_{t+2} をとったのと同様に，すべての $i\,(>2)$ について $dk_{t+1}=dk_{t+i}$ ととると $t+2$ 期以降も同様の関係式が成立するので，次を得る．

$$dc_{t+i}=[f'(k_{\text{OLG}}^*)-n]dk_{t+i}, \quad i>2 \tag{3-17}$$

したがって，$dk_{t+i}<0$ だから，$f'(k_{\text{OLG}}^*)<n$（$r_{\text{OLG}}^*<n$）のときには第 $t+1$ 期以降の消費を増やすことができる（$dc_{t+i}>0$）．つまり，第 t 期の消費を増やして，かつ第 $t+1$ 期以降のすべての個人の消費を増やすことが可能になる．したがって，$f'(k_{\text{OLG}}^*)<n$ のとき，世代重複モデルの定常状態はパレート効率的ではない．これを動学的非効率性（dynamic inefficiency）と呼ぶ．

コブ＝ダグラス型生産関数のケースを考えてみよう．非効率性が発生しているときは，(3-13) 式より次の不等式が成立している．

$$f'(k_{\text{OLG}}^*)<n \;\Leftrightarrow\; \alpha(k_{\text{OLG}}^*)^{\alpha-1}=\alpha\frac{(1+n)(2+\rho)}{1-\alpha}<n \;\Leftrightarrow\; 1+\frac{1}{n}<\frac{1-\alpha}{\alpha(2+\rho)}$$

したがって，第 1 章のソロー・モデルでみたように，資本分配率を示すパラメーター α が十分に小さく人口成長率 n が十分に大きいとき，定常状態は動学

的に非効率になっていることがわかる．

次に，ソロー・モデルおよび代表的個人モデルの効率性を調べてみよう．まず，ソロー・モデルにおいては定常状態が効率的な場合も非効率的な場合も起こり得る．貯蓄率が黄金律の水準を超えて過剰な資本蓄積が起こる場合に経済の定常状態は非効率になる．一方，第2章でみたように代表的個人モデルの市場均衡は効率的である．実際，定常状態において（2-27）式より次の不等式が成立している．

$$1+f'(k^*)=(1+n)(1+\rho)>1+n \quad \rightarrow \quad f'(k^*)>n$$

したがって，代表的個人モデルの定常状態は動学的に効率的である．

3-7 年金システム

これまで説明してきた世代重複モデルを用いて年金システムを分析してみよう．代表的な年金システムは2つある．1つは積立方式（a fully funded system）で，もう1つは賦課方式（a pay-as-you-go system）である．それぞれが資本蓄積や経済厚生にどのような影響を与えるかをみてみよう．

3-7-1 積立方式

政府は第 t 世代の個人から d_t だけの年金保険料を徴収する．政府はそれをそのまま貯蓄して第 t 世代の個人の老年期（したがって，第 $t+1$ 期）に年金として手渡す．ゆえに個人の予算制約式は次のようになる．

$$c_t^y+s_t+d_t=w_t\cdot 1 \tag{3-18a}$$

$$c_{t+1}^o=(1+r_{t+1})s_t+(1+r_{t+1})d_t \tag{3-18b}$$

ここで，政府は個人と同じ収益率で資金を運用すると仮定する．したがって，(3-18) 式を (3-1) 式に代入すると個人の最適化問題は次のようになる．

$$\max_{c_t^y,c_{t+1}^o} \ln c_t^y + \frac{1}{1+\rho} \ln c_{t+1}^o = \max_{s_t} \ln(w_t-s_t-d_t) + \frac{1}{1+\rho} \ln[(1+r_{t+1})(s_t+d_t)]$$

最大化条件は次のようになる．

$$\frac{-1}{w_t-s_t-d_t}+\frac{1}{1+\rho}\frac{1}{s_t+d_t}=0$$

ゆえに，貯蓄関数は次のようになる．

$$s_t=\frac{1}{2+\rho}w_t-d_t \quad \text{or} \quad s_t+d_t=\frac{1}{2+\rho}w_t \tag{3-19}$$

一方，財市場の均衡条件は以前と同じ (3-7) 式が成立する．完全分配の (3-6) 式と (3-18) 式より第1期以降において次を得る．

$$\begin{aligned}K_{t+1}&=(w_t-c_t^y)L_t+(1+r_t)K_t-c_t^o L_{t-1}\\&=(s_t+d_t)L_t+(1+r_t)K_t-(1+r_t)(s_{t-1}+d_{t-1})L_{t-1}\end{aligned}$$

第0期には老年世代は年金の受け取りがないとすると，第0期には次の関係が成立している．

$$\begin{aligned}K_1&=(w_0-c_0^y)L_0+(1+r_0)K_0-c_0^o L_{-1}\\&=(s_0+d_0)L_0+(1+r_0)K_0-c_0^o L_{-1}\end{aligned}$$

前述のとおり第2項（第0期の老年世代の得る利子と資産）と第3項（その老年世代の消費）は打ち消しあうので，毎期の資金市場の均衡で次の式が成立する．

$$K_{t+1}=(s_t+d_t)L_t \quad \rightarrow \quad (1+n)k_{t+1}=(s_t+d_t) \tag{3-20}$$

貯蓄関数とあわせると，次の動学式を得る．

$$(1+n)k_{t+1}=\frac{1}{2+\rho}w_t=\frac{1}{2+\rho}[f(k_t)-f'(k_t)k_t] \tag{3-21}$$

(3-21) 式は (3-10) 式と同じであるので，政府が個人と同じ収益率で年金資金を運用できる場合，積立方式は資本蓄積に何の影響も与えないことがわかる．

3-7-2 賦課方式

政府は第 t 世代から徴収した年金保険料 d_t をその時点での老年世代，すな

わち第 $t-1$ 世代に分配する．これが賦課方式のシステムである．このときに個人の予算制約式は次のようになる．

$$c_t^y + s_t + d_t = w_t \cdot 1 \tag{3-22a}$$

$$c_{t+1}^o = (1+r_{t+1})s_t + b_{t+1} \tag{3-22b}$$

b_{t+1} は第 t 世代が第 $t+1$ 期に受け取る年金である．したがって，その財源はその時点での若年世代，すなわち第 $t+1$ 世代の年金保険料である．

年金の受け取りと支払いの収支は均衡していると仮定しよう．第 t 世代の人口が L_t で第 $t+1$ 世代の人口は L_{t+1} だから，年金システムの収支が均衡している場合には次が成立している．

（年金の受け取り総額）： $b_{t+1}L_t = d_{t+1}L_{t+1}$ ：（年金保険料の支払い） (3-23)

人口成長率が n なので（3-23）式は次のように変形できる．

$$b_{t+1} = d_{t+1}\frac{L_{t+1}}{L_t} = (1+n)d_{t+1} \tag{3-24}$$

ゆえに，予算制約式（3-22b）は（3-24）式より次のようになる．

$$c_{t+1}^o = (1+r_{t+1})s_t + (1+n)d_{t+1} \tag{3-25}$$

積立方式の（3-18）式との違いは，年金の収益率が r_{t+1} ではなく人口成長率 n に変化した点と，受け取りの原資が第 t 世代と共存している現在の第 $t+1$ 世代になっていることである．

個人の貯蓄決定問題は（3-22）式を（3-1）式に代入して次のようになる．

$$\max_{c_t^y, c_{t+1}^o} \ln c_t^y + \frac{1}{1+\rho} \ln c_{t+1}^o = \max_{s_t} \ln(w_t - s_t - d_t) + \frac{1}{1+\rho} \ln[(1+r_{t+1})s_t + b_{t+1}]$$

ここで，個人は年金の収支の均衡式（3-24）を認識して最適化はしないので，（3-25）式を代入してはいけないことに注意しよう．最大化条件は次のようになる．

$$\frac{-1}{w_t - s_t - d_t} + \frac{1}{1+\rho}\frac{1+r_{t+1}}{(1+r_{t+1})s_t + b_{t+1}} = 0$$

$$\rightarrow \quad (1+\rho)[(1+r_{t+1})s_t+b_{t+1}]=(1+r_{t+1})[w_t-s_t-d_t]$$

ゆえに，貯蓄関数は次のようになる．

$$s_t=\frac{1}{2+\rho}(w_t-d_t)-\frac{1+\rho}{(2+\rho)(1+r_{t+1})}b_{t+1} \tag{3-26}$$

この貯蓄関数からわかるように，個人の貯蓄は年金保険料の支払いの分だけ低下する．

次に経済全体での均衡を分析しよう．ここでも資金市場の均衡条件を求めよう．(3-9) 式と同様に次の式が成立する．

$$\begin{aligned}K_{t+1}&=(w_t-c_t^y)L_t+(1+r_t)K_t-c_t^o L_{t-1}\\&=(s_t+d_t)L_t+(1+r_t)K_t-[(1+r_t)s_{t-1}+b_t]L_{t-1}\\&=s_t L_t+(1+r_t)K_t-(1+r_t)s_{t-1}L_{t-1} \quad \because b_t=(1+n)d_t\\&=s_t L_t\end{aligned} \tag{3-27}$$

(3-20) 式と異なり，(3-27) 式は年金の保険料 d_t は資本形成の資金として何の役割も果たさないことを示している．

計算の簡単化のために，ここで毎期の年金保険料の支払いが同じ（$d_t=d$）であると仮定し，コブ＝ダグラス型生産関数を用いよう．(3-26) 式の貯蓄関数へコブ＝ダグラス型生産関数の場合の第 t 期の利潤最大化条件（$w_t=(1-\alpha)k_t^\alpha$）と第 $t+1$ 期の利潤最大化条件（$r_{t+1}=\alpha k_{t+1}^{\alpha-1}$）を代入して，次の動学式を得ることができる．

$$k_{t+1}=\frac{1-\alpha}{(1+n)(2+\rho)}k_t^\alpha-\frac{1}{(1+n)(2+\rho)}\left[1+\frac{(1+\rho)(1+n)}{1+\alpha k_{t+1}^{\alpha-1}}\right]d \tag{3-28}$$

(3-28) 式には左辺のみならず右辺にも第 $t+1$ 期の1人当たり資本 k_{t+1} があるので解析には少し工夫が必要である．次のように第 $t+1$ 期の1人当たり資本 k_{t+1} を左辺にまとめてみよう．

$$\frac{1}{(1+n)(2+\rho)}\left[1+\frac{(1+\rho)(1+n)}{1+\alpha k_{t+1}^{\alpha-1}}\right]d+k_{t+1}=\frac{1-\alpha}{(1+n)(2+\rho)}k_t^\alpha \tag{3-29}$$

ここで記述を簡明にするために，左辺と右辺をそれぞれ次のように書くことに

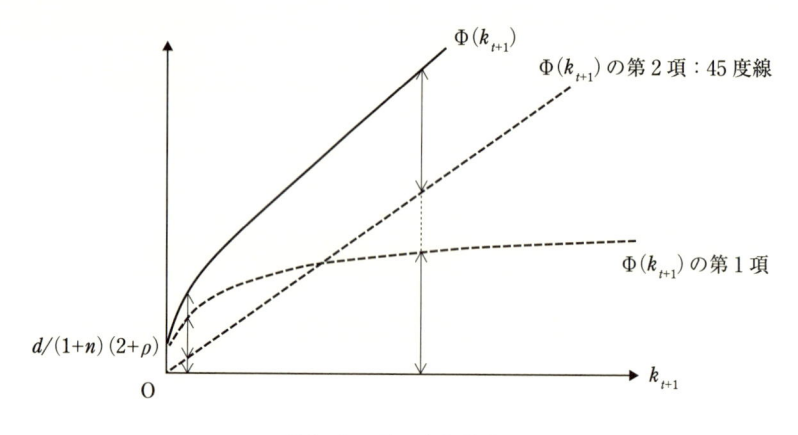

図 3-3 $\Phi(k_{t+1})$ のグラフ

する.左辺が第 $t+1$ 期の 1 人当たり資本 k_{t+1} に依存しているので $\Phi(k_{t+1})$ と表すことにし,右辺は第 t 期の 1 人当たり資本 k_t に依存しているので $\Psi(k_t)$ と表すことにする.これより,(3-29) 式は次のように書き表すことができる.

$$\Phi(k_{t+1}) = \Psi(k_t) \tag{3-30}$$

この方程式を満たすように k_t のダイナミクスが決定される.つまり,第 t 期の 1 人当たり資本 k_t が決まると右辺の関数 $\Psi(k_t)$ の値が決まり,それに等しくなる左辺の関数 $\Phi(k_{t+1})$ の値が決まる.この関数の値になるような第 $t+1$ 期の 1 人当たり資本 k_{t+1} が決まるのである.実際に解析してみよう.

右辺の関数 $\Psi(k_t)$ は (3-12) 式と同じなので,そのグラフは図 3-2 と同じである.左辺の関数 $\Phi(k_{t+1})$ をグラフに描いてみよう.第 1 項の値と第 2 項の値の和がこの関数の値であることに注意すると,関数 $\Phi(k_{t+1})$ のグラフは図 3-3 のようになる.また,関数 $\Phi(k_{t+1})$ のグラフの形状をこの関数を微分することでも調べてみよう.第 1 項の 1 階微分と 2 階微分は次のようになる.

$$-\frac{d}{2+\rho}\frac{(1+\rho)\alpha(\alpha-1)k_{t+1}^{\alpha-2}}{[1+\alpha k_{t+1}^{\alpha-1}]^2} > 0, \quad -\frac{d(1+\rho)\alpha(\alpha-1)}{2+\rho}\frac{k_{t+1}^{\alpha-3}\{(\alpha-2)-\alpha^2 k_{t+1}^{\alpha-1}\}}{[1+\alpha k_{t+1}^{\alpha-1}]^3} < 0$$

したがって,関数 $\Phi(k_{t+1})$ のグラフは右上がりの凹関数になる.また k_{t+1} が限りなく 0 に近づくと第 1 項は $d/(1+n)(2+\rho)$ に近づく.つまり,関数 $\Phi(k_{t+1})$ のグラフは縦軸の $d/(1+n)(2+\rho)$ の値のところに近づいてゆくこともわかる.

第 3 章　世代重複モデル

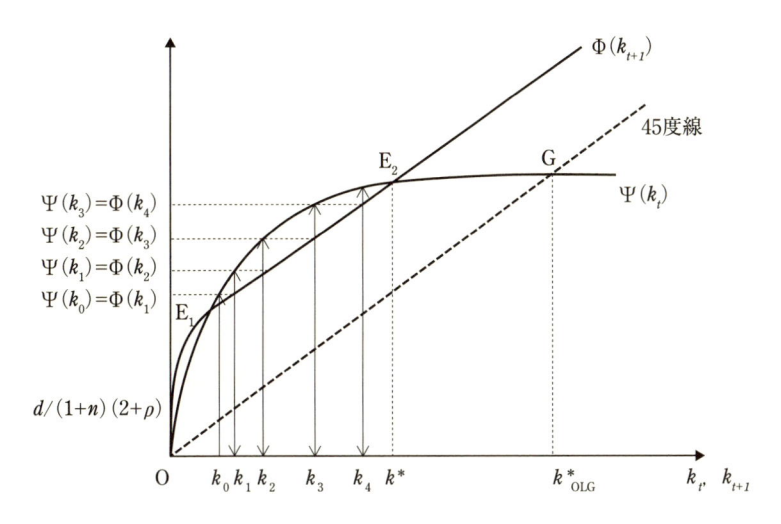

図 3-4　賦課方式の年金システムのダイナミクス

以上より関数 $\Phi(k_{t+1})$ のグラフは図 3-3 のようになることを確認できた．

さらに次の点も注意しておこう．年金保険料の支払額 d が小さくなると関数 $\Phi(k_{t+1})$ のグラフは45度線に近づいてゆく．年金保険料が 0 のとき（$d=0$），関数 $\Phi(k_{t+1})$ のグラフは45度線に一致する．

関数 $\Phi(k_{t+1})$ と関数 $\Psi(k_t)$ を同じ平面に描いたのが図 3-4 である．年金保険料 d があまり大きくなければ，関数 $\Phi(k_{t+1})$ のグラフと関数 $\Psi(k_t)$ のグラフは点 E_1 と点 E_2 で 2 度交わる．これらの点では，$\Phi(k_{t+1})=\Psi(k_t)$ かつ $k_{t+1}=k_t$ が成立するので定常点である．しかし以下で説明するように，点 E_1 は不安定な定常点で点 E_2 は安定な定常点である．経済の初期値である k_0 は歴史的に与えられており，定常点が不安定な場合，初期値がたまたま定常点と一致していなければ，経済は不安定な定常点へ決して近づかない．ゆえに，安定な定常点のみを分析の対象にすればよいのである．

初期値 k_0 が与えられると $\Psi(k_0)$ が決まり，それと等しくなる $\Phi(k_1)$ を与える第 1 期の 1 人当たり資本 k_1 が決まる．第 1 期の 1 人当たり資本 k_1 が決まると $\Psi(k_1)$ が決まり，それと等しくなる $\Phi(k_2)$ を与える第 2 期の 1 人当たり資本 k_2 が決まる．以下同様にして，図 3-4 が示すように 1 人当たり資本が決まってくるのである．このプロセスは図 3-4 からわかるように点 E_2 に収束してゆく．一方，点 E_1 からは経済は離れてゆくので不安定である．したがって，経

済的に意味のある定常状態は点 E_2 のみである．

関数 $\Psi(k_t)$ は (3-12) 式と同じなので，図 3-4 で関数 $\Psi(k_t)$ のグラフが45度線と交わる点 G は図 3-2 の点 E と正確に対応していることがわかり，点 G での 1 人当たり資本の値は賦課方式の年金を含まない世代重複モデルの定常状態における値 k^*_{OLG} に一致しているのである．したがって，賦課方式の年金の導入は資本蓄積を阻害することがわかる．

では次に，経済厚生への影響を調べてみよう．年金を含まない世代重複モデルの定常状態で動学的非効率性が発生しているならば，賦課方式の年金は資本蓄積を低下させるので経済厚生を改善する．

定常状態で非効率性が起きていないときはどうなるか．導入時点で，初期の老年世代はそのときの若年世代から年金を得るので経済厚生は明らかに改善する．しかし，その後の世代の経済厚生は低下する．異時点間の予算制約式を見てみよう．(3-22) 式と (3-25) 式を使い，毎期の年金保険料の支払い d が同じであることを使うと次の (3-31) 式を得る．

$$c_t^y + \frac{c_{t+1}^o}{1+r_{t+1}} = w_t + \frac{n - r_{t+1}}{1+r_{t+1}} d \tag{3-31}$$

したがって，経済が動学的に効率的な場合（$r_{t+1} > n$）は，(3-31) 式の右辺の第 2 項が負の値をとる．また，賦課方式の年金は資本蓄積を阻害するので賃金も下げてしまう．つまり，賦課方式の年金の存在は第 0 世代以降の個人の経済厚生を悪化させてしまうのである．

第 4 章

世代重複モデルの応用：
バブル資産・伝染病サイクル

　本章では第3章で解説した世代重複モデルの2つの応用を解説する．

　1つ目は，世代重複モデルにファンダメンタルな価値を持たない資産，すなわちバブル資産を導入する．個人がそれ自体では価値のない資産である紙幣（すなわち単なる紙切れ）を進んで持つのはなぜだろうか？　この問題を，世代重複モデルを用いて考察する．

　2つ目の応用では，寿命を内生化する．第3章では個人は2期間終了後に必ず死亡すると仮定された．しかし，現実には個人が健康を増進し寿命を延ばすためにはいくつかの方法が考えられる．健康診断や健康でいるために健康食品や運動を行うことができる．また，衛生環境を良くするための投資や病気を防ぐためのワクチンの接種も可能である．これらを本章では予防行動ないし健康投資と呼ぼう．一方で，このような予防行動，健康投資にもかかわらず，病気の蔓延などにより人生が短命で終わることもあるだろう．このような要因を考慮するために世代重複モデルで寿命を内生化してみる．そして，寿命を内生化したモデルを使って伝染病の広がりのダイナミクスを考察する．

4-1　バブル（bubble）

　これまでの世代重複モデルに貨幣を導入する．貨幣とは配当や利子支払いの必要のない役に立たない資産（useless asset）のことである．したがって，この useless asset はファンダメンタルズ（fundamentals）を持たない[1]．本節で

は以下の問題を分析する．

「このような役に立たない資産（紙切れ）が価値を持つことはあるだろうか？」

すなわち，この単なる紙切れが正の価値を持てばバブルが生じていることになる．この問題を世代重複モデルを用いて，最初に分析したのは Tirole（1985）と Weil（1989）である[2]．これらの研究では名目の貨幣供給量（バブル資産）は一定とされていたが，以下では Futagami and Shibata（2000）に従い，政府が毎期一定率で名目貨幣の供給量を増やす場合を説明する．これにより名目貨幣の供給量の伸びが資本蓄積に与える影響について分析を行うことができるのである[3]．

4-1-1　家計の行動および無裁定条件

家計の目的関数はこれまでの分析と同様に（3-1）式を仮定し，若年期にのみ労働1単位を非弾力的に供給して，老年期は引退すると仮定する．また，企業の生産関数はコブ=ダグラス型を仮定する．

貨幣を導入するので名目値と実質値の区別をしなければならない．この場合，家計の予算制約式は次のようになる．

$$p_t c_t^y + s_t^n + m_t^n = w_t^n \cdot 1 + \tau_t^n \tag{4-1a}$$

$$p_{t+1} c_{t+1}^o = (1 + i_{t+1}) s_t^n + m_t^n \tag{4-1b}$$

第3章と同様，c_t^y は第 t 期の若年世代の個人の消費，c_{t+1}^o は第 t 世代が第 $t+1$ 期に行う消費である。p_t は第 t 期の財の価格，w_t^n は第 t 期の名目賃金率，i_{t+1} は第 $t+1$ 期の名目利子率である．また，m_t^n は名目での貨幣の保有量，s_t^n は名目の債券保有額，τ_t^n は政府からの貨幣の名目のトランスファー（移転）である．政府からのトランスファーは若年期にのみ行われると仮定する．また，貨幣には利子がつかないことに注意しよう．

1）ファンダメンタルズとは，利子や配当の割引現在価値の総和のことである．
2）内生成長モデルの枠組みで分析した論文としては Grossman and Yanagawa（1993）がある．
3）ただし，Futagami and Shibata（2000）のモデルは本章のモデルとは異なり内生的成長モデルで，連続時間の世代重複モデルの Weil（1989）をベースにしている．

第4章 世代重複モデルの応用：バブル資産・伝染病サイクル

この予算制約式を実質値に変換するために，両辺をその期の物価で割ると次を得る．

$$c_t^y + \frac{s_t^n}{p_t} + \frac{m_t^n}{p_t} = \frac{w_t^n}{p_t} + \frac{\tau_t^n}{p_t}$$

$$c_{t+1}^o = (1+i_{t+1})\frac{s_t^n}{p_{t+1}} + \frac{m_t^n}{p_{t+1}}$$

予算制約式はさらに次のように変形できる．ここで，上付きの n がない変数は実質値を意味している．

$$c_t^y + s_t + \frac{m_t^n}{p_t} = w_t + \tau_t \tag{4-2a}$$

$$c_{t+1}^o = (1+i_{t+1})\frac{p_t}{p_{t+1}}\frac{s_t^n}{p_t} + \frac{m_t^n}{p_{t+1}} \tag{4-2b}$$

実質利子率を r_{t+1} とおくと，それは名目利子率 i_{t+1}，インフレ率 π_t と次のフィッシャー方程式と呼ばれる関係にあり，インフレ率の定義は次のようである．

$$1+r_{t+1} = \frac{1+i_{t+1}}{1+\pi_t}, \quad \pi_t = \frac{p_{t+1}-p_t}{p_t} \quad \to \quad 1+\pi_t = \frac{p_{t+1}}{p_t} \tag{4-3}$$

よって，(4-3) 式より次の関係式を得ることができる．

$$1+r_{t+1} = (1+i_{t+1})\frac{p_t}{p_{t+1}} \tag{4-4}$$

したがって，(4-4) 式を (4-2b) 式に代入すると予算制約式は次のようになる．

$$c_t^y + s_t + \frac{m_t^n}{p_t} = w_t + \tau_t \tag{4-5a}$$

$$c_{t+1}^o = (1+r_{t+1})s_t + \frac{m_t^n}{p_t} \quad \to \quad \frac{c_{t+1}^o}{1+r_{t+1}} = s_t + \frac{m_t^n}{(1+r_{t+1})p_{t+1}} \tag{4-5b}$$

(4-5a) 式と (4-5b) 式から s_t を消去して次式を得る．

$$c_t^y + \frac{c_{t+1}^o}{1+r_{t+1}} = w_t + m_t^n \left[\frac{1}{(1+r)p_{t+1}} - \frac{1}{p_t} \right] + \tau_t \tag{4-6}$$

この大括弧の中について調べよう．以下の不等式が成立しているときの個人の行動は次のようになる．

$$\frac{1}{(1+r_{t+1})p_{t+1}} - \frac{1}{p_t} > 0 \quad \rightarrow \quad 若年期にすべての資産を貨幣で保有$$

$$\frac{1}{(1+r_{t+1})p_{t+1}} - \frac{1}{p_t} < 0 \quad \rightarrow \quad 若年期にすべての資産を債券で保有$$

したがって，両方の資産が保有される均衡では次の無裁定条件が成立する．

$$\frac{1}{(1+r_{t+1})p_{t+1}} = \frac{1}{p_t} \quad \Leftrightarrow \quad 1+r_{t+1} = \frac{p_t}{p_{t+1}} \tag{4-7}$$

よって，無裁定条件が成立するとき，家計の予算制約式は次の（4-8）式のようになる．

$$c_t^y + \frac{c_{t+1}^o}{1+r_{t+1}} = w_t + \tau_t \tag{4-8}$$

これは，右辺にトランスファーを含む以外，資産が1つしかないときの予算制約式（3-3）と同じ予算制約式である．つまり家計の貯蓄量 $s_t + m_t^n/p_t$ は（3-4）式と同じように所得 $w_t + \tau_t$ の一定割合になる．

$$s_t + \frac{m_t^n}{p_t} = \frac{1}{2+\rho}(w_t + \tau_t) \tag{4-9}$$

4-1-2　政府の予算制約式

政府は毎期の貨幣量を伸び率 μ で成長させると仮定する．

$$M_t = (1+\mu)M_{t-1} \tag{4-10}$$

したがって，毎期貨幣が μM_{t-1} だけ若年期の個人にトランスファーされる．その貨幣量 μM_{t-1} は次のようになる．

$$名目額：\tau_t^n L_t = \mu M_{t-1} \quad \rightarrow \quad 実質額：\tau_t L_t = \mu \frac{M_{t-1}}{p_t} = \frac{\mu}{1+\mu}\frac{M_t}{p_t} \tag{4-11}$$

また，個人の保有する貨幣量と集計された貨幣量の間に次の関係が成立するこ

とにも注意しておこう．

名目貨幣量 $M_t = m_t^n L_t$，第 $t-1$ 期の名目貨幣量 $M_{t-1} = m_{t-1}^n L_{t-1}$

(4-10) 式の両辺を第 $t-1$ 期の価格水準で割って変数を実質化することにより次を得る．

$$\frac{(1+\mu)M_{t-1}}{p_{t-1}} = \frac{p_t}{p_{t-1}}\frac{M_t}{p_t} = \frac{1}{1+r_t}\frac{M_t}{p_t}$$

ここで，(4-7) 式の関係を使っていることに注意しておこう．したがって，貨幣量の実質値 B_t を $B_t = M_t/p_t = m_t^n L_t/p_t$ と定義すると次式を得る．

$$(1+\mu)(1+r_t)B_{t-1} = B_t \tag{4-12}$$

4-1-3　資金市場

バブル資産を考慮した資金市場の均衡を導出しよう．ここでも完全分配の式 (3-6) と財市場の均衡条件 (3-7) より (3-8) 式が成立する．(3-8) 式に (4-5) 式を代入することで次を得る．

$$K_{t+1} = (w_t - c_t^y)L_t + (1+r_t)K_t - c_t^o L_{t-1} = \left(s_t + \frac{m_t^n}{p_t} - \tau_t\right)L_t + (1+r_t)K_t - c_t^o L_{t-1} \tag{4-13}$$

(4-10) 式と (4-11) 式を用いると (4-13) 式は次のようになる．

$$\begin{aligned}K_{t+1} &= s_t L_t + \left(\frac{M_t}{p_t} - \frac{\mu M_{t-1}}{p_t}\right) + (1+r_t)K_t - c_t^o L_{t-1} \\ &= s_t L_t + \frac{M_{t-1}}{p_t} + (1+r_t)K_t - c_t^o L_{t-1} = s_t L_t\end{aligned} \tag{4-14}$$

初期 ($t=0$) には初期の老年世代がすべての資本を保有し，初期老人がすべての貨幣を保有しているから (4-14) 式で第 2 項と第 3 項の和は第 4 項と打ち消しあう．ゆえに，第 1 期以降についても同様だから，貨幣（バブル）を導入した世代重複モデルにおいても (3-8) 式が成立するのである．(4-9) 式を用いると (4-14) 式は次のように書くことができる．

$$K_{t+1} = \frac{1}{2+\rho}(w_t+\tau_t)L_t - \frac{m_t^n}{p_t}L_t \quad \rightarrow \quad K_{t+1} + \frac{M_t}{p_t} = \frac{1}{2+\rho}(w_t+\tau_t)L_t \quad (4\text{-}15)$$

つまり，個人の行う貯蓄は資本蓄積か貨幣の保有に向けられるのである．

4-1-4 解析
① 動学方程式の導出

資金市場の均衡条件（4-15）式を家計の貯蓄関数（4-9）式とトランスファーの式（4-11）を用いて変形しよう．

$$K_{t+1} = \left[\frac{1}{2+\rho}(w_t+\tau_t) - \frac{m_t^n}{p_t}\right]L_t = \frac{1}{2+\rho}w_t L_t + \left[\frac{1}{2+\rho}\frac{\mu}{1+\mu} - 1\right]B_t$$

この式の両辺を L_t で割ると次式を得る．

$$(1+n)k_{t+1} = \frac{1}{2+\rho}w_t - \left[1 - \frac{1}{2+\rho}\frac{\mu}{1+\mu}\right]b_t$$

これまでと同じく，労働人口（若年世代の人口）当たりの変数を小文字で表すことにしている．つまり，$b_t \equiv B_t/L_t$ と定義されている．企業の利潤最大化条件を用いると次の定差方程式（4-16）になる．

$$k_{t+1} = \frac{1-\alpha}{(1+n)(2+\rho)}k_t^\alpha - a \cdot b_t, \quad a \equiv \frac{1}{1+n}\left[1 - \frac{1}{2+\rho}\frac{\mu}{1+\mu}\right] \quad (4\text{-}16)$$

ここで，$0<a<1$ である．また政府の予算制約式（4-12）より次を得る．

$$\frac{B_{t+1}}{L_t} = (1+\mu)(1+r_{t+1})\frac{B_t}{L_t} \quad \rightarrow \quad \frac{B_{t+1}}{L_{t+1}} = \frac{(1+\mu)(1+r_{t+1})}{1+n}\frac{B_t}{L_t}$$

よって，利潤最大化条件を使うと次の第2の定差方程式を得ることができる．

$$b_{t+1} = \frac{(1+\mu)(1+\alpha k_{t+1}^{\alpha-1})}{1+n}b_t \quad (4\text{-}17)$$

（4-16）と（4-17）が連立定差方程式を構成する．以上を再度まとめておこう．動学システム（dynamic system）は次の2本の定差方程式によって記述される．

$$k_{t+1} = \frac{1-\alpha}{(1+n)(2+\rho)} k_t^\alpha - a \cdot b_t$$

$$b_{t+1} = \frac{(1+\mu)(1+\alpha k_{t+1}^{\alpha-1})}{1+n} b_t$$

② 定常状態

(4-16) と (4-17) の2本の差分方程式のうち貨幣の動学を記述する (4-17) 式は第2章の補論の差分方程式 (A2-2) と同じような構造になっていることがわかる．実際，(4-17) 式には b_{t+1} と k_{t+1} が含まれている．したがって，(4-16) 式を (4-17) 式に代入して，(4-17) 式から k_{t+1} を消去する必要がある．

この動学の分析は③のダイナミクスで行うことにして，まずこの動学システムの定常状態について調べよう．(4-16) 式と (4-17) 式より，定常状態では次の2式が成立する．

$$k = \frac{1-\alpha}{(1+n)(2+\rho)} k^\alpha - a \cdot b \quad \rightarrow \quad b = \frac{1}{a}\left[\frac{1-\alpha}{(1+n)(2+\rho)} k^\alpha - k\right] \tag{4-18}$$

$$b = \frac{(1+\mu)(1+\alpha k^{\alpha-1})}{1+n} b \tag{4-19}$$

(4-18) 式の大括弧内の第1項と第2項を描いたのが図4-1aである．したがって，第1項のグラフと第2項のグラフの差に定数項 $1/a$ をかけたものが (4-18) 式のグラフになる．つまり，(4-18) 式のグラフを k–b 平面に描くと図4-1bのようになる．(4-18) 式の大括弧が0の値をとるときは次の等式が成立するときである．

$$k = \frac{1-\alpha}{(1+n)(2+\rho)} k^\alpha$$

この方程式は (3-13) 式と同じであることに注意してほしい．したがって，(4-18) 式のグラフが横軸と交わるとき，すなわち (4-18) 式の大括弧が0の値をとるときの1人当たり資本の値は，最初に考察した世代重複モデルの定常状態 k^*_{OLG} に等しいことになる．

次に，(4-19) 式を調べてみよう．まず，$b=0$ のときに (4-19) 式は明らか

図4-1a

図4-1b （4-18）式のグラフ

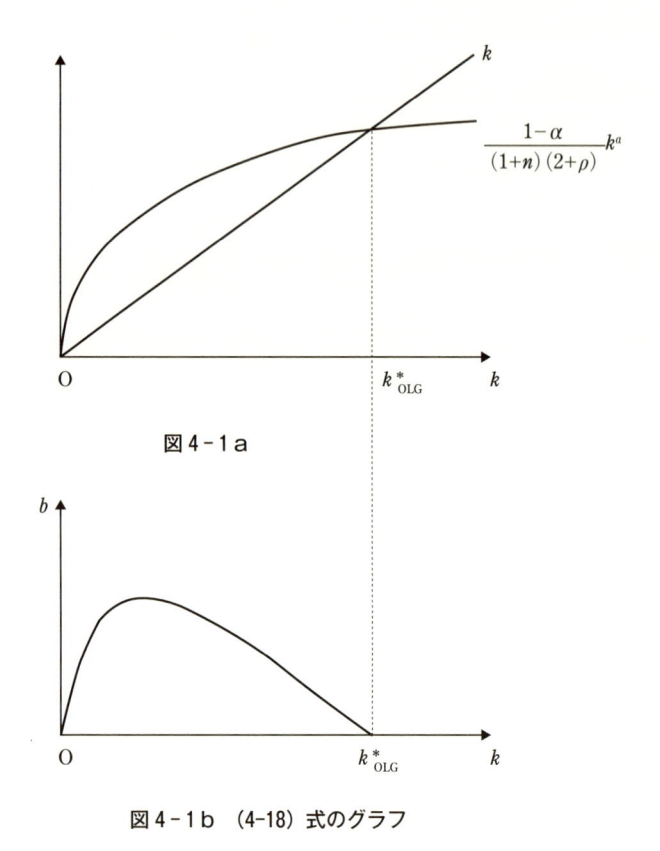

に成立する．つまり，バブルが存在しない状態は定常状態の候補である．一方，$b \neq 0$ のときには，両辺を b で割ることができるが，この変形には注意が必要である．形式的に両辺を b で割ると次式を得る．

$$1 + \alpha k^{\alpha-1} = \frac{1+n}{1+\mu} \tag{4-20}$$

この (4-20) 式の左辺は1より大きい．しかし，$n<\mu$ のときには (4-20) 式の右辺は1より小さい．したがって，$n<\mu$ のときはバブルが正の値をとる定常状態は存在しない．次に，$n>\mu$ のときは (4-20) 式の右辺は1より大きい値になるから (4-20) 式を成立させるような1人当たり資本が存在する可能性がある．図4-2を見てほしい．右下がりのグラフが (4-20) 式の左辺のグラフである．したがって，点Aにおいて (4-20) 式が成立していることがわか

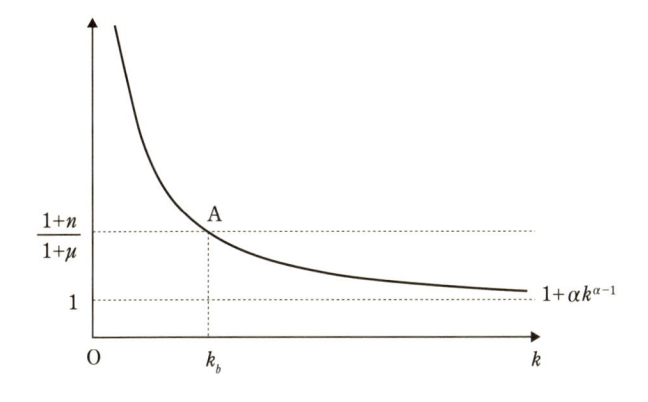

第4章 世代重複モデルの応用：バブル資産・伝染病サイクル

図4-2 (4-20) 式を満たす k

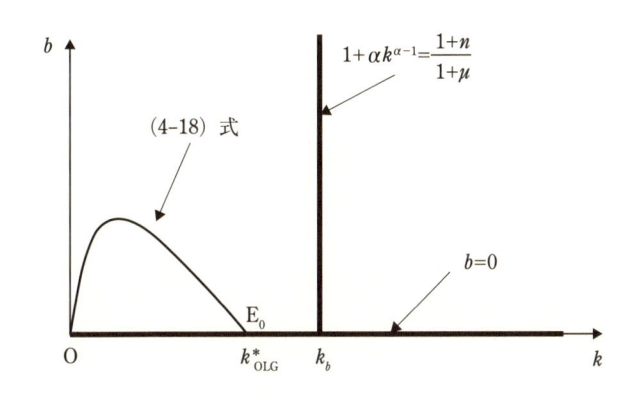

（グラフ：縦軸に $\frac{1+n}{1+\mu}$ と 1、点A、横軸に k_b、曲線 $1+\alpha k^{\alpha-1}$）

図4-3 バブルが存在しないケース ($k_{OLG}^* < k_b$)

（グラフ：(4-18) 式の曲線、点 E_0 は k_{OLG}^*、垂直線 $1+\alpha k^{\alpha-1} = \frac{1+n}{1+\mu}$ は k_b、$b=0$）

る．つまり，図4-2の k_b が (4-20) 式を成立させる1人当たり資本である．

以上より，(4-16) 式と (4-17) 式の動学システムの定常状態を調べることができる．k_{OLG}^* と k_b の大小関係により2つの場合に分ける必要がある．まず，$k_{OLG}^* < k_b$ のケースを説明する．この場合の定常状態は図4-3に表されており，経済的に有意味な定常状態は点 E_0 のみで（原点は除く），正の価値を持つバブルが存在しない定常状態である．

次に，$k_b < k_{OLG}^*$ のケースを説明する．この場合の定常状態は，図4-4の点 E_b （バブルがプラスの価値を持つ定常状態）と点 E_0 （プラスの価値を持つバブルが存在しない定常状態）の2つである．

定常状態の性質をよりクリアにするために，バブルの成長率 μ が 0 のとき

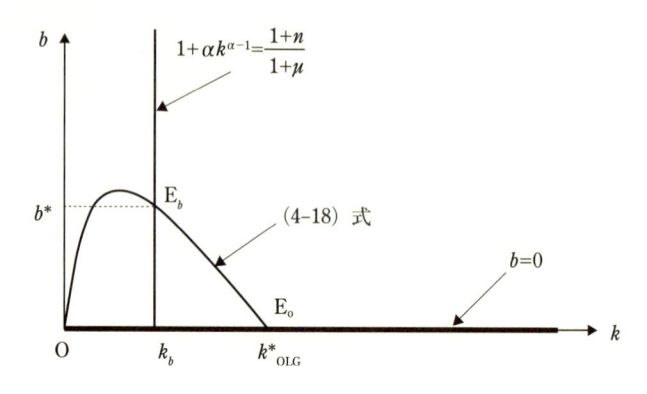

図 4-4　バブルが存在するケース（$k_b < k^*_{\text{OLG}}$）

を調べてみよう．このとき (4-20) 式は次のようになる．

$$\alpha k_b^{\alpha-1} = n \tag{4-21}$$

したがって，図 4-3 と図 4-4 のケースではそれぞれ次の関係式が成立していることになる．

図 4-3 ： $\alpha(k^*_{\text{OLG}})^{\alpha-1} > \alpha k_b^{\alpha-1} = n$

図 4-4 ： $\alpha(k^*_{\text{OLG}})^{\alpha-1} < \alpha k_b^{\alpha-1} = n$

ここで $\alpha k^{\alpha-1}$ は，コブ＝ダグラス型生産関数の資本の限界生産物であり，利子率に等しい．したがって，図 4-3 のような正の価値を持つバブルが存在しないケースでは，第 3 章で考察したバブルがそもそも存在しない世代重複モデルの定常状態が動学的に効率的になっている（利子率が人口成長率よりも高い状態）．一方，図 4-4 のような正の価値を持つバブルが存在するケースでは，第 3 章で考察したバブルがそもそも存在しない世代重複モデルの定常状態が動学的に非効率的であることがわかる（利子率が人口成長率よりも低い状態）．つまり，バブルが存在するか否かは，そもそもバブルが存在しない世代重複モデルの定常状態が動学的に非効率であるか否かに左右されるのである．

また，(4-21) 式より，バブルが存在する定常状態では利子率が人口成長率と一致しているので，黄金律が成立していることになる．つまり，バブルが価値を持つ定常状態は動学的に効率的なのである．これはバブルが存在することにより，物的資本の蓄積に向けられる貯蓄がバブルの蓄積に向けられ，資本の

第4章 世代重複モデルの応用：バブル資産・伝染病サイクル

過剰な蓄積が抑えられたからである．

次に，バブル（貨幣）が μ の率で成長するケースを考えよう．図4-4のバブルが存在するケースでは，(4-20) 式より次の関係式を得ることができる．

$$1+\alpha(k_{\text{OLG}}^*)^{\alpha-1} < 1+\alpha k_b^{\alpha-1} = \frac{1+n}{1+\mu} < 1+n \quad \rightarrow \quad \alpha(k_{\text{OLG}}^*)^{\alpha-1} < n$$

したがって，バブルが成長する場合でも正の価値を持つバブルが存在するときは，そもそもバブルが存在しない世代重複モデルの定常状態が動学的に非効率であることがわかる．つまり，そもそもバブルが存在しない世代重複モデルの定常状態が動学的に非効率であることは正の価値を持つバブルの存在の必要条件である[4]．

③ ダイナミクス

次に，(4-16) 式と (4-17) 式の動学システムのダイナミクスを調べよう．(4-17) 式は第 t 期の実質バブルの値 b_t が決まったときに，第 $t+1$ 期の1人当たり実質バブル b_{t+1} と1人当たり資本 k_{t+1} の関係を決めるだけなので，第2章の補論と同様の手法をここでも用いる必要がある．(4-16) 式を用いて (4-17) 式から k_{t+1} を消去すると，次の b_t に関する動学式を得ることができる．

$$b_{t+1} = \frac{(1+\mu)\left[1+\alpha\left(\frac{1-\alpha}{(1+n)(2+\rho)}k_t^\alpha - a\cdot b_t\right)^{\alpha-1}\right]}{1+n}b_t \tag{4-22}$$

この (4-22) 式と (4-16) 式の2本の定差方程式がバブルを含む世代重複モデルのダイナミクスを記述するのである．以下では正の価値を持つバブルが存在する図4-4のケースを調べることにする．

変数が1人当たり資本 k_t と1人当たり実質バブル b_t の2つなので，第2章の代表的個人モデルのように2次元の位相図を用いて分析することになる．1人当たり資本の変化がない場合（$\Delta k=0$）の関係式は (4-18) になることは明らかである．一方，1人当たり実質バブルの変化がないとき（$\Delta b=0$）は

---

[4] ただし，十分条件ではないことに注意しよう．

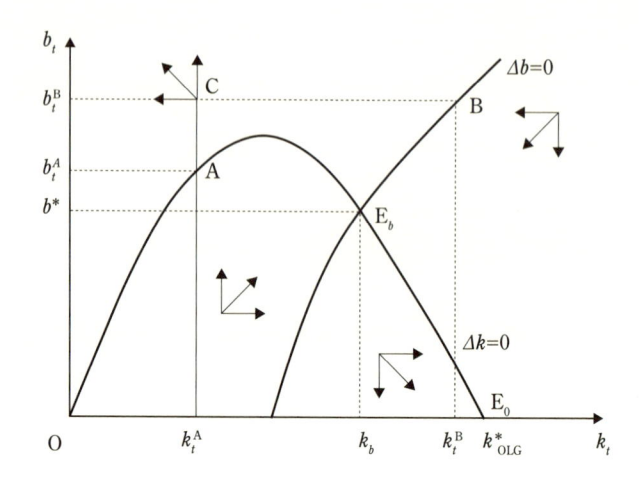

図 4-5　1人当たり資本とバブル資産の動き

(4-22) 式より，(4-22) 式の右辺の分子の大括弧が一定になる場合であるから，次式が成立する場合である．

$$\frac{1-\alpha}{(1+n)(2+\rho)}k_t^\alpha - a \cdot b_t = k_b \quad \rightarrow \quad b_t = \frac{1}{a}\left[\frac{1-\alpha}{(1+n)(2+\rho)}k_t^\alpha - k_b\right] \qquad (4\text{-}23)$$

ここで，(4-17) 式より，定常状態では $k_{t+1}=k_b$ が成立することを使っている．

位相図は図 4-5 のようになる．まず，1人当たり資本の時間に伴う変化を説明する．(4-16) 式より1人当たり資本の変化を調べる式を作ると次のようになる．

$$k_{t+1} - k_t = \frac{1-\alpha}{(1+n)(2+\rho)}k_t^\alpha - k_t - a \cdot b_t \qquad (4\text{-}24)$$

(4-24) 式の右辺の値が0に一致するとき (4-18) 式を得ることになり，それが図 4-5 の $\Delta k=0$ 線のグラフである（図 4-1 b のグラフと同じ）．したがって，図 4-5 の点 A (k_t^A, b_t^A) では $\Delta k=0$ が成立するので，点 C (k_t^A, b_t^B) では以下の不等式が成立する．

$$0 = \frac{1-\alpha}{(1+n)(2+\rho)}k_t^{A\alpha} - k_t^A - a \cdot b_t^A > \frac{1-\alpha}{(1+n)(2+\rho)}k_t^{A\alpha} - k_t^A - a \cdot b_t^B$$

したがって，$\Delta k=0$ 線よりも上方の領域では，1人当たり実質バブルが (4-24) 式の右辺を0にする値よりも大きな値になっているので，(4-24) 式の右辺は負の値をとる．すなわち，1人当たり資本は時間とともに減少する．点Cにおける左向きの矢印がこの変化を示している．一方，$\Delta k=0$ 線よりも下方の領域では，1人当たり実質バブルが (4-24) 式の右辺を0にする値よりも小さな値になっているので，(4-24) 式の右辺は正の値をとる．すなわち，1人当たり資本は時間とともに増加する．

次に，1人当たり実質バブルの時間に伴う変化を調べよう．(4-22) 式より次の関係式を得ることができる．

$$b_{t+1}-b_t=\left\{\frac{(1+\mu)\left[1+\alpha\left(\frac{1-\alpha}{(1+n)(2+\rho)}k_t^\alpha-a\cdot b_t\right)^{\alpha-1}\right]}{1+n}-1\right\}b_t \qquad (4\text{-}25)$$

(4-23) 式が成立するとき (4-25) 式の右辺の値は0になる．つまり，点B (k_t^B, b_t^B) では $\Delta b=0$ が成立するので，$k_t^A<k_t^B$ より点C (k_t^A, b_t^B) では以下の不等式が成立する（指数が $\alpha-1<0$ であることに注意しよう）．

$$0=\frac{(1+\mu)\left[1+\alpha\left(\frac{1-\alpha}{(1+n)(2+\rho)}k_t^{B\alpha}-a\cdot b_t^B\right)^{\alpha-1}\right]}{1+n}-1$$

$$<\frac{(1+\mu)\left[1+\alpha\left(\frac{1-\alpha}{(1+n)(2+\rho)}k_t^{A\alpha}-a\cdot b_t^B\right)^{\alpha-1}\right]}{1+n}-1$$

したがって，$\Delta b=0$ 線よりも左側の領域では，1人当たり資本が (4-23) 式が成立する値よりも小さな値になっているので (4-25) 式の右辺は正の値をとる．すなわち，1人当たり実質バブルは時間とともに増加する．点Cにおける上向きの矢印がこの変化を示している．一方，$\Delta b=0$ 線よりも右側の領域では，1人当たり資本が (4-23) 式が成立する値よりも大きな値になっているので (4-25) の右辺は負の値をとる．すなわち，1人当たり実質バブルは時間とともに減少する（指数が $\alpha-1<0$ であることに注意しよう）．

以上の変数の動きをまとめて図4-5に描いている．それを基に各領域での変数の動きを描いたのが図4-6である．初期の1人当たり資本が k_0 のとき，

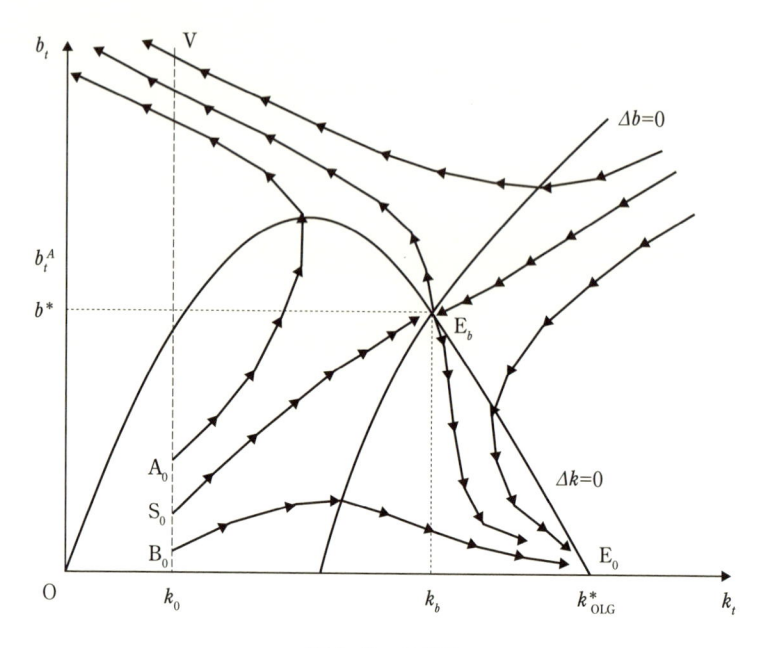

図 4-6 位相図

経済はどのような経路をたどるであろうか．1 人当たり資本は先決変数である（先決変数については第 2 章補論参照）．一方，1 人当たりのバブル資産は $b_t = M_t/p_t L_t$ である．名目の貨幣供給量 M_t と若年世代の人口 L_t はストック変数なので先決変数であるが，価格水準 p_t は非先決変数であり，個人の期待によって決まる．したがって，k_0 の垂直線 V 上の点のすべての点を初期点として選ぶことができる．どの点が初期点になるかは個人の期待によって決まる．

代表的な可能性は A_0 から出発する経路，S_0 から出発する経路，B_0 から出発する経路の 3 種類である．代表的個人モデルでは横断条件・NPG 条件が経路の選択に大きな役割を果たしたが，世代重複モデルには代表的個人モデルに対応するそのような条件は存在しない．では，どの経路も経済的に意味があるかと言えばそうではない．A_0 から出発する経路は，以下で説明するように個人の選択の結果として均衡ではありえない．この経路ではある第 T 期に縦軸に突入する，ないし縦軸を通り抜けてしまう．しかし，1 人当たり資本はマイナスの値をとることはできないから，1 人当たり資本は 0 になるように貯蓄が決定される．ところが，次の第 $T+1$ 期には資本ストックが存在しないので産

88

第4章　世代重複モデルの応用：バブル資産・伝染病サイクル

出量は0になる．したがって，第T期の若年期の個人（第T世代）はバブル資産（貨幣）で貯蓄を行っても使い道がないことに気が付く．よって，第T期の若年期の個人たちはバブル資産を持とうとはしない．その当然の帰結として，第T期の老人たち（第$T-1$世代）は自分の保有するバブル資産が無価値になることに自分たちが若年期の時点（第$T-1$期）に気が付くはずである．したがって，彼らもバブル資産を持とうとはしない．すると，第$T-2$世代もバブル資産を持たない．この連鎖は初期までさかのぼることになるので，結局初期の世代もバブル資産を持たない．ゆえに，このような経路は均衡として実現しないのである．

しかし，S_0やB_0から出発する経路を排除することはできない．B_0から出発する経路では，やがてバブル資産は無価値になる定常状態E_0へと収束してゆく．一方，S_0から出発する経路はバブル資産が正の価値を保持しつづける定常状態E_bへと収束してゆく．後から生まれてくる世代がバブル資産を持ちつづけるとすべての世代が確信していれば，バブルは正の価値を保持しつづけることが可能になるのである．しかし，初期時点から何世代かはバブルの長期的持続を予想していたとしても，後の世代が予想を変更すれば経路は変更してバブルが消滅する経路に移行するかもしれない（バブルの崩壊）．逆に，現在はバブルの長期的持続が予想されていなくても，後の世代が何らかの契機にバブルの長期的な持続を達成する経路に経済が移行するかもしれない（バブルの発生）．代表的個人モデルにおいては，バブルのない安定的な鞍点経路のみが唯一意味のある経路であったことを考えると，この結果は，世代重複モデルが代表的個人モデルとは非常に異なる性質を持つことを明確に示している．

4-1-5　バブル資産の成長率が資本蓄積に与える影響

バブル資産の成長率μの変化は資本蓄積にどのような影響を与えるだろうか．μの上昇はパラメーターaの値を低下させるので，(4-18)式のグラフを図4-7のように上にシフトさせる．一方，(4-20)式の右辺を低下させる．左辺はkの減少関数なので定常状態の1人当たり資本はk_{bb}へと上昇することになる．つまり，バブルの増加率μを上昇させることは資本蓄積を促進するのである[5]．

では，バブルの成長率の上昇は定常状態のバブル資産にはどのような影響を

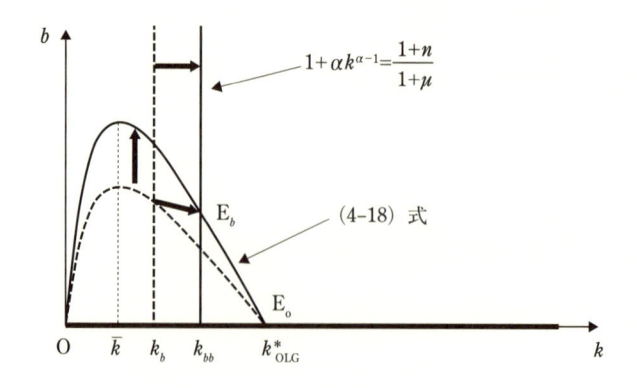

図4-7 バブルの成長率上昇の効果

与えるだろうか．バブルの成長率 μ の変化がバブル資産に与える効果は (4-18) 式を使って調べることができる．バブル資産の成長率 μ の変化は 1 人当たり資本を変化させると同時にパラメーター a も変化させる．定常状態で (4-18) 式を μ で微分すると次のようになる．

$$\frac{db^*}{d\mu} = \frac{d(1/a)}{d\mu}\left[\frac{1-\alpha}{(1+n)(2+\rho)}k_b^{\alpha} - k_b\right] + \frac{1}{a}\frac{dk_b}{d\mu}\frac{d}{dk_b}\left[\frac{1-\alpha}{(1+n)(2+\rho)}k^{\alpha} - k\right] \quad (4\text{-}26)$$

μ の上昇はパラメーター a の値を低下させるので，第 1 項は正の値をとる．一方，第 2 項の符号は定常状態の 1 人当たり資本の値の大きさに依存する．第 2 項の大括弧の式は (4-18) 式のグラフの基になっている関数である（正確には大括弧の式に $1/a$ が乗じられている）．図 4-7 のように (4-18) 式のグラフが右下がりのところに定常状態が存在するので，(4-26) 式の第 2 項はマイナスの値をとる[6]．したがって，バブル資産の成長率 μ の上昇がバブル資産を増加させるか減少させるかは (4-26) 式からだけでは判別できない．しかしながら，1 人当たり資本のレベルが k^*_{OLG} に近いとき，すなわちバブル資産の水準

---

[5] Futagami and Shibata (2000) は内生的成長モデルを用いた分析で，バブル資産の増加率の上昇は経済成長率を上昇させることを示している．本章における外生的成長モデルでの資本蓄積を増加させる効果と同じである．

[6] (4-18) 式のグラフは $a\bar{k}^{\alpha-1} = \frac{(1+n)(2+\rho)}{1-\alpha}$ を満たす $\bar{k}$ で最大になる．したがって，次の不等式 $1+a\bar{k}^{\alpha-1} > 1+n > \frac{1+n}{1+\mu} = 1+\alpha k_b^{\alpha-1}$ が満たされる．ゆえに，$\bar{k} < k_b$ となる．

が低いときは，(4-26) 式の第1項は0に近い値をとるので，第2項の符号が (4-26) 式の符号を決定することになる．つまり，1人当たり資本のレベルが k_{OLG}^{*} に近いとき，バブル資産の成長率 μ の上昇はバブル資産のレベルを低下させるのである．

4-2 死亡確率を考慮したモデル

これまでは，個人は2期間（若年期と老年期）を必ず生きると仮定してきた．つまり，確率1で若年期から老年期に生き残ることができた．本節では次のように設定を変更する．個人は若年期と老年期とを生きる可能性がある．しかし，若年期から老年期に生存しつづける確率は，1ではなく p の確率である．つまり，p の確率で生存し，$1-p$ の確率で死亡すると仮定する．この確率は一定であると仮定しよう．

この設定の下で考察すべき問題は次の2点である．

1. 個人は死亡確率を読み込んで生涯効用を最大化する．
2. 個人の貯蓄は若年期になされているので，もしある個人が死亡すればこの個人の貯蓄は受取人が存在しなくなる．この残された資産をどのように処分するか．

4-2-1項で第1の問題を考察する．

4-2-1 期待効用の最大化

個人は生涯の期待効用の最大化を行うと仮定する．老年期である第2期目に得る効用は期待効用で計算する．死亡したときの効用は0とする．

第2期目の期待効用
＝生存確率×第2期目の効用＋死亡確率×0（死亡の場合の効用）

よって，次のように期待効用は表されることになる．

$$\max_{c_i^y, c_{i+1}^o} u(c_i^y) + \frac{1}{1+\rho}[p \times u(c_{i+1}^o) + (1-p) \times 0] = \max_{c_i^y, c_{i+1}^o} \ln c_i^y + \frac{p}{1+\rho} \ln c_{i+1}^o \qquad (4\text{-}27)$$

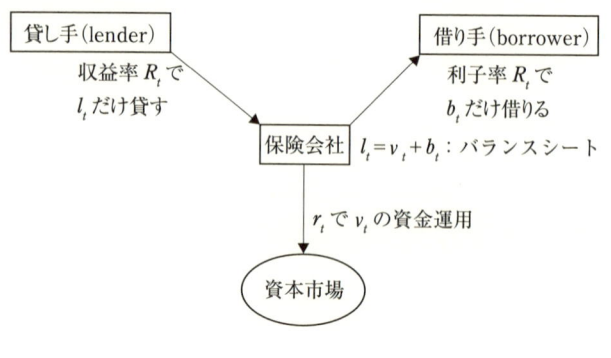

```
       貸し手(lender)                  借り手(borrower)
      収益率 $R_t$ で                   利子率 $R_t$ で
      $l_t$ だけ貸す                    $b_t$ だけ借りる
              ↘                    ↗
              保険会社  $l_t = v_t + b_t$ : バランスシート
                   ↓
              $r_t$ で $v_t$ の資金運用
                   ↓
                資本市場
```

図 4-8　保険会社

これまでと同様に対数型の効用関数を仮定することにする.

4-2-2　予算制約

　第 t 世代の個人はいつ死亡するか不確実なので，次のような裁定を行う機会が存在する．死亡した時点で正の資産を残す場合と負の資産（負債）を残す場合の2つの可能性があることに注意しよう[7]．

　　　死亡時点で正の資産を残すとき：死亡したときに資産を誰かに渡すのと交換に生存中に高い収益率を受け取る．

　　　死亡時点で負の資産を残すとき：死亡時点での負債を帳消しにする代わりに高い利子率を支払う．

この裁定を行う危険中立的な保険会社を仮定し，この保険会社が裁定を実行する．貸し手（lender）は保険会社に貸すと R_t の収益率で資金を運用できるとする．一方，借り手（borrower）は保険会社から借りると R_t の利子率を負担すると仮定する．

　資本市場と保険市場の構造は図 4-8 のようになっている．保険会社は資本市場でその資金 v_t を運用すると元利合計で $1 + r_t$ を得る．借り手（borrower）へ貸すと，借り手が第2期目（老年期）に生存していれば元利合計で $1 + R_t$ を得るが，死亡しているときには負債は帳消しにされるので生存している割合 p

---

[7] すべての個人は同一であるから，均衡では負債を持つ個人は存在しないことになる.

だけの利子収入，つまり $(1+R_t) \times p$ を得る．よって，次の無裁定条件が成立する．

$$1 + r_t = (1+R_t) \times p$$

したがって，個人にとっての貯蓄の収益率は次のようになる．

$$1 + R_t = \frac{1+r_t}{p} \tag{4-28}$$

このとき保険会社の利潤は0になることを示すことができる．保険会社の利潤は次のようになっている．

$$利潤 = (1+r_t)v_t + (1+R_t)pb_t - (1+R_t)pl_t$$

第1項は資本市場で資金を運用したことによる収入である．第2項は借り手が第2期目に生存していた場合に得る元利合計である．第3項は貸し手への元利合計の支払いである．図4-8で示されているように，保険会社のバランスシートで資産 $v_t + b_t$ と負債 l_t が等しくなっているので，(4-28) 式を考慮するとこの利潤は0になる．

以上より個人の予算制約式は次のようになることがわかる．

$$c_t^y + s_t = w_t \tag{4-29a}$$

$$c_{t+1}^o = \frac{1+r_{t+1}}{p} s_t \tag{4-29b}$$

4-2-3　効用最大化問題

これまでと同様に，(4-29) 式を効用関数 (4-27) に代入して，貯蓄を選ぶことによる最大化問題で考えよう．

$$\max_{c_t^y, c_{t+1}^o} \ln c_t^y + \frac{p}{1+\rho} \ln c_{t+1}^o = \max_{s_t} \ln[w_t - s_t] + \frac{p}{1+\rho} \ln\left[\frac{1+r_{t+1}}{p} s_t\right]$$

この問題の最大化条件は次のようになる．

$$\frac{-1}{w_t - s_t} + \frac{p}{1+\rho}\frac{1}{s_t} = 0$$

よって，個人の選ぶ最適な貯蓄を次のように求めることができる．

$$s_t = \frac{p}{1+\rho+p} w_t, \quad 貯蓄率 (s) = \frac{p}{1+\rho+p} \tag{4-30}$$

生存確率 p と貯蓄率の関係を調べるために，貯蓄率を生存確率 p で微分してみよう．

$$\frac{ds}{dp} = \frac{(1+\rho+p)-p}{(1+\rho+p)^2} = \frac{1+\rho}{(1+\rho+p)^2} > 0$$

したがって，生存確率の上昇は貯蓄率を上昇させることがわかる．個人は長い期間生きる可能性が高くなると，それに備えて貯蓄を増やす必要があることを意味しているのである．

4-2-4 資金市場

死亡確率を考慮した世代重複モデルにおける資金市場はどのようになるだろうか．財市場の均衡条件は次のように変化する．

$$Y_t = c_t^y L_t + p c_t^o L_{t-1} + (K_{t+1} - K_t) \tag{4-31}$$

これまでとは異なり，右辺の第2項に生存確率 p が乗じられている．第2項は第 t 期の老年世代の消費であるが，老年世代は生存確率 p の割合しか生き残っていないからその人口は pL_{t-1} となっているのである．

完全分配の式（3-6）と予算制約式（4-29）より次の変形ができる．

$$\begin{aligned}
K_{t+1} &= (w_t - c_t^y) L_t + (1+r_t) K_t - p c_t^o L_{t-1} \\
&= s_t L_t + (1+r_t) K_t - p c_t^o L_{t-1} \\
&= s_t L_t + (1+r_t) K_t - (1+r_t) s_{t-1} L_{t-1} \\
&= s_t L_t
\end{aligned}$$

よって以前と同じ資金市場の均衡条件を得ることができるので，(4-30) の貯蓄関数とコブ=ダグラス型生産関数の利潤最大化条件（3-5b）を用いることで次の動学式を得る．

$$k_{t+1} = \frac{p(1-\alpha)}{(1+n)(1+\rho+p)} k_t^\alpha \tag{4-32}$$

生存確率 p の上昇は (4-29) の貯蓄率を上昇させる．したがって，(4-32) 式のダイナミクスから明らかなように，生存確率の上昇，すなわち老年人口の比率の上昇（高齢化といえる）は資本蓄積を促進することがわかる．

4-2-5 寿命の内生化と伝染病サイクル

本項では，Momota, Tabata and Futagami (2005) に従い，伝染性の病気とそれに対する個人の予防行動を考慮した世代重複モデルの応用を解説する．WHO (1999) によると，世界において伝染性の病気は1998年の主な死亡原因となっている．HIV（エイズウィルス）とマラリアはサハラ砂漠以南の国々における期待寿命を大きく低下させている．一方，人々の予防行動がこれら伝染性の病気の蔓延を防ぐために非常に有効であることも明らかである．個人の予防行動により伝染性の病気の広がりの時間に伴う変化，ダイナミクスは大きな影響を受けることになる．例えば，マラリアや梅毒の感染は周期的な変動を示すことが知られている[8]．以下では，伝染性の病気に対する個人の予防行動が伝染性の病気のダイナミクスにどのような影響を与えるかについて考察する．

① 伝染病，予防行動（健康投資）と生存確率

伝染性の病気が蔓延していると個人の生存確率は低下する．一方，個人の生存確率は個人の予防行動，健康投資により上昇させることができる．このような予防行動としては水質の改善，公衆衛生の改善，ワクチンの接種などが考えられる．この関係を次の関数で定式化する．

$$p = p(h_t, D_t), \quad p_1 \equiv \frac{\partial p}{\partial h_t} > 0, \ p_{11} \equiv \frac{\partial^2 p}{\partial h_t^2} < 0, \ p_2 \equiv \frac{\partial p}{\partial D_t} < 0, \ p_{12} \equiv \frac{\partial^2 p}{\partial h_t \partial D_t} \geq 0 \tag{4-33}$$

ここで，h_t は個人の予防行動（健康投資），D_t は伝染性の病気の蔓延度の第 t 期における指標である．予防行動は個人の健康投資支出により行われるとす

---

[8] このような周期的変動については，Momota, Tabata and Futagami (2005) およびそこでの参考文献を参照せよ．

る．また，偏微分の符号は以下のことを意味している．健康投資は生存確率を上昇させるが，その限界的な効果は逓減する．また病気の蔓延（D_t の上昇）は生存確率を低下させる．最後に，伝染病が蔓延していればいるほど健康投資による生存確率の上昇効果は大きいと仮定されている．

② **伝染病の広がり**

個人の予防行動 h_t の集計値を H_t とする．伝染病の蔓延度のダイナミクスは次のように決まるとする．

$$D_{t+1} = z(H_t, D_t), \quad z_1 \equiv \frac{\partial z}{\partial H_t} < 0, \quad z_2 \equiv \frac{\partial z}{\partial D_t} > 0, \quad z_{22} \equiv \frac{\partial^2 z}{\partial D_t^2} < 0 \qquad (4\text{-}34)$$

ここで，偏微分の符号は以下のことを意味している．社会全体でどれほどの個人が伝染病に対する予防行動をとっているかが重要であることは言うまでもないであろう．今期の人々の予防行動により水質や衛生レベルの改善が達成されれば，来期に病気に感染する個人の数を減らすことが仮定されている．また，第 t 期の伝染病の広がりは第 $t+1$ 期の伝染病の広がりを拡大するが，その効果は逓減的であることが仮定されている．

③ **小国の仮定**

分析を簡単にするために，分析の対象とする経済は小国であるとする．小国であるとは，自国の経済活動が海外の経済変数に影響を与えないことを意味している．そのため，世界利子率 r を所与として扱うことになる．また，資本の移動は自由であると仮定しよう．したがって，世界利子率 r に一致するように国内の利子率は決定される．ソロー・モデルと同様の生産関数（1-2）を仮定し，技術進歩はないとする．したがって，（1-10a）式，すなわち $f'(k)=r$ より世界利子率 r が一定なので1人当たり資本 k も一定となる．したがって，もう一つの利潤最大化条件（1-10b），すなわち $f(k)-f'(k)k=w$ より賃金率も一定となる．

④ **個人の行動**

第3章と同様の人口構造で，遺産動機はないとする．4-2-1項と同様の目的

関数を持つとする．ただし，毎期の即時的効用関数は次のように無理関数 $\sqrt{c}$ に変更する．

$$U = \max_{c_t^y, c_{t+1}^o} \sqrt{c_t^y} + \frac{p(h_t, D_t)}{1+\rho} \sqrt{c_{t+1}^o} \tag{4-35}$$

変更の理由は次の通りである．対数関数である場合，効用の数値が負の値をとる場合がある．個人は生存確率 p を上昇させようとするが，もし効用の値が負の値をとっていれば個人の延命活動は効用の数値を下げてしまうことになる．これを避けるために，即時的効用関数を無理関数に変更するのである．

4-2-2項で説明したのと同様の保険市場が存在すると仮定する．ただし，個人ごとに生存確率が異なる可能性がある点に注意する必要がある[9]．毎期生まれてくる個人の数は1とする．保険会社はすべての個人が貯蓄した資産 s_t を集める．人口が1なのでこれが集計量でもある．保険会社はそれを世界利子率 r で運用する．したがって，次の期には資産は $(1+r)s_t$ になる．しかし，社会的平均生存確率 $\bar{p}_t$ の割合の個人のみが生存している．したがって，1人の個人が受け取ることができる金額は $(1+r)s_t/\bar{p}_t$ になる．個人が保険会社を通さずに資産運用すれば世界利子率 r の収益率しかあげることができないので，すべての個人は保険会社に資産を預ける．したがって，(4-29) 式と同様に個人の予算制約式は次のようになる．

$$c_t^y + h_t + s_t = w \tag{4-36a}$$

$$c_{t+1}^o = \frac{1+r}{\bar{p}_t} s_t \tag{4-36b}$$

個人は自らの賃金所得を若年期の消費と健康投資に支出し，残りを貯蓄する．(4-36) 式より次の異時点間の予算制約式を得ることできる．

$$c_t^y + \frac{\bar{p}_t}{1+r} c_{t+1}^o + h_t = w \tag{4-37}$$

次に個人の効用最大化問題を解こう．個人は次のトレード・オフの問題に直

---

[9] ただし，個人間で生存確率関数 (4-33) は同じなので，均衡では，すべての個人は同じレベルの防止行動をとる．したがって，すべての個人の生存確率は同じになる．

面している．第1は，貯蓄しなかった所得を消費に支出するか予防活動に支出するかである．第2に，貯蓄に回すかそれ以外の支出に回すかである．第1の問題から考えよう．所得を消費に1単位支出すると得られる限界効用と予防活動に1単位支出したときに得られる限界効用が一致することが最大化の条件である．もし，前者が大きければ，予防活動への支出を1単位減らし（この結果，効用は予防活動の限界効用分だけ減少する）消費支出へ移すことにより（この結果，効用は消費の限界効用分だけ増加する）効用を増加させることができる．消費増加による効用の増加分の方が予防活動低下による効用の減少分よりも大きいからである．したがって最大化の条件は，これらの限界効用が一致することであり，次のようになる．

$$\frac{1}{2\sqrt{c_t^y}} = \frac{1}{1+\rho} p_1(h_t, D_t) \sqrt{c_{t+1}^o} \tag{4-38}$$

次に第2の問題を考えよう．1単位の所得を貯蓄に回さないときに，消費に支出するか予防活動に支出するかに関しては，(4-38) 式が示すように両者の限界効用は一致するからどちらかの限界効用だけを考慮に入れればよい．以下では消費の限界効用と比較することにしよう．所得を貯蓄に1単位回したときの限界効用は，1単位の貯蓄増加により老年期に増加した元利合計により増える消費からの限界効用である．したがって，この問題の最大化条件は次のようになる．

$$\frac{1}{2\sqrt{c_t^y}} = \frac{p(h_t, D_t)}{1+\rho} \frac{1}{2\sqrt{c_{t+1}^o}} \times \frac{1+r}{\bar{p}_t} \tag{4-39}$$

すべての個人は同一なので，均衡ではすべての個人の予防行動の水準は同じになる．したがって，$\bar{p}_t = p(h_t, D_t)$ が成立するから，(4-39) 式より次を得る．

$$\frac{\sqrt{c_{t+1}^o}}{\sqrt{c_t^y}} = \frac{1+r}{1+\rho} \quad \rightarrow \quad \frac{c_{t+1}^o}{c_t^y} = \left(\frac{1+r}{1+\rho}\right)^2 \tag{4-40}$$

また，(4-38) 式と (4-39) 式から若年期の消費 c_t^y を消去すると次を得る．

$$\frac{p(h_t, D_t)}{1+\rho} \frac{1}{2\sqrt{c_{t+1}^o}} \times \frac{1+r}{\bar{p}_t} = \frac{1}{1+\rho} p_1(h_t, D_t) \sqrt{c_{t+1}^o}$$

$$\rightarrow \quad \frac{1}{2}\frac{1+r}{p_1(h_t, D_t)} = c_{t+1}^o \tag{4-41}$$

ここでも，$\bar{p}_t = p(h_t, D_t)$ を使っている．(4-41) 式を (4-40) 式に代入し，それと (4-41) 式を異時点間の予算制約式 (4-37) に代入すると次を得る．

$$\frac{1}{2}\left[\frac{(1+\rho)^2}{1+r} + p(h_t, D_t)\right]\frac{1}{p_1(h_t, D_t)} + h_t = w \tag{4-42}$$

この (4-42) 式が，個人の行動，すなわち現在の伝染病の水準 D_t に対する予防行動の水準 h_t を決定する方程式である．伝染病水準と予防行動の関係を表す関数（予防行動関数）を $h_t = h(D_t)$ と表すことにする．

では，伝染病水準の上昇（つまり，伝染病がより広がること）は個人の予防行動にどのような影響を与えるだろうか．伝染病の水準が上昇すると，(4-33) 式の偏微分係数の符号の仮定（$p_2 < 0$）より生存確率 p が低下するから大括弧の中は減少する．また，偏微係数の符号の仮定（$p_{12} > 0$）より生存確率の限界値 p_1 が上昇する．したがって，左辺は低下する．もしこの伝染病水準 D_t の増加に対して個人の予防行動の水準 h_t が低下したとすると，同じく偏微係数の符号の仮定（$p_1 > 0$, $p_{11} < 0$）より生存確率 p は低下し生存確率の限界値 p_1 が上昇するので，左辺の値はさらに減少する．それでは，(4-42) 式の等号は成立しないから，伝染病水準 D_t の増加に対して個人の予防行動の水準 h_t は増加する．つまり，伝染病が蔓延してくると個人はより活発に予防行動をとるようになるのである．よって，予防行動関数の導関数の符号は次のようになる[10]．

$$\frac{dh(D_t)}{dD_t} > 0 \tag{4-43}$$

⑤ ダイナミクス

以上を基に，伝染病の時間を通じた変動を分析してみよう．個人は対称なので，均衡ではすべての個人は同じ予防行動をとる．また，人口は 1 と仮定したから $H_t = h_t = h(D_t)$ が成立する．したがって，伝染病のダイナミクスは (4-34) 式より次のようになる．

---

10) 補論で，全微分を用いて (4-43) 式を証明する．

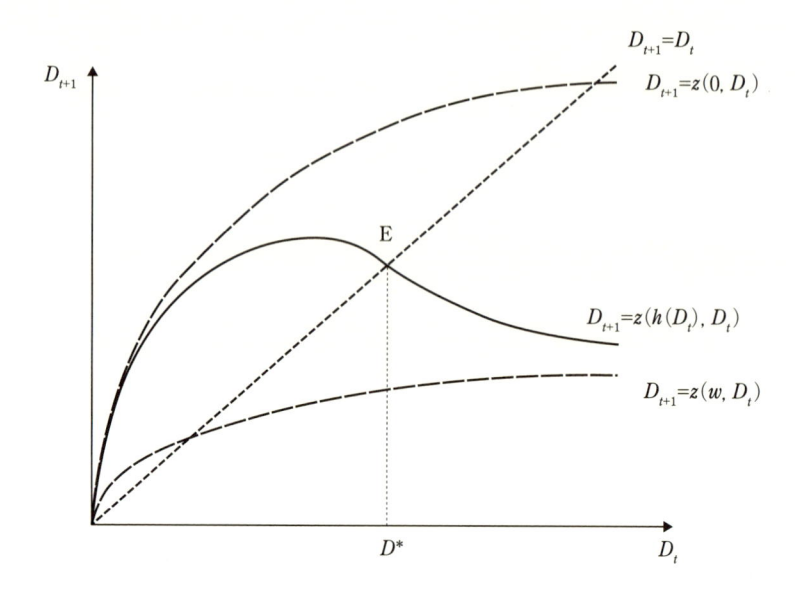

図4-9　伝染病のダイナミクス

$$D_{t+1} = z(h(D_t), D_t) \equiv \varPhi(D_t) \tag{4-44}$$

伝染病の広がり（D_t の増加）は，それ自体が次期の伝染病の感染を広げるという効果があると同時に，人々の予防行動の増加により次期の伝染病の広がりを抑制するという効果も持つ．伝染病のダイナミクスを調べるために2つの極端なケースを考えよう．1つ目は，予防行動を全くとらない場合（$h=0$）である．この場合のダイナミクスは次のようになる．

$$D_{t+1} = z(0, D_t) \tag{4-45}$$

このとき，伝染病の感染スピードは最も急速である．2つ目は，逆に予防行動に所得のすべてを使う場合（$h=w$）である．この場合のダイナミクスは次のようになる．

$$D_{t+1} = z(w, D_t) \tag{4-46}$$

このとき伝染病感染のスピードは最も遅くなる．(4-45) 式と (4-46) 式のダイナミクスを描いたのが図4-9である．

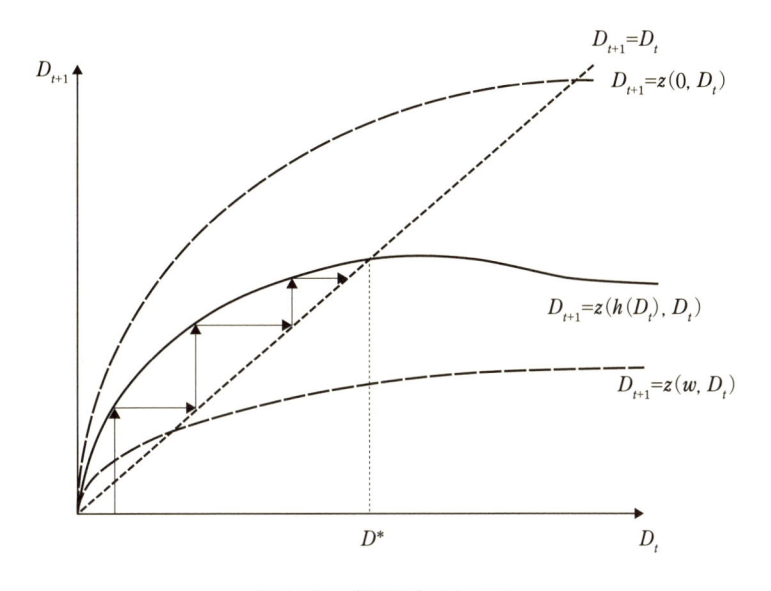

第4章 世代重複モデルの応用：バブル資産・伝染病サイクル

図4-10　単調収束のケース

伝染病のダイナミクス（4-44）式では個人の予防行動が存在しており（$h(D_t)>0$），伝染病のダイナミクス（4-44）式は（4-45）式と（4-46）式のダイナミクスの間に存在することになる．また，伝染病の広がり（D_tの増加）は人々の予防行動を高める（h_tの増加）．したがって，伝染病があまり広がっていない間は（4-44）式のダイナミクスは（4-45）式のダイナミクスに近いが，伝染病の広がりの水準が高いときは（4-44）式のダイナミクスは（4-46）式のダイナミクスに近い．すなわち，図4-9に描かれているようになる．（4-44）式はソロー・モデルの基本方程式（1-14）と同じ構造をしていることがわかる．つまり，右辺に入っている第t期の伝染病の水準D_tが決まると，左辺にある次の期，すなわち，第$t+1$期の伝染病の水準D_{t+1}が決まる式になっているのである．

　このダイナミクスで表れる伝染病の変動パターンは3つに分かれる．まず第1は，定常状態に単調に収束するケースで，図4-10がこのケースである．第2は，定常状態に振動しながら収束するケースで，図4-11がこのケースである．第3は循環が恒常的に持続するケースで，図4-12がこのケースである．どの変動が生じるかは定常状態におけるダイナミクスのグラフの接線の傾きに

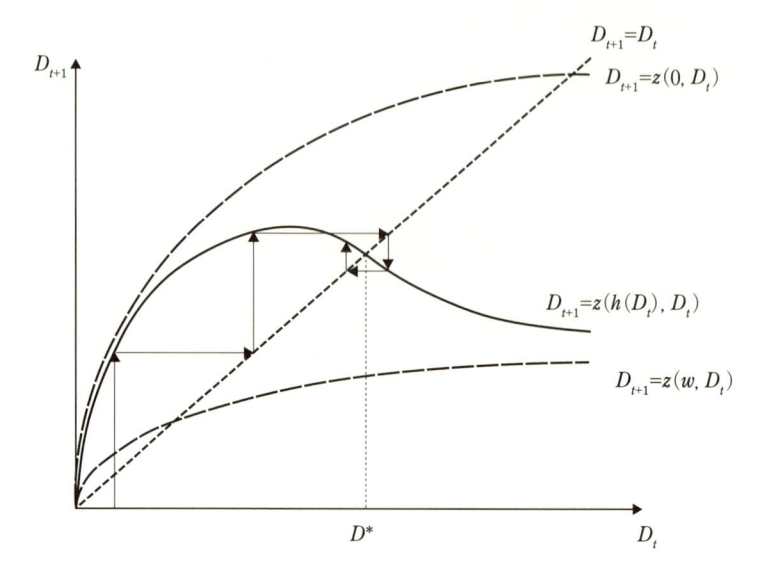

図4-11 循環的収束のケース

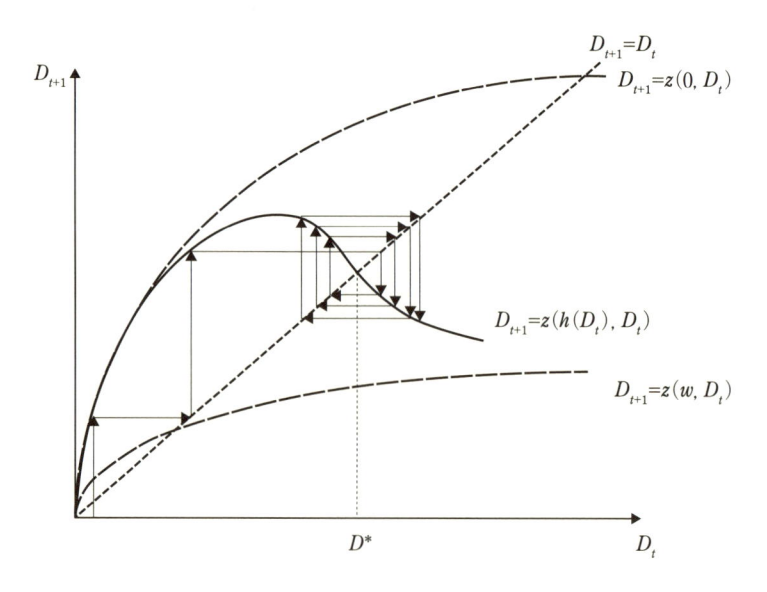

図4-12 恒常的循環のケース

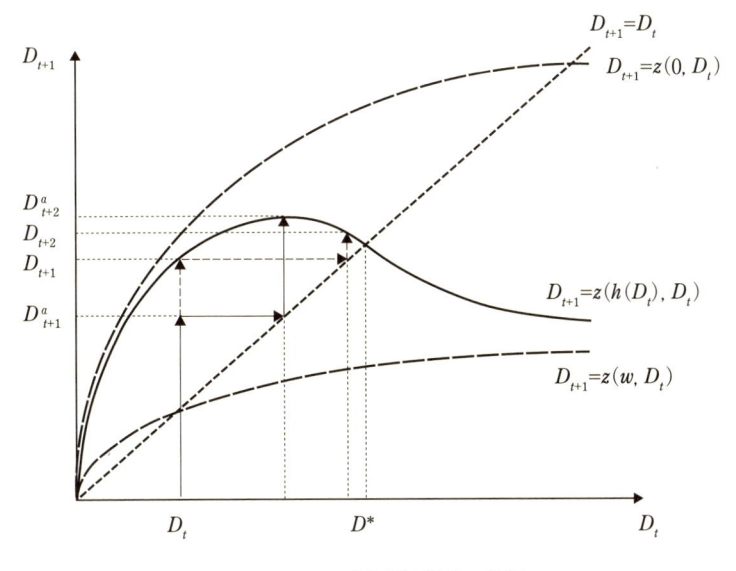

第4章 世代重複モデルの応用：バブル資産・伝染病サイクル

図4-13 一時的経済援助の効果

依存して決まる．定常状態での接線の傾きが正で傾きが1より小さい場合が図4-10のケースである．接線の傾きが負になると循環的変動が生じるが，その傾斜が小さい，傾きの絶対値が1より小さい場合が図4-11のケースである．接線の傾きが負であり，かつその絶対値が1より大きい場合が図4-12のケースである．定常状態での傾きは次のようになる．

$$\left.\frac{dz(h(D_t), D_t)}{dD_t}\right|_{D_t=D^*} = z_1(h(D^*), D^*)h'(D^*) + z_2(h(D^*), D^*)$$

偏微分の符号は，$z_1<0$, $z_2>0$ で，伝染病の一層の広がりは個人の予防行動を引き上げる（$h'>0$）．したがって，定常状態において個人が伝染病の広がりに対して強く反応する場合，すなわち $h'(D^*)>0$ の値が大きい場合で，予防行動により伝染病の感染が大きく低下する場合，すなわち $z_1(h(D^*), D^*)$ の絶対値が大きいとき，循環的変動が生じやすくなる．特に，これらの値が十分に大きいときに恒常的な循環が生じることになる．

103

⑥ 一時的経済援助の効果

この国の人々が海外から一時的な経済援助を受けたとする．伝染病が循環的な変動を起こす場合，以下で説明するように一時的な経済援助が伝染病をより広めてしまう結果を招く可能性がある．具体的に一時的援助とは，第 t 期だけ1人当たり τ の経済援助を受け，第 $t+1$ 期以降は経済援助は受けないとする．すると，第 t 期の個人の所得は $w+\tau$ になるから，(4-42) 式は次のように変更される．

$$\left[\frac{(1+\rho)^2}{1+r} + \frac{1}{2}p(h_t, D_t)\right]\frac{1}{p_1(h_t, D_t)} + h_t = w + \tau \tag{4-47}$$

予防行動関数 (4-43) のところで説明したように，予防行動の減少により左辺の値は減少する．すなわち，(4-42) 式の左辺は予防行動 h_t の増加関数である．したがって，所得の増加により個人の第 t 期の予防行動の値は増加する．したがって，図 4-13 に示されているように，第 $t+1$ 期の伝染病の水準は D_{t+1} から D^a_{t+1} へ低下する．ところが，第 $t+2$ 期には援助を受けた場合の伝染病の水準 D^a_{t+2} は，援助を受けなかった場合の伝染病の水準 D_{t+2} に比べて上昇してしまう．援助を受けた期には予防行動が上昇し，その結果次期の伝染病の感染レベル D^a_{t+1} は低下する．しかし，次の期（第 $t+1$ 期）には伝染病の感染水準が低下したことにより予防行動が大きく低下してしまい，伝染病の感染水準がその次の期（第 $t+2$ 期）には逆に高くなる結果を招くのである．

補論 (4-43) 式の証明

(4-43) 式を全微分することで次を得ることができる．

$$\left[\frac{3}{2} - \frac{1}{2}\left\{\frac{(1+\rho)^2}{1+r} + p(h_t, D_t)\right\}\frac{p_{11}(h_t, D_t)}{p_1(h_t, D_t)^2}\right]dh_t$$
$$+ \left[\frac{p_2(h_t, D_t)}{p_1(h_t, D_t)} - \frac{1}{2}\left\{\frac{(1+\rho)^2}{1+r} + p(h_t, D_t)\right\}\frac{p_{12}(h_t, D_t)}{p_1(h_t, D_t)^2}\right]dD_t = 0$$

したがって，次を得る．

$$\frac{dh_t}{dD_t} = -\frac{\left[\frac{p_2(h_t, D_t)}{p_1(h_t, D_t)} - \frac{1}{2}\left\{\frac{(1+\rho)^2}{1+r} + p(h_t, D_t)\right\}\frac{p_{12}(h_t, D_t)}{p_1(h_t, D_t)^2}\right]}{\left[\frac{3}{2} - \frac{1}{2}\left\{\frac{(1+\rho)^2}{1+r} + p(h_t, D_t)\right\}\frac{p_{11}(h_t, D_t)}{p_1(h_t, D_t)^2}\right]}$$

p_2 の符号はマイナス，p_{12} の符号はプラスだから分子の符号はマイナスである．p_{11} の符号はマイナスだから分母の符号はプラスである．ゆえに，(4-43)式の結果を得ることができた．

第5章

内生的技術進歩：
研究開発の内生化

　本章では，ローマーが開発した研究開発を考慮に入れた内生的成長モデル（Romer 1990）と，グロスマンとヘルプマンが開発した財のヴァラエティ（種類）に選好を持つ家計を考慮した内生的成長モデル（Grossman and Helpman 1991, Ch. 3）を説明しよう．

　まず，ローマー・モデルについて説明する．ローマー・モデルの経済構造は図5-1のようになっている．最終財部門は生産した最終財を家計に販売する．最終財部門は家計から供給される労働と多種類の中間財を投入して生産を行う．簡単化のために，中間財部門は家計から供給される資本のみを用いて中間財を生産すると仮定する．中間財部門は中間財の生産を開始するために，研究開発（R&D）部門から設計図の特許権を購入しなければならない．中間財部門は設計図を購入した後に初めて収入を得ることができる．したがって，設計図の購入資金をどこからか調達する必要がある．中間財部門は家計に株式を販売して設計図の購入資金を得る．そのため，中間財部門は家計に配当を支払わなければならない．一方，研究開発部門は家計から供給される労働を用いて研究開発を行う．家計の所得は労働所得と資産所得からなる．先に説明したように，家計は最終財部門と研究開発（R&D）部門に労働を供給することで所得を得ている．家計の人数は L 人とし，一定とする．また，各人は1単位の労働を非弾力的に供給するとする．資産所得は中間財部門に供給する資本から得るレンタル収入と中間財部門から得る配当である．では，最終財部門から説明してゆこう．

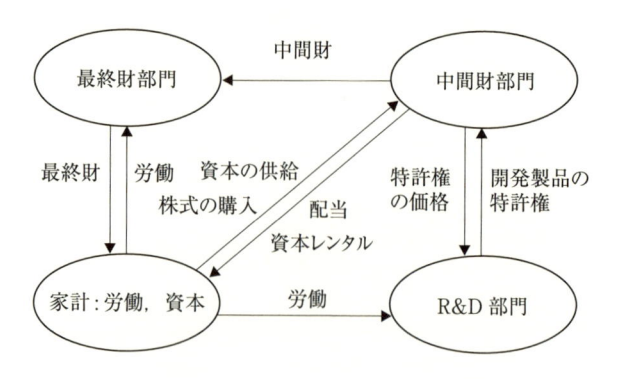

図 5-1　ローマー・モデルの経済構造

5-1　最終財の生産

最終財の生産関数は次の関数形を仮定する[1]．

$$Y = F(L_Y, x_1, x_2, \cdots, x_A)$$
$$= L_Y^{1-\alpha} \sum_{j=1}^{A} x_j^\alpha = L_Y^{1-\alpha}(x_1^\alpha + x_2^\alpha + \cdots + x_A^\alpha), \ 0<\alpha<1 \tag{5-1}$$

ここで，L_Y は労働投入を，x_j は第 j 中間財の投入を表している．最終財を生産する企業は，中間財 x_j を $j=1$ 番から $j=A$ 番まで用いて生産を行う．$\sum$ 記号は足し算を意味しており，中間財 x_j の α 乗したものを $j=1$ 番から $j=A$ 番まで加えるという操作を表現している．3番目の等号の後の式は足し算を具体的に書いたものである．後で説明するように，研究開発部門が研究開発を行うことで新しい中間財が生産に用いられることになる．

具体的なイメージとして自動車を考えてみよう．現在はどの自動車も非常に数多くの部品（つまり中間財）を用いて組み立てられている．しかし，初期の自動車であるフォード社の生産したT型フォードにはエンジンはあるがエアコンはない．徐々に部品の数が増えて現在の自動車になっている．

具体的に部品の数を特定化して (5-1) の生産関数を書いてみよう．中間財の数が1個，2個，3個の場合をそれぞれ書いてみると次のようになる．

---

1) 数学的に正しく定式化するためには積分を使う必要があるが，議論の本質は変わらないため，ここでは簡単化のために足し算を使うことにする．

第5章　内生的技術進歩：研究開発の内生化

1個：$Y = F(L_Y, x_1) = L_Y^{1-\alpha} x_1^\alpha$

2個：$Y = F(L_Y, x_1, x_2) = L_Y^{1-\alpha}(x_1^\alpha + x_2^\alpha)$

3個：$Y = F(L_Y, x_1, x_2, x_3) = L_Y^{1-\alpha}(x_1^\alpha + x_2^\alpha + x_3^\alpha)$

したがって，どの中間財も同じ量だけ投入するとすれば，中間財の数が1個から2個，2個から3個へと増えてゆくと最終財の生産量が増えることになる[2]．

最終財企業は価格受容者（price taker）として行動する．最終財企業の利潤最大化問題は次のようになっている．ソロー・モデルと同様に最終財の価格は1に基準化する．

$$\max_{L_Y, x_1, \cdots, x_A} L_Y^{1-\alpha} \sum_{j=1}^{A} x_j^\alpha - wL_Y - \sum_{j=1}^{A} p_j x_j$$

この問題の利潤最大化条件は次のようになる．

$(1-\alpha) L_Y^{-\alpha} \sum_{j=1}^{A} x_j^\alpha = w$ (5-2)

$\alpha L_Y^{1-\alpha} x_j^{\alpha-1} = p_j, \quad j = 1, \cdots, A$ (5-3)

中間財の数が1個の場合は，第1章の (1-8) 式の（$A=1$ とした）利潤最大化条件と，K と x_1 の違いと r と p_j の違いを除けば，同じ式になっている．そこで，単純化のために2個の場合について再度調べておこう．中間財の数が2個の場合の利潤最大化問題は次のようになる．

$$\max_{L_Y, x_1, x_2} L_Y^{1-\alpha}(x_1^\alpha + x_2^\alpha) - wL_Y - p_1 x_1 - p_2 x_2$$

中間財が2個の場合の (5-2) 式と (5-3) 式に対応する利潤最大化条件は次のようになる．

$(1-\alpha) L_Y^{-\alpha}(x_1^\alpha + x_2^\alpha) = w$

$\alpha L_Y^{1-\alpha} x_1^{\alpha-1} = p_1, \quad \alpha L_Y^{1-\alpha} x_2^{\alpha-1} = p_2$

---

2) 自動車の生産台数で考えると，投入される中間財（部品）の数の増加は台数の増加には結びつかない．しかし，自動車生産の付加価値で考えれば，投入される中間財（部品）の数の増加は付加価値の増加を生み出しているといえるだろう．また，最終財の質についてはこの関数形では捉えられていない．質（quality）について，Grossman and Helpman (1991) のなかで quality ladder model（質のはしごモデル）が説明されている．学部生向けの解説として，二神・堀 (2009) 第9章がある．

中間財に関する最大化条件で，中間財の間は足し算，引き算で結びつけられているから x_1 に関する最大化条件から x_2 が，x_2 に関する最大化条件から x_1 が消えていることに注意してほしい．

5-2 中間財部門

各中間財部門は独占企業から構成されており，各中間財は1つの独占企業により生産されているとする．この独占企業は研究開発部門から中間財の設計図の特許権を購入して中間財を生産する．この独占企業が中間財を生産する権利は特許により永遠に守られているとする（知的所有権の保護により独占の存続が保証されている）．

中間財企業は1単位の資本を家計からレンタルし，1単位の中間財を生産する．生産された中間財は最終財部門へ販売される．よって，x_j 単位の中間財の生産には x_j 単位の資本の投入が必要になる．

中間財企業は独占企業なので，最終財部門の需要行動を踏まえて生産量（価格）を設定する．第 j 中間財の価格が p_j だから第 j 中間財企業の収入は $p_j x_j$ で，資本のレンタル価格はこれまでと同様に r で表すと，この第 j 番中間財を生産する中間財企業の利潤最大化問題は次のように表現できる[3]．

$$\max_{x_j} \pi_j = p_j x_j - r x_j, \quad j = 1, \cdots, A$$
s.t. $p_j = p_j(x_j)$

この制約条件式が最終財企業の需要行動を表す逆需要関数である．実は，この逆需要関数は最終財部門の利潤最大化条件から既に得られているのである．

(5-3) 式を見てほしい．(5-3) 式は，第 j 中間財の価格が p_j のときに利潤を最大にするためにはどれだけの第 j 中間財を投入したらよいかという条件であり，まさに最終財企業の第 j 中間財に対する需要行動を表している．

ミクロ経済学における独占企業の行動の分析方法を用いて利潤最大化条件を求めよう．逆需要関数を利潤の式に代入して x_j で微分すると次の最大化条件

---

[3] s.t. は，subject to の頭文字をとっており，「以下の制約に従って」という意味である．つまり，利潤をこの制約に従って最大化せよ，ということを意味している．

第5章　内生的技術進歩：研究開発の内生化

を得る．

$$p_j'(x_j)x_j + p_j(x_j) - r = 0, \quad j=1,\cdots,A \tag{5-4}$$

この式を変形すると次の式を得る．

$$p_j(x_j) = \frac{1}{1-\left(-\frac{p_j'(x_j)x_j}{p_j(x_j)}\right)}r, \quad j=1,\cdots,A \tag{5-5}$$

ここで (5-5) 式の右辺の分母の中にある分数 $[-p_j'(x_j)x_j/p_j(x_j)]$ は需要の価格弾力性の逆数である．この需要の価格弾力性の逆数を計算すると次のようになる．

$$-\frac{p'(x_j)x_j}{p(x_j)} = -\frac{\alpha L_Y^{1-\alpha}((\alpha-1)x_j^{\alpha-2}) \times x_j}{\alpha L_Y^{1-\alpha}x_j^{\alpha-1}} = 1-\alpha$$

したがって，利潤最大化条件は次のようになる．

$$p \equiv p_j(x_j) = \frac{1}{\alpha}r \tag{5-6}$$

(5-6) 式が示すように，独占企業は限界費用（資本のレンタル価格）r に $1/\alpha$ だけのマークアップをかけて価格を設定している．利潤最大化条件 (5-6) 式から，すべての中間財には同じ価格 p が付けられることになる．(5-6) 式の価格を (5-3) 式に代入して中間財の生産量を計算すると，すべての中間財は次の同じ量が生産されることがわかる．

$$x = \left(\frac{p}{\alpha}\right)^{\frac{1}{\alpha-1}}L_Y \tag{5-7}$$

5-3　研究開発部門

次に研究開発部門の説明をしよう．研究開発は労働投入のみで行われる．研究開発の成果は次の生産関数によって表現される．

$$\Delta A (= A_{t+1} - A_t) = \delta A \cdot L_A (= \delta \times A \times L_A) \tag{5-8}$$

労働 L_A を投入することで δAL_A 単位の新しい中間財 ΔA が開発される．ここで，右辺の δ は生産性を表すパラメーターで，A は現時点で存在する中間財の数であり，これまで開発された中間財の数が研究開発に役立つ知識ストックと考え，研究開発にプラスの外部効果を与えると仮定されている．時間に伴う変数の変化を考慮に入れる必要があるが，ローマー・モデルでダイナミクスを考察するには3次元のダイナミクスを分析しなければならない．しかし，本書では定常状態の分析に限定する[4]．そこで中間財の数の変化を単に ΔA と表すことにする．

研究開発部門の利潤最大化行動はどうなっているだろうか．研究開発には多くの企業が研究開発に自由に参加できる完全競争市場を想定する．また，研究開発活動への企業の参入と退出は自由に行えるとしよう．

研究開発企業の利潤最大化問題は次のようになる．この研究開発企業が開発した中間財の数は ΔA で，1つの中間財の設計図の価格を P_A（すなわち中間財の特許権を中間財企業に売るときの価格）とすると，研究開発企業の収入は，$P_A \Delta A$ となる．また研究開発で投入されるのは研究開発者の労働 L_A のみだから，研究開発部門で働いたときの賃金率を w_A とすると，研究開発企業の利潤最大化問題は次のようになる．

$$\max_{L_A} P_A \Delta A - w_A L_A \tag{5-9}$$

この（5-9）式に（5-8）式の研究開発の生産関数を代入すると，利潤最大化問題は次のようになる．

$$\max_{L_A} P_A \delta A L_A - w_A L_A = (P_A \delta A - w_A) L_A \tag{5-10}$$

したがって，研究開発企業の利潤と研究開発への参入と退出は次のように決定される．

$P_A \delta A > w_A$ → 利潤プラス → 研究開発部門への参入　(5-11a)
$P_A \delta A < w_A$ → 利潤マイナス → 研究開発部門からの退出　(5-11b)

研究開発部門への参入が増えれば，研究開発労働への需要が高まり研究開発者

---

[4] ダイナミクスの分析については，Arnold（2000）が定常点は鞍点的に安定になることを示している．

の賃金率 w_A が上昇する．また，開発されてできる中間財の設計図の供給も増えるので，設計図の価格 P_A が低下する．その結果，(5-11a) の不等式が左辺は低下し，右辺は増加する．逆に，研究開発部門からの退出が増えれば，研究開発労働への需要が減少して研究開発者の賃金率 w_A が低下する．また，開発されてできる中間財の設計図の供給は減少するので，設計図の価格 P_A が上昇する．その結果，(5-11b) の不等式が左辺は上昇し，右辺は低下する．したがって，均衡では次の式が成り立つことになるのである．

$$P_A \delta A = w_A \tag{5-12}$$

5-4 市場

　本節では，ローマー・モデルに登場する各市場，つまり資本市場，株式市場，労働市場を考察しよう．

① 資本市場

　資本に対する需要は，中間財企業の資本需要の合計から構成されており，第 j 中間財を生産する企業の資本需要は x_j である．中間財企業は第 1 中間財企業から第 A 中間財企業まで存在するから，1 から A まで足し合わせたものが中間財部門全体での資本需要になっている．家計が供給する資本を K とする．したがって，資本の需給一致式は次のようになる[5]．

$$\text{資本需要} \equiv \sum_{j=1}^{A} x_j = K \equiv \text{資本供給} \tag{5-13}$$

また，(5-7) 式より，すべての中間財は同じ量が生産されるから，すべての中間財企業の資本需要も同じ x になる．したがって，(5-13) 式の左辺は同じ x を A 個を加える操作を意味するので，資本の需給一致式は次のようになる．

$$Ax = K \quad \rightarrow \quad x = \frac{K}{A} \tag{5-14}$$

5）同じことを Σ 記号を使わずに書くと，
　　$x_1 + x_2 + \cdots + x_A = K$
となる．

この（5-14）式を最終財部門の生産関数に代入すると次のようになる．

$$Y = L_Y^{1-\alpha} \sum_{j=1}^{A} x_j^\alpha = L_Y^{1-\alpha} A x^\alpha = L_Y^{1-\alpha} A \left(\frac{K}{A}\right)^\alpha = K^\alpha (AL_Y)^{1-\alpha} \qquad (5\text{-}15)$$

（5-15）式に注目してほしい．ソロー・モデルの（1-2）式の生産関数をコブ＝ダグラス型に特定化したときの関数形と同じである．現時点で存在する中間財の数がソロー・モデルの技術水準を表すパラメーターと同じ場所にある．ここにローマー・モデルの秘密がある．つまり，ローマー・モデルはソロー・モデルにおける技術水準を中間財の数 A で置き換え，この中間財の数を利潤獲得動機に裏打ちされた研究開発活動が増やすというモデル化を行うことで，成長率を内生化することに成功したのである．

② **株式市場**

中間財企業は，どれだけの価格 P_A を研究開発企業が開発した新中間財の設計図（特許権）に対して支払うことができるだろうか．配当を受け取るために，家計は中間財企業の株式を買って中間財企業の所有者となる．家計は，中間財企業の獲得する利潤を配当として受け取ることができる．中間財企業は家計に株式を販売して得た資金を使って研究開発企業の特許を P_A で購入する．よって，家計の購入する株式の価格は P_A に一致する．

では，家計は株式の保有をどのように決定するのか．家計が資産を保有する方法は2つ存在する．1つは資本を保有するという方法で，その場合の収益率は r である．もう1つは中間財企業の発行する株式を購入する方法である．株式購入の収益率を求めてみよう．株式を購入することで得ることのできるものは2種類ある．1つは配当で，もう1つは株価の値上がり益，キャピタル・ゲインである．したがって，株価が P_A の株式を購入することの収益率は次のようになる．

$$\text{株式購入の収益率} = \frac{\Delta P_A + \pi}{P_A} \qquad (5\text{-}16)$$

ここで分子の第1項が株価の上昇，つまりキャピタル・ゲイン ΔP_A を表し，第2項が中間財企業の利潤から得る配当である．したがって，両方の資産が持たれる均衡では，資本を保有することによる収益率 r と（5-16）式の株式保有

の収益率が等しくなる次の無裁定条件が成立しなければならない.

$$\frac{\Delta P_A + \pi}{P_A} = r \tag{5-17}$$

この等式が成立していない状況では片方の資産しか持たれない. 例えば, 左辺 (右辺) の方が大きい場合, 家計は株式 (資本) のみを保有することになってしまう. (5-17) 式の導出については, 5-6節において家計の最適化行動を考慮して再度行う.

③ 労働市場

次に労働市場について考察しよう. 家計はその労働を, 最終財を生産する企業と研究開発企業に供給することができる. 家計は賃金率の高い産業に労働を供給するはずである. したがって, 最終財が生産され, 研究開発活動も行われる均衡では両方の産業での賃金率が等しくなっていなければならない. つまり次の等式が成立する.

$$\text{研究開発部門での労働条件：} w_A = w \text{：最終財部門での労働条件} \tag{5-18}$$

ここで, 最終財の生産関数 (5-1) を使って (5-2) 式は次のように書き換えることができる.

$$w = (1-\alpha) \frac{L_Y^{1-\alpha}}{L_Y} \sum_{j=1}^{A} x_j^\alpha = (1-\alpha) \frac{Y}{L_Y} \tag{5-19}$$

したがって, (5-12) 式とこの (5-19) 式を使うと (5-18) 式は次のようになる.

$$w_A \equiv \delta P_A A = (1-\alpha) \frac{Y}{L_Y} \equiv w \tag{5-20}$$

最後に, はじめに述べたように, 家計の供給する労働量は時間を通じて一定値 L である.

5-5 定常成長経路：貯蓄率が一定のケース

5-3節で述べたように, 最終財の生産量 Y, 資本 K, 中間財の数 A が同じ

成長率で成長してゆく定常成長経路を求めることに焦点を当てよう．まず，家計の貯蓄率が一定のケースを調べる．

定常成長経路では利潤は一定なので，株価 P_A は一定になる（$\Delta P_A=0$）．したがって，(5-17) 式から次の式を得る．

$$r=\frac{\pi}{P_A} \quad or \quad P_A=\frac{\pi}{r} \tag{5-21}$$

この式には，次のような別の解釈を与えることもできる．配当の割引現在価値の総和を計算してみると，(5-21) 式と同じ式を得る[6]．

$$P_A=\frac{\pi}{1+r}+\frac{\pi}{(1+r)^2}+\frac{\pi}{(1+r)^3}+\cdots=\frac{\pi}{1+r}\left[1+\frac{1}{1+r}+\left(\frac{1}{1+r}\right)^2+\cdots\right]=\frac{\pi}{r}$$

これをファンダメンタルズによる中間財企業の価値（株価）の決定と言う．

次に，中間財企業の利潤 π を求めよう．すべての中間財は同じ量 x が生産されることに注意して，(5-6) 式を中間財企業の目的関数（利潤）に代入すると次の式を得る．

$$\pi=(p-r)x=(1-\alpha)px=(1-\alpha)(\alpha L_Y^{1-\alpha}x^{\alpha-1})x=(1-\alpha)\alpha L_Y^{1-\alpha}x^{\alpha} \tag{5-22}$$

3番目の変形では中間財の価格 p に逆需要関数 (5-3) を代入している．さらに，(5-22) 式の x に資本市場の均衡条件 (5-14) 式を代入すると中間財企業の利潤が次のようになることがわかる．

$$\pi=(1-\alpha)\alpha L_Y^{1-\alpha}\left(\frac{K}{A}\right)^{\alpha}=(1-\alpha)\alpha\frac{K^{\alpha}(AL_Y)^{1-\alpha}}{A}=(1-\alpha)\alpha\frac{Y}{A} \tag{5-23}$$

この (5-23) 式を (5-21) 式に代入して，さらに (5-20) 式に代入すると次の関係式を得る．

$$\delta\frac{1}{r}(1-\alpha)\alpha\frac{Y}{A}A=(1-\alpha)\frac{Y}{L_Y} \tag{5-24}$$

---

[6] この計算には次の公式を使っている．$S_t=1+x+x^2+\cdots+x^{t-1}$，$0<x<1$．両辺に x をかけてそれを S_t から引くと次を得る．$S_t-xS_t=1-x^t$．よって，次の式を得る．$S_t=\frac{1-x^t}{1-x}$．$t\to\infty$ の極限をとり，整理すると次の式を得る．$\lim_{t\to\infty}S_t=\frac{1}{1-x}$．

第5章 内生的技術進歩：研究開発の内生化

(5-24) 式を整理して，最終財部門に投入される労働を資本の収益率 r の関数として表す次の式を得ることができた．

$$\delta\frac{\alpha}{r}=\frac{1}{L_Y} \quad \rightarrow \quad L_Y=\frac{1}{\alpha\delta}r \tag{5-25}$$

次に，研究開発部門に投入される労働について調べよう．研究開発の生産関数の式の両辺を中間財の数 A で割ることにより，次のように中間財の数の成長率 g^A の式を得る．

$$g^A\equiv\frac{\varDelta A}{A}=\delta L_A \tag{5-26}$$

ただし，中間財の数の成長率 g^A は研究開発に投入される労働量に依存しており，変数であることに注意しよう．したがって，(5-26) 式を用いて，研究開発に投入される労働を中間財の数の成長率の関数として次のように表すことができる．

$$L_A=\frac{1}{\delta}g^A \tag{5-27}$$

労働市場の完全雇用条件 $L_A+L_Y=L$ に (5-25) 式と (5-27) 式を代入すると，中間財の数の成長率と資本の収益率の関係式を得る．

$$\frac{1}{\delta}g^A+\frac{1}{\alpha\delta}r=L \tag{5-28}$$

ソロー・モデルと同様に家計は所得の一定割合を貯蓄すると仮定しよう．家計の貯蓄を求めるために，まず家計の所得を求めよう．家計の所得は最終財部門で働くことで得た賃金，研究開発部門で働くことで得た賃金，資本所得，株式保有からの配当の4つから構成されている．それは次のようになっている．

$$wL_Y+wL_A+rK+\pi A \tag{5-29}$$

独占企業の中間財企業が株式を発行していたことを思い出そう．したがって，中間財企業の数だけ株式を保有している．1株当たりの配当が π だから，家計の受け取る配当総額は πA になるのである．また，(5-18) 式より，研究開

発部門の賃金率と最終財部門の賃金率は等しくなることにも注意しよう．

（5-29）式の所得を計算するために必要なものは資本の収益率である．資本の収益率を計算しよう．逆需要関数（5-3）式と中間財企業の価格設定（5-6）式より次の式を得る．

$$\frac{1}{\alpha}r = \alpha L_Y^{1-\alpha} x^{\alpha-1} \tag{5-30}$$

次に資本市場の均衡条件（5-14）を使って x を消去し，最終財の生産関数を用いて式を整理すると資本の収益率を得ることができる．

$$r = \alpha^2 L_Y^{1-\alpha} x^{\alpha-1} = \alpha^2 L_Y^{1-\alpha} \left(\frac{K}{A}\right)^{\alpha-1} = \alpha^2 \frac{K^\alpha (AL_Y)^{1-\alpha}}{K} = \alpha^2 \frac{Y}{K} \tag{5-31}$$

（5-19），（5-23），（5-31）式を（5-29）式のそれぞれ最終財部門から得る賃金，配当所得，資本所得に代入することで所得を計算できる．

$$wL_Y + wL_A + rK + \pi A = (1-\alpha)Y + wL_A + \alpha^2 Y + (1-\alpha)\alpha Y = Y + wL_A \tag{5-32}$$

ここで，等式の最後の第2項は研究開発に投入される労働で，研究開発投資に等しい．つまり（5-32）式の最右辺は（消費）＋（投資）に等しい．

家計はこの所得の s の割合を貯蓄する．この貯蓄は資本の蓄積 ΔK と株式の購入に用いられる．株式の発行は開発された新しい中間財の数 ΔA だけ行われる．この価格が P_A だから，資金市場の均衡条件は次のようになる．

$$\Delta K + P_A \Delta A = s(Y + wL_A) \tag{5-33}$$

（5-12）式より研究開発企業の得る利潤は0だから，（5-9）式より $P_A \Delta A = wL_A$ が成り立つ．したがって，（5-33）式は次のように変形できる．

$$\Delta K = sY - (1-s)wL_A \tag{5-34}$$

（5-34）式の両辺を K で割り，（5-31），（5-20）式と労働市場の完全雇用条件 $L_A + L_Y = L$ を使うと次の式を得る．

$$g^K \equiv \frac{\Delta K}{K} = \frac{sr}{\alpha^2} - (1-s)(1-\alpha)\frac{r}{\alpha^2}\frac{L-L_Y}{L_Y} \tag{5-35}$$

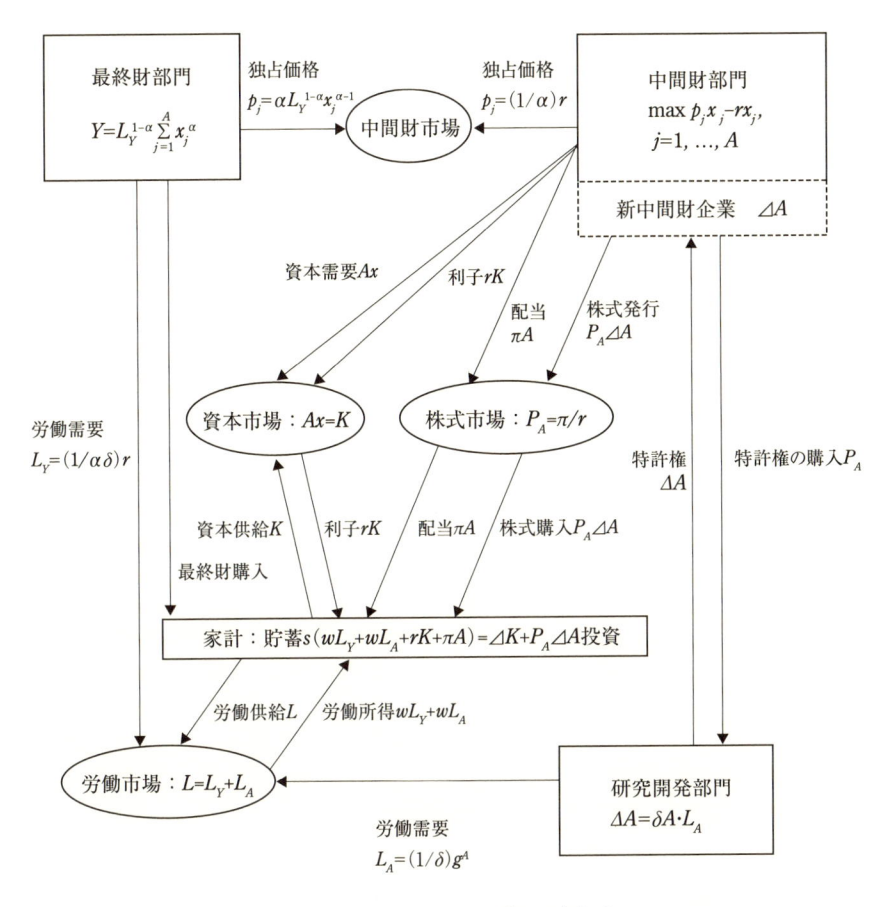

第5章　内生的技術進歩：研究開発の内生化

図5-2　ローマー・モデルのまとめ

（最終財部門）$Y = L_Y^{1-\alpha} \sum_{j=1}^{A} x_j^{\alpha}$

独占価格 $p_j = \alpha L_Y^{1-\alpha} x_j^{\alpha-1}$

独占価格 $p_j = (1/\alpha)r$

中間財市場

（中間財部門）$\max p_j x_j - r x_j$, $j = 1, ..., A$

新中間財企業 ΔA

資本需要 Ax　利子 rK　配当 πA　株式発行 $P_A \Delta A$

資本市場：$Ax = K$

株式市場：$P_A = \pi/r$

労働需要 $L_Y = (1/\alpha\delta)r$

資本供給 K　利子 rK　配当 πA　株式購入 $P_A \Delta A$

最終財購入

家計：貯蓄 $s(wL_Y + wL_A + rK + \pi A) = \Delta K + P_A \Delta A$ 投資

労働供給 L　労働所得 $wL_Y + wL_A$

労働市場：$L = L_Y + L_A$

労働需要 $L_A = (1/\delta)g^A$

特許権 ΔA　特許権の購入 P_A

研究開発部門 $\Delta A = \delta A \cdot L_A$

ここで（5-25）式を用いて L_Y を消去すると，資本蓄積率 g^K を資本の収益率 r の関数として表すことができる．

$$g^K = \frac{s}{\alpha^2} r - (1-s)\frac{1-\alpha}{\alpha}\delta\left(L - \frac{1}{\alpha\delta}r\right)$$
$$= \frac{1}{\alpha^2}[s + (1-s)(1-\alpha)]\, r - (1-s)\frac{1-\alpha}{\alpha}\delta L \tag{5-36}$$

以上ですべての準備が整った．

　これまでの分析を図にまとめたのが図5-2である．家計，最終財部門，中

119

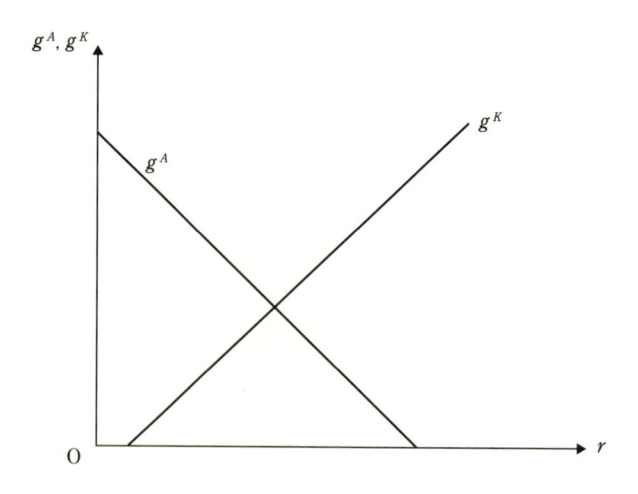

図 5-3　定常成長経路の決定：貯蓄率が一定のケース

間財部門および研究開発部門が各市場によってどのようにつながっているかを図示している．

定常成長経路では中間財の数Aと資本Kが同じ率で成長する．この成長率を$g \equiv g^A = g^K$とおこう．(5-28) 式と (5-36) 式を見てほしい．変数は定常成長経路での成長率gと資本の収益率rで，しかも両方とも1次式であるので，成長率gと資本の収益率rの連立1次方程式を構成していることがわかる．この連立1次方程式を解くと次の定常成長経路における成長率の解を得る．(5-28) 式と (5-36) 式は1次式なので，図5-3に描かれているように，それぞれ右下がりの直線と右上がりの直線で表される．定常成長経路はこの2つの直線の交点で決定され，成長率は次のようになる．

$$g = \frac{s\delta}{1+\alpha s}L \tag{5-37}$$

このように，ローマー・モデルでは成長率がモデルの解として決まってくる．これが内生的成長モデルと呼ばれる所以である．

(5-37) 式の成長率から2つの性質が成り立っていることがわかる．第1は，貯蓄率sが上昇すると成長率gも上昇するということである．これはソロー・モデルにはみられなかった性質である．ソロー・モデルでは外生的に与えられ

第5章　内生的技術進歩：研究開発の内生化

た技術進歩率が成長率を決定した．それに対してローマー・モデルでは，家計の貯蓄態度が恒久的な成長率に影響を与えるのである．

　第2は，経済の規模が拡大すると成長が促進されるというものである．ローマー・モデルにおいて経済の規模とは労働人口がそれを表している．(5-37)式から明らかなように労働人口Lが増加すると成長率gは比例的に上昇する．

　このモデルにおいて，内生的に成長率が決定される理由は何であろうか．成長とはこのモデルにおいては中間財の数Aの増加を意味する．中間財の数Aの増加は研究開発部門の研究開発行動（R&D）による．では，R&Dが起きるのはなぜか．中間財企業の価値（株価）P_Aがプラスの値をとっているからである．つまり，新しい財を生産する中間財企業の価値がプラスであることによるが，それは利潤πがプラスであるからである．中間財企業の利潤が発生する理由は，中間財企業が独占企業として行動でき，それが利潤を発生させるからである．つまり，独占が成長の要因になっているのである．

　しかし，独占企業は限界費用以上に価格を設定するので，いわゆる死荷重（dead weight loss）が発生する．したがって，定常成長経路では非効率性が発生している．第6章ではこれを回避する政策を説明する．

5-6　定常成長経路：家計の最適化を考慮したケース

　本節では代表的家計の最適化行動を考慮に入れて定常成長経路を求めてみよう．消費者の保有できる資産は資本だけでなく株式もあるので，消費者の予算制約式は次のようになる．

$$(b_{t+1}-b_t)+P_{A,t}(A_{t+1}-A_t)=r_t b_t+\pi A_t+w_A L_A+w L_Y-c_t L \tag{5-38}$$

　ここで5-5節と同様，A_tは第t期の最初に保有する株式の枚数，すなわち中間財企業の数である．また，b_tは家計の第t期に保有する資本で，c_tは1人当たりの消費である．左辺第1項は，貯蓄を資本の保有の増加に回す分で，第2項は保有する株式の増加を表す．この式を以下のように変形する．

$$(b_{t+1}-b_t)+P_{A,t}A_{t+1}-(P_{A,t-1}A_t-P_{A,t-1}A_t)-P_{At}A_t=r_t b_t+\pi A_t+w_A L_A+w L_Y-c_t L$$

ここで，$a_{t+1}\equiv b_{t+1}+P_{A,t}A_{t+1}$で，第$t$期の株価で評価した家計が保有し第$t+1$

期に残す第 t 期の末の資産を定義すると，次のように変形できる．

$$a_{t+1}-a_t=(P_{A,t}-P_{A,t-1})A_t+r_t(a_t-P_{A,t-1}A_t)+\pi A_t+w_A L_A+w L_Y-c_t L$$
$$=r_t a_t+(P_{A,t}-P_{A,t-1}+\pi-r_t P_{A,t-1})A_t+w_A L_A+w L_Y-c_t L$$

右辺第 2 項を取り出して次のように変形する．

$$[(P_{A,t}-P_{A,t-1})+\pi-r_t P_{A,t-1}]A_t=\left[\frac{(P_{A,t}-P_{A,t-1})+\pi}{P_{A,t-1}}-r_t\right]P_{A,t-1}A_t$$

よって，以下のように家計は裁定行動する．

$$\frac{(P_{A,t}-P_{A,t-1})+\pi}{P_{A,t-1}}-r_t>0 \quad \to \quad A_{t-1}=\infty \quad :\text{すべての資産を株式で持つ}$$

$$\frac{(P_{A,t}-P_{A,t-1})+\pi}{P_{A,t-1}}-r_t<0 \quad \to \quad A_{t-1}=0 \quad :\text{すべての資産を資本で持つ}$$

したがって，両方の資産が持たれる均衡では，次の無裁定条件が成立することになる．

$$\frac{(P_{A,t}-P_{A,t-1})+\pi}{P_{A,t-1}}=r_t \quad \to \quad \frac{\Delta P_A+\pi}{P_A}=r \tag{5-39}$$

すなわち，株式と資本の 2 つの資産を区別しなくてよいのである．現在のモデルには不確実な要素は一切含まれていないので，家計にとってどちらの資産で貯蓄をしても同じである場合にのみ，両方の資産が存在することを意味している．(5-39) 式は，時間を示す下付きの添え字が付いていることを除けば (5-17) 式と同じ式である．

よって，労働市場の均衡条件を考慮すると，家計の予算制約式は次の式で表せる．

$$a_{t+1}-a_t=r_t a_t+wL-c_t L \tag{5-40}$$

(5-40) 式は人口成長率 n が 0 であることを除けば，第 2 章の (2-9) 式と同じ式である．したがって，家計の最適化行動は人口成長率を 0 とした (2-12) 式のオイラー方程式で表すことができる．

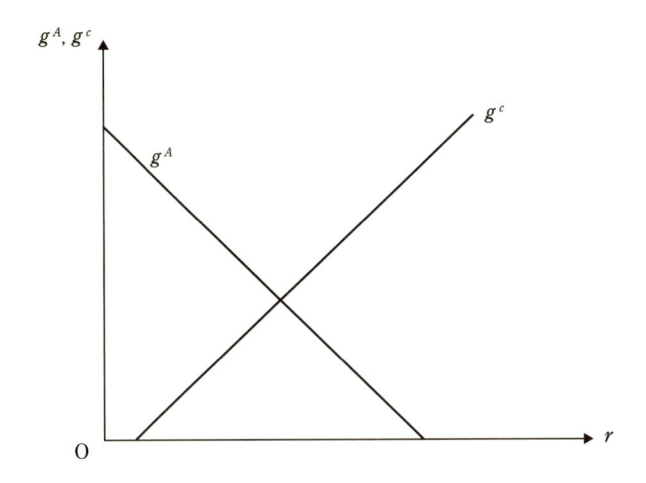

第5章　内生的技術進歩：研究開発の内生化

図5-4　定常成長経路：家計の最適化行動を考慮したケース

$$u'(c_{t-1}) = \frac{1+r_t}{1+\rho} u'(c_t) \tag{5-41}$$

ここでも効用関数を $u(c) = \ln c$ と特定化すると次のようになる．

$$\frac{c_t}{c_{t-1}} = \frac{1+r_t}{1+\rho} \rightarrow g^c = \frac{c_t - c_{t-1}}{c_{t-1}} = \frac{r_t - \rho}{1+\rho} \tag{5-42}$$

(5-42) 式と労働市場の完全雇用の条件式 (5-28) が定常成長経路を決定する．定常成長経路では，消費の成長率 g^c と中間財の数の成長率 g^A が等しくなる ($g^c = g^A$)．したがって，前節の貯蓄率が一定の場合の g^K のグラフの代わりにオイラー方程式 (5-42) のグラフを考慮すればよいのである．図5-4の2つの直線の交点が定常成長経路の解である．

定常成長経路での成長率を求めると次のようになる．

$$g^* = \frac{\alpha\delta L - \rho}{1+\rho+\alpha} \tag{5-43}$$

(5-43) 式からわかるように，家計の最適化行動を考慮した場合も，貯蓄率を一定と仮定した場合と成長率の性質は同じであることがわかる．貯蓄率が一定の場合と同様に，規模の拡大は成長率を上昇させる．また，時間選好率の低下

は貯蓄率の上昇と同じく成長率を上昇させることがわかる．規模の拡大が成長率を上昇させる点については第8章で再度検討する．

5-7 財のヴァラエティに対する選好を持つモデル

本節では，家計が財のヴァラエティに対して選好を持つモデルを説明する．このモデルに存在する生産要素はローマー・モデルとは異なり労働のみである．このモデルの経済構造は図5-5のようになっている．

ある時点において財は A 個だけ存在しており，それを家計が購入する．各財は家計の供給する労働によって生産される．研究開発する企業が新製品を開発すると，この新しい製品の特許権を財の生産をする企業に販売する．この購入資金はローマー・モデルと同様に，株式市場で株式を家計に販売することで賄われる．研究開発は家計の供給する労働により行われる．家計の所得は労働所得と配当所得である．ローマー・モデルとは異なり資本は存在しない．まず，家計の行動から説明する．

5-7-1 家計

家計の各時点での財の消費から得る効用を表す即時的効用関数は，次のようにCES型を仮定する．

$$u_t = \left[\sum_{j=1}^{A_t} (c_{jt})^\alpha \right]^{\frac{1}{\alpha}} \tag{5-44}$$

ここで，c_{jt} は第 t 期に家計が消費する財 j の量を表している．また，A_t は第 t 期に消費者が消費する財の数（ヴァラエティ）である．$0<\alpha \leq 1$ とする．ひとまず，すべての財が同じ量 c_t だけ生産されると仮定してみよう．すると，(5-44)式は次のようになる．

$$u_t = A_t^{\frac{1}{\alpha}} c_t$$

すなわち，財の数 A_t が拡大すると家計の即時的効用 u_t が増加することがわかる．また，家計の総効用は第2章と同様に次の対数型効用関数を仮定する．

$$U = \sum_{t=0}^{\infty} \frac{1}{(1+\rho)^t} \ln u_t \tag{5-45}$$

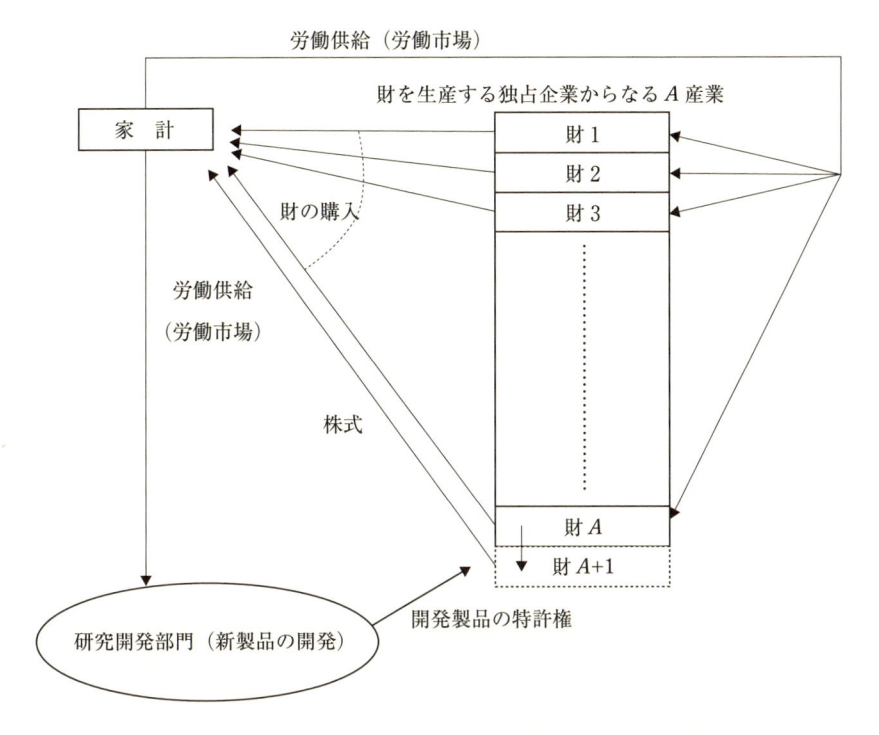

第5章 内生的技術進歩：研究開発の内生化

図5-5 財のヴァラエティに対する選好を考慮したモデルの経済構造

ρ は時間選好率である．

家計の最適化行動は，ある時点での各財への支出の配分問題と時間を通じて支出をどのように振り分けるかという2段階の問題に分けることができる．はじめに，ある時点 t での家計の効用最大化問題を解こう．家計の t 時点における支出を E とすると，家計の予算制約式は次のようになる（記述を簡明にするために時間に関する添え字は省略している）．

$$p_1 c_1 + p_2 c_2 + \cdots + p_A c_A = E \quad \Leftrightarrow \quad \sum_{j=1}^{A} p_j c_j = E \tag{5-46}$$

家計の効用最大化条件はよく知られているように，限界代替率と相対価格が一致することである．(5-44) 式を用いると財 i と財 l の間の限界代替率は次のように求めることができる．

$$MRS_{il} = \frac{mu_i}{mu_l} = \frac{[\sum_{j=1}^{A}(c_j)^\alpha]^{\frac{1}{\alpha}-1} c_i^{\alpha-1}}{[\sum_{j=1}^{A}(c_j)^\alpha]^{\frac{1}{\alpha}-1} c_l^{\alpha-1}} = \left(\frac{c_i}{c_l}\right)^{\alpha-1}$$

したがって，効用最大化条件（限界代替率＝相対価格）は次のようになる．

$$\left(\frac{c_i}{c_l}\right)^{\alpha-1} = \frac{p_i}{p_l} \rightarrow \frac{c_i}{c_l} = \left(\frac{p_l}{p_i}\right)^{\frac{1}{1-\alpha}}, \quad i=1, 2, \dots, A \text{ （}l \text{を除く）} \tag{5-47}$$

これを (5-46) の予算制約式に代入することで，財 l に対する需要関数を得ることができる．

$$p_1\left(\frac{p_l}{p_1}\right)^{\frac{1}{1-\alpha}} c_l + p_2\left(\frac{p_l}{p_2}\right)^{\frac{1}{1-\alpha}} c_l + \dots + p_A\left(\frac{p_l}{p_A}\right)^{\frac{1}{1-\alpha}} c_l = E \rightarrow c_l = \frac{p_l^{-\frac{1}{1-\alpha}} E}{\sum_{j=1}^{A} p_j^{-\frac{\alpha}{1-\alpha}}}$$
$$\tag{5-48}$$

これを (5-44) 式に代入すると次の間接効用関数を得る．

$$u_t = [\sum_{l=1}^{A_t}(c_l)^\alpha]^{\frac{1}{\alpha}}$$
$$= \left[\sum_{l=1}^{A_t}\left(\frac{p_l^{-\frac{1}{1-\alpha}} E}{\sum_{j=1}^{A} p_j^{-\frac{\alpha}{1-\alpha}}}\right)^\alpha\right]^{\frac{1}{\alpha}} = \left[\sum_{l=1}^{A_t}\frac{p_l^{-\frac{\alpha}{1-\alpha}} E^\alpha}{\left(\sum_{j=1}^{A} p_j^{-\frac{\alpha}{1-\alpha}}\right)^\alpha}\right]^{\frac{1}{\alpha}} = \frac{E}{\left(\sum_{j=1}^{A} p_j^{-\frac{\alpha}{1-\alpha}}\right)^{-\frac{1-\alpha}{\alpha}}} = \frac{E}{P}$$
$$\tag{5-49}$$

ここで，物価指数を $P = \left(\sum_{j=1}^{A} p_j^{-\frac{\alpha}{1-\alpha}}\right)^{-\frac{1-\alpha}{\alpha}}$ と定義する．この物価指数を使うと，(5-48) の需要関数は次のように書くことができる．

$$c_l = \frac{p_l^{-\frac{1}{1-\alpha}} E}{P^{-\frac{\alpha}{1-\alpha}}} \tag{5-50}$$

次に家計の時間を通じた最適化行動を調べてみよう．家計の予算制約式は次のようになる．

$$P_{A,t}(A_{t+1} - A_t) = \pi_t A_t + w_t L - E_t \tag{5-51}$$

ここで，A_t は第 t 期に家計が保有する株式枚数，π_t は配当である．5-4 節で説

明したように，特許権の価格 $P_{A,t}$ が株価に等しい．また，(5-49) 式の間接効用関数を (5-45) 式に代入すると家計の目的関数は次のように変形できる．

$$U = \sum_{t=0}^{\infty} \frac{1}{(1+\rho)^t} (\ln E_t - \ln P_t) \tag{5-52}$$

(5-52) 式を (5-51) 式の制約の下で最大化する問題を解こう．第 2 章と同じように，(5-51) 式を (5-52) 式へ代入して E_t を消去すると次を得ることができる．

$$U = \sum_{t=0}^{\infty} \frac{1}{(1+\rho)^t} (\ln [\pi_t A_t + w_t L - P_{A,t}(A_{t+1} - A_t)] - \ln P_t)$$

これを A_t で微分すると次の家計の最適化条件を得る．

$$-\frac{P_{A,t-1}}{\pi_{t-1} A_{t-1} + w_{t-1} L - P_{A,t-1}(A_t - A_{t-1})} + \frac{1}{1+\rho} \frac{\pi_t + P_{A,t}}{\pi_t A_t + w_t L - P_{A,t}(A_{t+1} - A_t)} = 0$$

$$\rightarrow \quad \frac{E_t}{E_{t-1}} = \frac{1}{1+\rho} \frac{\pi_t + P_{A,t}}{P_{A,t-1}} \tag{5-53}$$

また，第 2 章 2-4 節と同様の変形を施すと，予算制約式 (5-51) と (5-53) より，第 t 期からみた横断条件・NPG 条件は次のようになる．

$$\lim_{j\to\infty} \frac{P_{A,t+j} A_{t+j+1}}{(P_{A,t}+\pi_t)\prod_{i=0}^{j-1}(P_{A,t+i+1}+\pi_{t+i+1})/P_{A,t+i}} = \lim_{j\to\infty} \frac{P_{A,t+j} A_{t+j+1}/E_{t+j}}{(P_{A,t}+\pi_t)(1+\rho)^j/E_t} = 0 \tag{5-54}$$

5-7-2 企業・研究開発

各財は 1 つの独占企業によって生産されている．ローマー・モデルと同じく，各独占企業はこの財を生産するために研究開発部門からこの財の設計図，特許権を購入する．この独占企業の生産する財は特許によって永久に保護されているとする．各独占企業は財を 1 単位生産するために労働 1 単位を用いる．したがって，財の生産の限界費用は賃金率 w である．また，財の数 A は十分に大きいので，各独占企業は自分の生産量の変化が物価指数に与える影響を無視して利潤を最大化する．すると需要関数 (5-50) の需要の価格弾力性は

$1/(1-\alpha)$ なので，(5-5) 式と同様に利潤最大化条件は次のようになる．

$$p \equiv p_j = \frac{1}{\alpha} w \tag{5-55}$$

ローマー・モデルと同様すべての財に同じ価格が付けられるので，すべての財が同じ量生産される．(5-48) 式の需要関数に (5-55) 式を代入することで，各財の生産量を次のように求めることができる．

$$c = \frac{\alpha E}{wA} \tag{5-56}$$

また，利潤は次のようになる．

$$\pi = (p-w)c = (1-\alpha)\frac{E}{A} \tag{5-57}$$

次に研究開発について説明しよう．ローマー・モデルと同様に研究開発は労働のみで行われる．研究開発の生産関数も，ローマー・モデルと同様にある時点までに開発された財の数が外部効果を持っていると仮定する．ゆえに，ここでも (5-12) 式が成立することになる．再度書いておこう（賃金率はどの部門でも同じになることに注意してほしい）．

$$P_A \delta A = w$$

5-7-3 解析

本項で財のヴァラエティに選好を持つ場合の成長モデルの均衡解を求めよう．ローマー・モデルとは異なり生産要素が労働のみなので（ローマー・モデルは資本と労働の 2 種類），このモデルのダイナミクスは比較的簡単に調べることができる．

(5-57) 式を (5-53) 式に代入すると次の式を得る．

$$\frac{E_t}{E_{t-1}} = \frac{1}{1+\rho} \frac{(1-\alpha)E_t/A_t + P_{A,t}}{P_{A,t-1}} \tag{5-58}$$

(5-58) 式をさらに次のように変形する．

第5章　内生的技術進歩：研究開発の内生化

$$\frac{P_{A,t}A_t}{P_{A,t-1}A_{t-1}}\frac{E_t/P_{A,t}A_t}{E_{t-1}/P_{A,t-1}A_{t-1}}=\frac{1}{1+\rho}\left[\left(\frac{(1-\alpha)E_t}{P_{A,t}A_t}+1\right)\frac{P_{A,t}}{P_{A,t-1}}\right]$$

$$\rightarrow \quad \frac{A_t}{A_{t-1}}\frac{V_t}{V_{t-1}}=\frac{1}{1+\rho}[(1-\alpha)V_t+1] \tag{5-59}$$

ここで，$V_t \equiv E_t/P_{A,t}A_t$ と定義している．

すべての財は同じ量が生産されることに注意して（5-56）式を使うと労働市場の均衡は次のようになる．

$$\frac{A_{t+1}-A_t}{\delta A_t}+\sum_{j=1}^{A_t}c_j=L \rightarrow \frac{A_{t+1}-A_t}{\delta A_t}+\frac{\alpha E_t}{w_t}=L \rightarrow \frac{A_{t+1}-A_t}{\delta A_t}+\frac{\alpha}{\delta}V_t=L \tag{5-60}$$

ここで（5-60）式を1時点前（第 $t-1$ 期）に戻した式を（5-59）式に代入することで，A_t/A_{t-1} を消去して次の動学式を得ることができる．

$$[1+\delta L-\alpha V_{t-1}]\frac{V_t}{V_{t-1}}=\frac{1}{1+\rho}[(1-\alpha)V_t+1] \rightarrow \frac{(1+\rho)V_t}{1+(1-\alpha)V_t}=\frac{V_{t-1}}{1+\delta L-\alpha V_{t-1}} \tag{5-61}$$

この動学式（5-61）の構造は3-7節で考察した賦課方式の年金を考慮した世代重複モデルの動学式（3-29）（および，それを簡単に表現した（3-30）式）と同じように，左辺は V_t の関数，右辺は V_{t-1} の関数となっている．したがって，(5-61) 式の左辺と右辺のグラフを描くことによって分析できる．(5-61) 式の左辺と右辺は双曲線である．また図5-6に示されているように左辺（LHS）の双曲線は水平な漸近線，右辺（RHS）は垂直な漸近線を持つ．

$E_t/P_{A,t}A_t$ なので，V_t は非先決変数（ジャンプ変数）である．V_t の初期値は任意に選ぶことができる．図5-6からわかるように定常点Eは不安定である．初期時点において定常状態に経済がない場合，経済は定常状態に近づかない．つまり，$V_0<V^*$ となっていれば V_t は0に収束し，$V_0>V^*$ となっていれば次の期には（5-61）式を満たすような V_1 は存在しない．すなわち，$V_0>V^*$ となるケースは均衡経路ではない．では，V_t が0に収束する場合はどうか．(5-61) 式より次が成立する．

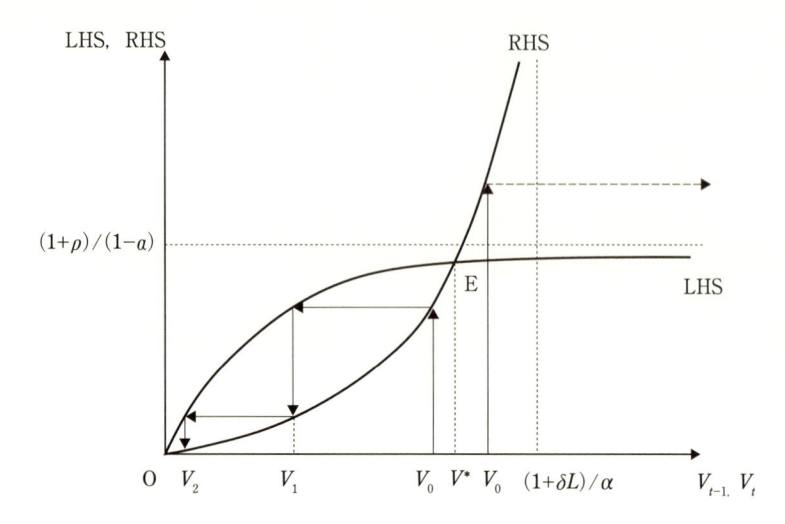

図 5-6 財のヴァラエティに選好を持つ場合の成長モデルのダイナミクス

$$\lim_{t\to\infty} \frac{V_t}{V_{t-1}} = \lim_{t\to\infty} \frac{E_t/P_{A,t}A_t}{E_{t-1}/P_{A,t-1}A_{t-1}} = \frac{1}{(1+\rho)(1+\delta L)}$$

したがって，次の不等式が成立する．

$$\lim_{t\to\infty} \frac{P_{A,t}A_t/E_t}{P_{A,t-1}A_{t-1}/E_{t-1}} = \lim_{t\to\infty} \frac{(P_{A,t}A_{t+1}/E_t)(A_t/A_{t+1})}{(P_{A,t-1}A_t/E_{t-1})(A_{t-1}/A_t)} = \lim_{t\to\infty} \frac{P_{A,t}A_{t+1}/E_t}{P_{A,t-1}A_t/E_{t-1}}$$
$$= (1+\rho)(1+\delta L) > 1+\rho$$

ここで，(5-60) 式より V_t が 0 に収束する場合の A_t の成長率は一定（δL）になることを 2 番目の変形で用いている．ゆえに，(5-54) 式で分子の収束スピードが分母の収束スピードよりも速いため，V_t が 0 に収束する経路は横断条件・NPG 条件（5-54）を満たさないので均衡経路とはならない．

　均衡経路であり得るのは，初期時点に経済が定常状態に一致する場合である．すなわち，このモデルには移行過程は存在しない．定常状態の値を求めると次の (5-62) 式のようになる．

$$V^* = \frac{(1+\rho)(1+\delta L)-1}{1+\rho\alpha} \tag{5-62}$$

(5-62) 式を (5-60) 式に代入することで，定常成長経路における財のヴァラエティの成長率を求めることができる.

$$g^A = \frac{(1-\alpha)\delta L - \alpha\rho}{1+\rho\alpha} \tag{5-63}$$

ここで，成長率がプラスであることを保証するためには，$(1-\alpha)\delta L > \alpha\rho$ であればよい．ローマー・モデルと同様に，人口の増加と時間選好率の低下は成長率を上昇させる.

最後に，他の変数，支出 E_t と賃金率 w_t はどのように決まっているかについて考えてみよう．(5-60) 式に (5-63) 式を代入すると次式を得る.

$$\frac{E_t}{w_t} = \frac{1}{\alpha}L - \frac{1}{\alpha\delta}g^A = \frac{1}{\delta}\frac{\delta(1+\rho)L+\rho}{1+\rho\alpha} \tag{5-64}$$

つまり，定常状態において支出と賃金率の相対比だけが決まるのである．ゆえに，変数の基準化の方法として，$E_t=1$ とする方法と $w_t=1$ とする方法の2種類あることになる．$E_t=1$ とする方法をとると，(5-53) 式は次のように変形できる.

$$1 = \frac{1}{1+\rho}\frac{\pi_t + P_{A,t}}{P_{A,t-1}} \rightarrow \frac{\pi_t + P_{A,t} - P_{A,t-1}}{P_{A,t-1}} = \rho \tag{5-65}$$

(5-65) 式は第2章の代表的個人モデルにおける (2-14) 式と同じ意味を持っている（現在のモデルは人口成長率が0であることに注意しよう）．株式の収益率が時間選好率に一致しているのである.

第 6 章

経済政策と経済成長

　ソロー・モデル，代表的個人モデル，世代重複モデルでは政府の政策は経済の成長率に影響を与えることができなかった．しかし，第5章で説明した内生的な技術進歩を考慮した成長モデルにおいては，政府の政策は経済成長率に影響を与えることができるのである．

　第5章で説明したように，特許によって保護された独占企業の獲得する利潤が研究開発の源泉となっている．しかし，独占企業は限界費用以上に価格を引き上げることにより利潤を獲得するので，厚生の損失（死荷重）が発生する．また，研究開発には外部性が存在した．したがって，第2章の代表的個人モデルとは異なり，厚生経済学の第1基本定理は成立せず，経済の市場均衡は最適とは限らない．ここに政府が何らかの介入を行う余地が存在する．本章では政府の介入方法として2つの政策を考えよう．1つ目はローマー・モデルに特許政策を導入する．2つ目は財のヴァラエティに選好を持つモデルに課税政策を導入し，財に対する課税の効果を考察する．

　第5章では，特許による保護は永久に持続すると仮定した．しかし，これでは独占企業の財を購入する経済主体は，永久に独占企業の付ける独占価格を甘受しなければならない．このトレードオフを解決するために，特許による保護は有限期間で終了するように設計されている．日本では，知的所有権は20年間にわたり特許によって保護されるが，その後は模倣した財を生産し，安い価格で販売することが許されている．ジェネリック医薬品が一例で，特許の切れた医薬品を開発した企業以外の製薬会社が安く販売している．

経済成長理論ではジャッドの分析（Judd 1985）がよく知られている．ジャッドは外生的成長理論を用いて，独占の存在にもかかわらず特許の最適な保護期間は有限期間ではなく，無限期間であることを示している．6-1節から，Iwaisako and Futagami（2003）と Futagami and Iwaisako（2007）に基づいて，特許の保護期間（特許の長さ）が経済成長や経済厚生に与える影響について内生的成長理論の枠組みで説明していく．内生的成長理論の下では外生的成長モデルと結果は大きく異なるのである．

6-1 実験室モデル

特許の保護期間を導入することは分析を複雑にする．そこで，ローマー・モデルより簡単な設定のモデルを使った方が便利なので，まずその簡単化について解説しよう．このモデルはリベラ・バチスとローマーのモデル（Rivera-Batiz and Romer 1991）に基づいている．第5章のモデルからの修正点は2点ある．第5章のローマー・モデルでは，中間財の生産には資本の投入が必要であった．また，研究開発を行うためには労働投入が必要であった．簡単化されたモデルでは中間財の生産も研究開発も最終財を用いて行われると仮定する．ただし，他の設定はすべて同じである．簡単化モデルの経済構造は図6-1のようになる．

この簡単化されたモデルでは，研究開発は労働投入することなく行われ，あたかも実験室（研究室）だけで研究開発が行われる設定なので，実験室モデル（lab-equipment model）と呼ばれる．次に修正された部門である中間財部門と研究開発部門を説明しよう．

6-1-1 中間財部門

中間財を作るために必要なのは最終財である．中間財1単位を生産するために必要な最終財は1単位であるとする．最終財の価格は1に基準化しているから中間財企業の利潤最大化問題は次のようになる．

$$\max_{x_j} \pi_j = p_j x_j - 1 \cdot x_j, \quad j=1,\cdots,A \tag{6-1}$$

第6章　経済政策と経済成長

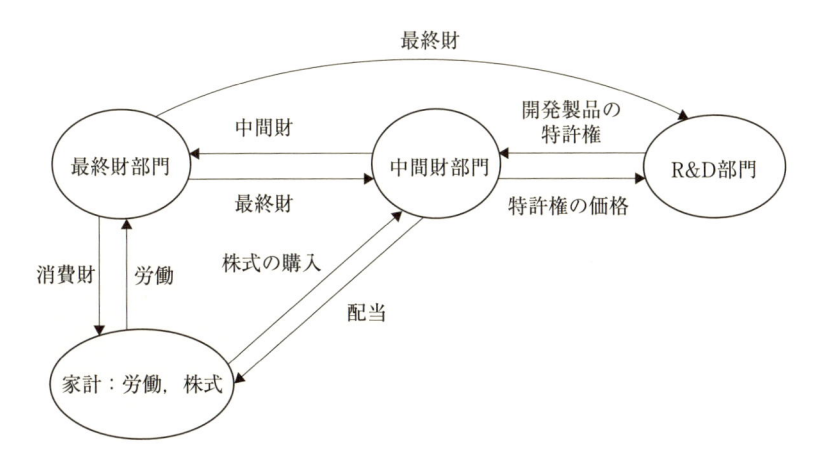

図6-1　実験室モデルの経済構造

s.t.　$p_j = p_j(x_j)$ 　　　　　　　　　　　　　　　　　　　(6-2)

ここで，(6-2) 式の逆需要関数は第5章の (5-3) 式である．もう一度書いておこう．

$$\alpha L^{1-\alpha} x_j^{\alpha-1} = p_j, \quad j=1, \cdots, A$$

ただし，家計が保有する労働 L はすべて最終財企業に供給されるから，$L_Y = L$ が成立している．第5章と同様に，中間財企業の利潤最大化問題を解くことで，中間財の価格 p は次のように求めることができる[1]．

$$p = \frac{1}{\alpha} \tag{6-3}$$

(6-3) 式の独占価格が一定値をとっていることに注意してほしい．これが簡単化されている点である．(6-3) 式の独占価格を逆需要関数に代入して，独占企業の中間財の生産量 x^M を求めることができる．

$$x^M = \alpha^{\frac{2}{1-\alpha}} L \tag{6-4}$$

これを (6-1) 式に代入して中間財企業の利潤を得ることができる．

---

1) ローマー・モデルで $r=1$ とおいたのと同じである．

$$\pi = (1-\alpha)\alpha^{\frac{1+\alpha}{1-\alpha}} L \tag{6-5}$$

つまり，中間財企業の利潤も一定値をとることになる．

6-1-2 研究開発部門

第5章のローマー・モデルでは労働を用いて研究開発を行うと想定したが，ここでは最終財を用いて研究開発を行うと仮定されている．研究開発に投入されるのは最終財のみで，1つの中間財を開発するには η 単位の最終財を用いるとする．すると研究開発企業の生産技術は次のようになる．

$$Y_A = \eta \Delta A (= \eta [A_{t+1} - A_t]) \tag{6-6}$$

実験室モデルでの研究開発部門の利潤最大化行動はどうなっているだろうか．このモデルでも研究開発行動には多くの企業が自由に参入・退出できる完全競争市場を想定する．研究開発企業の利潤最大化問題は次のようになる．この研究開発企業が開発した中間財の数は ΔA で，1つの中間財の設計図の価格を P_A（すなわち中間財の特許を中間財企業に売るときの価格）とすると，研究開発企業の収入は，$P_A \Delta A$ となる．最終財の価格は1に基準化されているから，研究開発企業の利潤最大化問題は次のようになる．

$$\max_{\Delta A} P_A \Delta A - \eta \Delta A \tag{6-7}$$

研究開発への参入と退出が自由であるから，次のゼロ利潤条件を得る．

$$P_A = \eta \tag{6-8}$$

実験室モデルでは特許権の価格も一定値をとる．

以上が修正箇所のすべてである．

6-2 特許と経済成長

第2章と同じく代表的個人モデルを考えよう．代表的個人の生涯効用は第2章と同様である．

$$\max U_0 = \sum_{t=0}^{\infty} \frac{1}{(1+\rho)^t} u(c_t) \tag{6-9}$$

ここでも即時的効用関数は $u(c_t)=\ln c_t$ と仮定する．

6-2-1　特許の保護が永久に続く場合

まず，修正されたモデルを用いて第5章で考察した特許による保護が無限期間にわたって続く場合の結果がどのように修正されるか説明しよう．個人は株式を購入することで資産を蓄積して将来の消費を増やそうと考える．しかしその一方で，個人は株式を購入するために現在の消費を減少させなければならない．このトレードオフを考慮して家計は消費パターンを決定する．家計の予算制約式は次のようになる．

$$P_{A,t}(A_{t+1}-A_t) = \pi A_t + w_t L - c_t \;\; \rightarrow \;\; \eta(A_{t+1}-A_t) = \pi A_t + w_t L - c_t \tag{6-10}$$

(6-8) 式より株価は η で一定になることに注意しよう．これを (6-9) 式に代入して，A_t で微分すると次の家計の最適化条件を得る．

$$-\frac{\eta}{\pi A_{t-1}+w_{t-1}L-\eta(A_t-A_{t-1})}+\frac{1}{1+\rho}\frac{\pi+\eta}{\pi A_t+w_t L-\eta(A_{t+1}-A_t)}=0$$

$$\rightarrow \frac{c_t}{c_{t-1}}=\frac{1}{1+\rho}\frac{\pi+\eta}{\eta} \tag{6-11}$$

(6-11) 式は，株価が毎期一定である以外は第5章の (5-53) 式と同じである．したがって，消費の粗成長率（1+ 成長率）G^c は以下のようになる．

$$G^c \equiv \frac{c_{t+1}}{c_t} = \frac{1}{1+\rho}\left(1+\frac{\pi}{\eta}\right) \tag{6-12}$$

ここで，$\pi/\eta > \rho$ であれば $G^c > 1$ となり，成長率はプラスの値をとる．以下ではこの不等式を仮定する．

6-2-2　特許期間が有限期間の場合

新しく開発された財を独占的に生産することから利潤が得られるのは特許の保護が続く間だけで，特許による保護は T 期間とする．保護されている期間

の終了後，独占的に供給されてきたこの財をコピーして供給する企業が多く現れ，競争的な市場に変化する．以下では簡単化のために，特許の保護が切れた後，この財の市場は完全競争的になり，完全競争企業の付ける価格は限界費用に等しいとする．価格を1に基準化した最終生産物を投入して生産を行っている完全競争企業の付ける価格は1である．したがって，この財を生産する企業の得る利潤は0になる．つまり，独占企業は保護期間 T の間だけ利潤を獲得する．

独占の存続期間が T 期間であるから，特許権を獲得した新しい財を生産する企業の株式を保有する家計が配当を得る期間も T 期間持続するだけになる．すなわち，株式が価値を持つ期間も T 期間になる．家計の予算制約式を導出しよう．家計が第 t 期に保有する正の価値を持つ株式 A_t は，第 $t-1$ 期に購入した株式 e_{t-1}，第 $t-2$ 期に購入した株式 e_{t-2}，…，第 $t-T$ 期に購入した株式 e_{t-T} の合計である．第 $t-T$ 期よりも前の期に購入した株式は無価値になっている．

$$A_t = e_{t-1} + e_{t-2} + \cdots\cdots + e_{t-T} \tag{6-13a}$$

同様に，第 t 期以降の株式の総数も次のように計算できる．

$$A_{t+1} = e_t + e_{t-1} + \cdots + e_{t-T+1} \tag{6-13b}$$
$$A_{t+2} = e_{t+1} + e_t + \cdots + e_{t-T+2} \tag{6-13c}$$
$$\vdots$$
$$A_{t+T} = e_{t+T-1} + e_{t+T-2} + \cdots + e_t \tag{6-13d}$$

一方，家計の予算制約式は次のようになる．

$$\eta e_t = \pi A_t + w_t L - c_t \tag{6-14}$$

(6-14) 式を (6-9) 式に代入して，第 t 期に購入する株式 e_t で最適化する．ここで，(6-13) 式の関係があることに注意しておかなければならない．まず代入した式で第 t 期に購入した株式 e_t が影響を与える項のみを取り出して書いておこう．

$$\cdots + \frac{1}{(1+\rho)^t} u(\pi A_t + w_t L - \eta e_t) + \frac{1}{(1+\rho)^{t+1}} u(\pi A_{t+1} + w_{t+1} L - \eta e_{t+1})$$

$$\cdots + \frac{1}{(1+\rho)^{t+T}} u(\pi A_{t+T} + w_{t+T} L - \eta e_{t+T}) + \cdots$$

これを第 t 期に購入する株式 e_t で最適化すると次を得る.

$$\frac{1}{(1+\rho)^t} u'(\pi A_t + w_t L - \eta e_t) \times (-\eta) + \frac{1}{(1+\rho)^{t+1}} u'(\pi A_{t+1} + w_{t+1} L - \eta e_{t+1}) \pi \frac{dA_{t+1}}{de_t}$$

$$\cdots + \frac{1}{(1+\rho)^{t+T}} u'(\pi A_{t+T} + w_{t+T} L - \eta e_{t+T}) \pi \frac{dA_{t+T}}{de_t} = 0$$

(6-13) 式の関係に注意して整理すると，次の最適化条件を得ることができる[2],[3].

$$\eta \frac{1}{c_t} = \frac{1}{1+\rho} \frac{\pi}{c_{t+1}} + \frac{1}{(1+\rho)^2} \frac{\pi}{c_{t+2}} + \cdots + \frac{1}{(1+\rho)^T} \frac{\pi}{c_{t+T}} \tag{6-15}$$

(6-15) 式を1期前に進めた式は次のようになる.

$$\eta \frac{1}{c_{t+1}} = \frac{1}{1+\rho} \frac{\pi}{c_{t+2}} + \frac{1}{(1+\rho)^2} \frac{\pi}{c_{t+3}} + \cdots + \frac{1}{(1+\rho)^T} \frac{\pi}{c_{t+T+1}} \tag{6-15'}$$

(6-15') 式の両辺を $(1+\rho)$ で割って (6-15) 式から辺々を引くと次を得ることができる.

$$\left(\frac{1}{c_t} - \frac{1}{1+\rho} \frac{1}{c_{t+1}} \right) \eta = \frac{1}{1+\rho} \frac{\pi}{c_{t+1}} - \frac{1}{(1+\rho)^{T+1}} \frac{\pi}{c_{t+T+1}}$$

$$\rightarrow \quad G^c \equiv \frac{c_{t+1}}{c_t} = \frac{1}{1+\rho} \left(1 + \frac{\pi}{\eta} \right) - \frac{\pi}{\eta(1+\rho)^{T+1}} \frac{c_{t+1}}{c_{t+T+1}} \tag{6-16}$$

以下でも定常成長経路に注目する．定常成長経路における消費の粗成長率が G^c だから，次のように消費は成長してゆく.

---

2) 特許期間が無限期間のときは $T \rightarrow \infty$ とすればよい．そして以下と同じ変形を行えば，(6-11) 式を得ることができる.

3) $1/c_j = x_j$ とおくと (6-15) 式は T 階の線形定差方程式になる．この定差方程式の解の中で，一定率で成長する経路のみが解であることを示すことができる．この定差方程式の解析に関しては Futagami and Iwaisako (2007) を参照してほしい.

$$c_{t+1} = G^c c_t, \ c_{t+2} = G^c c_{t+1} = G^{c^2} c_t, \cdots, c_{t+T+1} = G^{c^{T+1}} c_t \tag{6-17}$$

(6-17) 式を (6-16) 式に代入すると次の粗成長率 G^c に関する方程式を得る．

$$G^c = \frac{1}{1+\rho}\left(1+\frac{\pi}{\eta}\right) - \frac{\pi}{\eta(1+\rho)}[(1+\rho)G^c]^{-T} \tag{6-18}$$

(6-18) 式の方程式の左辺と右辺をそれぞれ粗成長率 G^c の関数とみて，それらのグラフを描くと，(6-18) 式の解は左辺と右辺のグラフの交点によって与えられる．左辺を LHS(G^c)，右辺を RHS(G^c) と表すことにしよう．以下では成長率がプラスの値をとる場合に注目し，粗成長率 G^c が1より大きなケースだけに注目する．そのために以下の不等式が成立すると仮定する．

＜仮定 6-1 ＞

$$\text{LHS}(1) < \text{RHS}(1) \ \Leftrightarrow \ 1 < \frac{1}{1+\rho}\left(1+\frac{\pi}{\eta}\right) - \frac{(1+\rho)^{-(T+1)}\pi}{\eta} \tag{6-19}$$

左辺 LHS(G^c) は粗成長率 G^c の増加関数で，そのグラフは傾き1の原点を通る直線である．一方，次に示すように右辺 RHS(G^c) も粗成長率の増加関数であることがわかる．G^c が増加すると $[(1+\rho)G^c]^{-T}$ は減少する．このとき，右辺の $[(1+\rho)G^c]^{-T}$ の係数はマイナスだから右辺は増加することになる．さらに，G^c が無限に大きくなると $[(1+\rho)G^c]^{-T}$ は0に限りなく近づいてゆく．このため (6-18) 式の右辺は第1項に限りなく近づいてゆく．したがって，右辺のグラフは図6-2のようになることがわかる．図6-2で2つのグラフの交点Eで定常成長経路の粗成長率 G^{c*} が決定される．特許期間 T に対して定常成長経路の成長率 G^{c*} が決まるので，これを $G^c(T)$ と表そう．

次に特許政策の変更が経済成長に与える影響を調べよう．特許期間 T が T_1 から T_2 へ増加し特許によって保護される期間が延長されたとする．すると粗成長率を決定する方程式 (6-18) に対して次の影響がある．粗成長率 G^c は1より大きい範囲で考察しており，$(1+\rho)G^c$ は1より大きいので，特許の保護期間 T が増加すると $[(1+\rho)G^c]^{-T}$ は減少する．ゆえに，どのような粗成長率 G^c の水準においても (6-18) 式の右辺は増加することになるので右辺のグラフは上方にシフトすることになる．したがって，図6-3のように2つのグラ

第6章　経済政策と経済成長

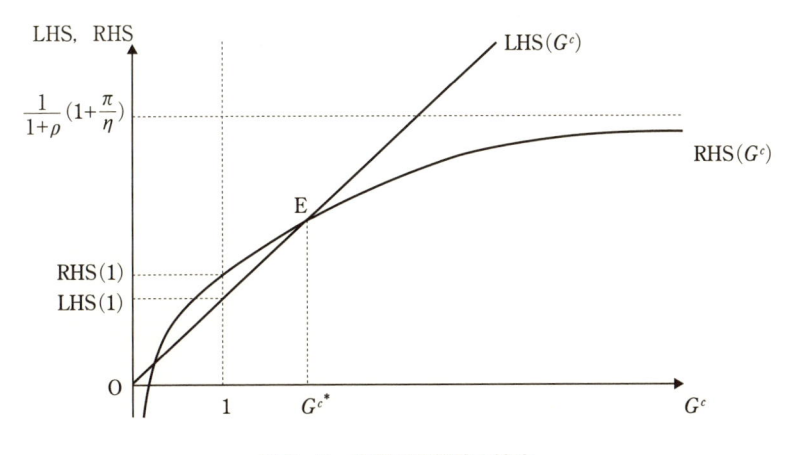

図6-2　定常成長経路の決定

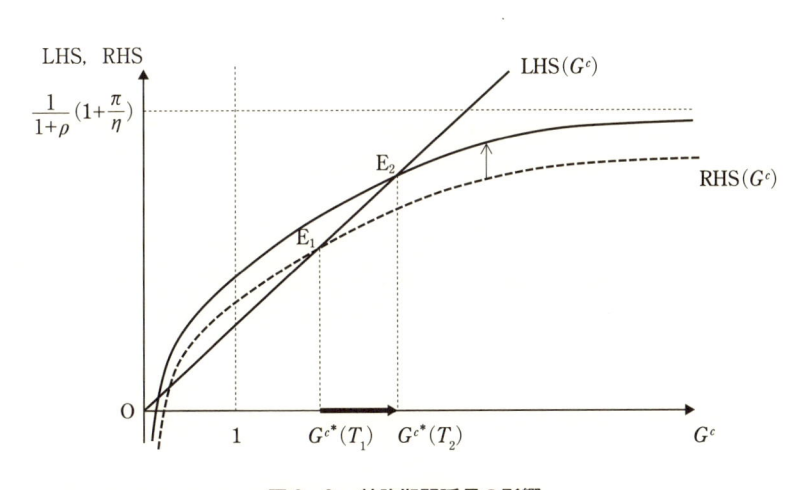

図6-3　特許期間延長の影響

フの交点は E_1 から E_2 へと変化する．つまり，特許期間の延長は成長率を上昇させるのである．

6-3　特許と経済厚生

特許の保護期間の変更が経済厚生に与える影響を考察しよう．特許期間の延長は前節でみたように成長率を上昇させる．しかし，成長率を上昇させること

141

が家計の生涯効用を上昇させるとは限らないのである．家計の生涯効用に与える影響を調べるために必要なことは，特許期間の変更が家計の行う消費に与える影響である．そのためには最終財の市場についてみてゆく必要がある．

6-3-1 財市場

中間財の生産は2種類の企業によって行われる．1つは特許によって保護されている独占企業群で，もう1つは特許の保護期間の切れた財を生産する完全競争企業群である．特許で保護されている財の数を A^M，特許の保護の切れた財の数を A^C とする．完全競争企業の生産量を x^C と表そう．完全競争企業の付ける価格は1で，この価格を最終財企業の逆需要関数に代入して次の完全競争企業の生産量を得ることができる．

$$x^C = \alpha^{\frac{1}{1-\alpha}} L \tag{6-20}$$

第5章の（5-1）式を用いると最終財の生産量は次のようになる．

$$Y = L^{1-\alpha} \sum_{j=1}^{A} x_j^\alpha = L^{1-\alpha}(A^C(x^C)^\alpha + A^M(x^M)^\alpha) \tag{6-21}$$

これから中間財生産に必要なものを差し引いたものが付加価値である．家計が行う消費と研究開発にこの付加価値が投入される．したがって，最終財の市場均衡は次のようになる．ただし，特許の保護期間の終了を明示的に考慮する必要があるので，時点を明記しておこう．

$$L^{1-\alpha}(A_t^C(x^C)^\alpha + A_t^M(x^M)^\alpha) - (A_t^C(x^C) + A_t^M(x^M)) = C_t + \eta(A_{t+1} - A_t) \tag{6-22}$$

ここで，C_t は経済全体で家計の消費を集計したものである．1つの家計は1単位の労働を保有しているとする．総労働量が L で家計の数は同じく L なので，1人が行う消費 c_t は総消費と $C_t = c_t L$ という関係にある．

特許期間が T 期間だから，第 $t-T$ 期に存在した中間財 A_{t-T} はすべて特許の切れた財である．したがって，$A_t^C = A_{t-T}$ が成立する．独占的に供給される財の数 A_t^M と競争的に供給される財の数 A_t^C の合計は A_t だから，次の関係が成立する．

$$A_t^M = A_t - A_t^C = A_t - A_{t-T} \tag{6-23}$$

(6-23) 式を使うと (6-22) 式は次のようになる．

$$\eta(A_{t+1}-A_t)=q^M A_t+(q^C-q^M)A_{t-T}-C_t \qquad (6\text{-}24)$$

ここで，$q^M=L^{1-\alpha}(x^M)^\alpha-x^M$，$q^C=L^{1-\alpha}(x^C)^\alpha-x^C$ である（これらは一定値であり，$q^C>q^M$ である）．

(6-24) 式の両辺を中間財の数 A_t で割ると次式を得る．

$$\eta[G^A-1]=q^M+(q^C-q^M)\frac{A_{t-T}}{A_t}-\frac{C_t}{A_t} \qquad (6\text{-}25)$$

ここで，定常成長経路を考えているので次の関係式が成立している．

$$\frac{A_{t-T}}{A_t}=(G^A)^{-T} \qquad (6\text{-}26)$$

(6-26) 式の分子は競争的に供給される財の数であるから，(6-26) 式は競争的に供給される財の比率を表していることになる．したがって，(6-26) 式を使うと (6-25) 式は次のようになる．

$$\eta[G^A-1]=q^M+(q^C-q^M)G^{A-T}-\frac{C_t}{A_t} \qquad (6\text{-}27)$$

6-3-2 経済厚生

以上を基に家計の得る生涯効用を計算しよう．(6-17) 式を考慮して，(6-9) 式を経済全体の消費を用いて表すと次のようになる[4]．

---

4) (6-28) 式の第2項の計算には次の公式を使っている．
　　$S_t=x+2x^2+3x^3+\cdots+tx^t$, $0<x<1$．
　両辺に x を乗じてそれを S_t から引く．
　　$S_t-xS_t=x+x^2+x^3+\cdots+x^t-tx^{t+1}=x(1+x+x^2+\cdots+x^{t-1})-tx^{t+1}$
　　　　　　$=x\dfrac{1-x^t}{1-x}-tx^{t+1}$．
　よって，次の式を得る．
　　$S_t=x\dfrac{1-x^t}{(1-x)^2}-t\dfrac{x^{t+1}}{1-x}$．
　$t\to\infty$ の極限をとり整理すると次の式を得る．
　　$\displaystyle\lim_{t\to\infty}S_t=\dfrac{x}{(1-x)^2}$．

$$\max_{\{C_t\}_{T=0}^{\infty}} U = \sum_{t=0}^{\infty} \frac{1}{(1+\rho)^t} \ln\frac{C_t}{L} = \sum_{t=0}^{\infty} \frac{1}{(1+\rho)^t}[\ln C_t - \ln L] = \sum_{t=0}^{\infty} \frac{1}{(1+\rho)^t}[\ln C_0 G^{c^t} - \ln L]$$
$$= \sum_{t=0}^{\infty} \frac{1}{(1+\rho)^t}[\ln C_0 + t \ln G^c - \ln L] = \frac{1+\rho}{\rho} \ln C_0 + \frac{1+\rho}{\rho^2} \ln G^c - \frac{1+\rho}{\rho} \ln L \quad (6\text{-}28)$$

(6-28) 式からわかるように,家計の生涯効用は初期の消費 C_0 と消費の成長率 G^c に依存している. 6-2 節でみたように特許期間 T の延長は消費の成長率を上昇させるので,成長率を通じた影響では,特許期間の延長は家計の生涯効用を上昇させることになる.

次に家計の初期消費を通じた影響を調べよう. 定常成長経路では消費の成長率 G^c と中間財の数の成長率 G^A は等しいことに注意しよう. すると (6-27) 式を使うと初期の消費 C_0 を次のように求めることができる.

$$C_0 = [q^M + (q^C - q^M)G^c(T)^{-T} - \eta\{G^c(T) - 1\}]A_0 \quad (6\text{-}29)$$

特許期間 T の延長は成長率を上昇させるので,(6-29) 式からわかるように家計の初期消費を低下させる. これは以下の理由による. 独占が存続する期間が長くなることにより,高い価格を支払わされる最終財企業の生産量が低下する. さらに,特許期間の延長は研究開発投資を促進するので,家計が消費できる量を低下させてしまう. したがって,(6-28) 式と総合すると,家計の初期消費を通じた影響では,特許期間の延長は家計の生涯効用を低下させる効果を持つことがわかる.

このように,特許期間の延長は2つの相反する効果を持つ. 1つ目は成長率を上昇させることにより家計の生涯効用を上昇させる効果で,2つ目は家計の初期消費を低下させることにより家計の生涯効用を低下させる効果である. この2つの効果が全体としてどのような影響を家計の生涯効用に与えるのかについては,より詳しい分析が必要である. 第1の効果が上回れば,最適な特許期間は無限大である. 第2の効果が強ければ,特許期間は短いほうがよい. 次の結果が得られることがわかっている[5].

＜命題6-1＞
家計の生涯効用を最大化する特許期間は有限である. また次の不等式が成立

---

5) 証明は本章の補論を参照せよ.

第6章　経済政策と経済成長

するとき，家計の生涯効用を最大にする成長率はプラスの値をとる．

$$\frac{1+\rho}{\rho}\frac{(q^C-q^M)\frac{\ln\left(1-\frac{\eta}{\pi}\rho\right)}{\ln(1+\rho)}-\eta}{q^C}+\frac{1+\rho}{\rho^2}>0$$

つまり，成長率を高めることが経済厚生を高めるとは限らないのである．ジャッドの結果とは異なり，内生的成長理論の枠組みでは，最適な政策は一定の独占期間を保証しつつ独占企業による独占力の行使を一定期間に抑えることなのである．

6-4　物品税と経済成長

本節以降では，物品税（commodity tax）が経済成長と経済厚生に与える影響を家計が財のヴァラエティに対して選好を持つモデルを用いて分析してみよう[6]．すべてのヴァラエティの財1単位を購入するとτだけの課税がなされる従量税のケースを考える．税τは時間を通じて一定とする．このとき財jの消費者価格q_jと生産者価格p_jは次のような関係にある．

$$q_j = p_j + \tau \tag{6-30}$$

第5章5-7-2項でみたように，独占企業は利潤$(p_j-w)c_j$を最大化する．ここで，需要関数は（5-50）式で表されるが，消費者価格と生産者価格が異なるので，消費者価格で表された需要関数を再度書いておこう．

$$c_j = \frac{q_j^{-\frac{1}{1-\alpha}}E}{Q^{-\frac{\alpha}{1-\alpha}}} \tag{6-31}$$

ここで，Qは第5章の（5-49）式における物価指数を消費者価格に置き換えたものである．生産者価格を消費者価格で置き換えた利潤は$(q_j-w-\tau)c_j$となるので，消費者価格について（5-55）式と同じ関係が成立する．したがって，利潤を最大にする消費者価格と生産者価格は次のようになる．

---

[6] 以下の分析はFutagami and Doi（2004）に基づいている．

$$q \equiv q_j = \frac{1}{\alpha}(w+\tau), \quad p \equiv p_j = q_j - \tau = \frac{w+(1-\alpha)\tau}{\alpha} \tag{6-32}$$

また，(5-56) 式と (5-57) 式と同様に，各財の生産量と利潤は次のようになる．

$$c = \frac{\alpha E}{(w+\tau)A}, \quad \pi = (q-w-\tau)c = (1-\alpha)\frac{E}{A} \tag{6-33}$$

第5章の財のヴァラエティに選好を持つ個人を含む成長モデルにおいて説明したように，本節では基準化として $w=1$ を採用する．利潤は第5章と同じであるから，(5-58) 式は物品税の存在によって影響を受けない．一方，労働市場の均衡条件 (5-60) は次のように変化する．

$$\frac{A_{t+1}-A_t}{\delta A_t} + \sum_{j=1}^{A_t} c_j = L \quad \rightarrow \quad \frac{A_{t+1}-A_t}{\delta A_t} + \frac{\alpha E_t}{1+\tau} = L \tag{6-34}$$

(5-58) 式に研究開発部門のゼロ利潤条件 (5-12) を代入すると次を得る ($w=1$ に注意)．

$$\frac{E_t}{E_{t-1}} = \frac{1}{1+\rho} \frac{(1-\alpha)E_t/A_t + 1/\delta A_t}{1/\delta A_{t-1}} \quad \rightarrow \quad \frac{E_t}{E_{t-1}} = \frac{1}{1+\rho}[\delta(1-\alpha)E_t + 1]\frac{A_{t-1}}{A_t} \tag{6-35}$$

(6-35) 式に (6-34) 式を代入すると次の動学式を得ることができる．

$$\frac{E_t}{E_{t-1}} = \frac{1}{1+\rho} \frac{\delta(1-\alpha)E_t+1}{1+\delta L - \alpha\delta\frac{E_{t-1}}{1+\tau}} \quad \rightarrow \quad \frac{(1+\rho)E_t}{\delta(1-\alpha)E_t+1} = \frac{E_{t-1}}{1+\delta L - \alpha\delta\frac{E_{t-1}}{1+\tau}} \tag{6-36}$$

動学式 (6-36) は 5-7-3 節の (5-61) 式と同じ構造をしていることがわかる．したがって，ここでも経済は初期時点で定常状態にジャンプする．定常状態の値は次のようになる．

$$E^* = \frac{(1+\rho)(1+\delta L)-1}{\delta\left[\frac{\alpha(1+\rho)}{1+\tau}+(1-\alpha)\right]} \tag{6-37}$$

ゆえに，(6-34) 式より定常状態での財のヴァラエティの成長率は次のようになる．

$$g^A = \delta L - \alpha\delta\frac{E^*}{1+\tau} = \delta L - \frac{\alpha(1+\rho)(1+\delta L) - \alpha}{\alpha(1+\rho) + (1-\alpha)(1+\tau)} = \frac{(1-\alpha)(1+\tau)\delta L - \alpha\rho}{\alpha(1+\rho) + (1-\alpha)(1+\tau)}$$
(6-38)

(6-38) 式からわかるように，物品税の上昇は経済成長率を上昇させる．これは，物品税の上昇により財に対する需要が低下したことで財の生産が低下し，財の生産から解放された労働が研究開発に振り向けられたことによる．

6-5 物品税と経済厚生

では物品税が経済厚生に与える影響を考察してみよう．(6-33) 式の財の消費量を (5-44) 式に代入することで，次の定常状態における間接効用関数を得ることができる．

$$u_t = A_t^{\frac{1-\alpha}{\alpha}}\alpha\frac{E_t}{1+\tau}$$
(6-39)

(6-39) 式を (5-45) 式の家計の総効用に代入すると次を得る．

$$\begin{aligned}U &= \sum_{t=0}^{\infty}\frac{1}{(1+\rho)^t}\ln\left[A_t^{\frac{1-\alpha}{\alpha}}\alpha\frac{E^*}{1+\tau}\right] = \sum_{t=0}^{\infty}\frac{1}{(1+\rho)^t}\ln\left[(A_0(G^A)^t)^{\frac{1-\alpha}{\alpha}}\alpha\frac{E^*}{1+\tau}\right]\\ &= \sum_{t=0}^{\infty}\frac{1}{(1+\rho)^t}\left[\frac{1-\alpha}{\alpha}\ln A_0 + \frac{1-\alpha}{\alpha}t\ln G^A + \ln E^* - \ln(1+\tau) + \ln\alpha\right]\\ &= \frac{1+\rho}{\rho}\frac{1-\alpha}{\alpha}\ln A_0 + \frac{1+\rho}{\rho^2}\frac{1-\alpha}{\alpha}\ln G^A + \frac{1+\rho}{\rho}\ln E^* - \frac{1+\rho}{\rho}\ln(1+\tau) + \frac{1+\rho}{\rho}\ln\alpha\end{aligned}$$
(6-40)

ただし，G^A は $1+g^A$ で財の数の粗成長率である．(6-37) 式と (6-38) 式を使うと，家計の得る総効用を物品税 τ の関数として表すことができる[7]．

---

7) (constant terms) は定数項をまとめて表している．微分してしまえばこれらの項は 0 になる．

$$U = \frac{1+\rho}{\rho^2}\frac{1-\alpha}{\alpha}\ln\left[1+\delta L - \frac{\alpha(1+\rho)(1+\delta L)-\alpha}{\alpha(1+\rho)+(1-\alpha)(1+\tau)}\right] - \frac{1+\rho}{\rho}\ln\left[\frac{\alpha(1+\rho)}{1+\tau}+(1-\alpha)\right]$$

$$-\frac{1+\rho}{\rho}\ln(1+\tau)+ \text{(constant terms)} \qquad (6\text{-}41)$$

(6-41) 式を $1+\tau$ で微分しよう．

$$\frac{dU}{d(1+\tau)} = \frac{1+\rho}{\rho^2}\frac{1-\alpha}{\alpha}\frac{B}{G^A}\frac{1}{[\alpha(1+\rho)+(1-\alpha)(1+\tau)]^2} + \frac{1+\rho}{\rho}\frac{\alpha(1+\rho)}{Z}\frac{1}{(1+\tau)^2} - \frac{1+\rho}{\rho}\frac{1}{1+\tau}$$
$$(6\text{-}42)$$

$$B \equiv [\alpha(1+\rho)(1+\delta L)-\alpha](1-\alpha), \quad Z \equiv \frac{\alpha(1+\rho)}{1+\tau}+1-\alpha$$

第1項と第2項はプラスで第3項はマイナスであるので，(6-42) 式の符号を判定することは簡単にはできない．そこで，$\tau=0$ のとき (6-42) 式を評価してみよう．

$$\left.\frac{dU}{d(1+\tau)}\right|_{\tau=0} = \frac{1+\rho}{\rho^2}\frac{1-\alpha}{\alpha}\frac{\alpha[\rho+(1+\rho)\delta L](1-\alpha)}{1+\delta L - \frac{\alpha[\rho+(1+\rho)\delta L]}{1+\alpha\rho}}\frac{1}{[1+\alpha\rho]^2} + \frac{1+\rho}{\rho}\frac{\alpha(1+\rho)}{1+\alpha\rho} - \frac{1+\rho}{\rho}$$

$$= \frac{1+\rho}{\rho}\frac{(1-\alpha)}{1+\alpha\rho}\left[\frac{[\rho+(1+\rho)\delta L](1-\alpha)-\rho[1+(1-\alpha)\delta L]}{\rho[1+(1-\alpha)\delta L]}\right] = \frac{1+\rho}{\rho^2}\frac{(1-\alpha)}{1+\alpha\rho}\frac{(1-\alpha)\delta L - \alpha\rho}{1+(1-\alpha)\delta L}$$

$$(6\text{-}43)$$

(5-63) 式と (6-43) 式を比べてみよう．財のヴァラエティの成長率がプラスであれば，$\tau=0$ のとき (6-42) 式の符号はプラスになる．したがって，物品税をかけた方が経済厚生は増加することがわかる．

さらに次の事実もわかる．τ が非常に大きな値をとると E^* と Z は税率 τ に依存しないある定数に近づく．(6-42) 式の第1項と第2項の分母は $(1+\tau)^2$ の速度で大きくなり，第3項の分母は $(1+\tau)$ の速度で大きくなる．したがって，τ が大きくなるとき第3項が小さくなる速度が非常に遅いので，必ず第3項の効果が他の項の効果を上回り，(6-42) 式の符号はマイナスになる．すなわち，τ が0のときは (6-42) 式はプラスの値をとるが，τ が大きくなるとマイナスの値をとることになり，経済厚生 (6-40) を最大にする物品税の水準が存在することになる．

第6章 経済政策と経済成長

補論 命題6-1の証明

初期の消費（6-29）式を（6-28）式に代入することで家計の生涯効用 $U(T)$ を得ることができる．生涯効用は特許期間 T に依存していることに注意しよう．

$$U(T) = \frac{1+\rho}{\rho} \ln \left[\eta + q^M + (q^C - q^M) G^c(T)^{-T} - \eta G^c(T) \right] + \frac{1+\rho}{\rho^2} \ln G^c(T) + \frac{1+\rho}{\rho} \ln \frac{A_0}{L} \tag{A6-1}$$

以下の計算を簡潔にするために関数 $\mu(G^c) \equiv G^{c-T}$ を定義する．本文でも述べたように $\mu(G^c)$ は競争的な財の比率を表している．

ここで，（6-18）式を次のように変形して，両辺の対数をとると次式を得る．

$$[(1+\rho)G^c]^{-T} = 1 - \frac{\eta}{\pi}[(1+\rho)G^c - 1] \quad \rightarrow \quad -T\ln[(1+\rho)G^c] = \ln\left[1 - \frac{\eta}{\pi}\{(1+\rho)G^c - 1\}\right] \tag{A6-2}$$

ここで，G^c の定義される範囲は次のようになっていることに注意しておこう．

$$1 \leq G^c \leq \frac{1}{1+\rho}\left(1 + \frac{\pi}{\eta}\right)$$

また，（A6-2）式で対数をとる前の式の G^{c-T} の部分に $\mu(G^c)$ を適用して両辺の対数をとると次のようになる．

$$(1+\rho)^{-T}\mu(G^c) = 1 - \frac{\eta}{\pi}[(1+\rho)G^c - 1] \quad \rightarrow \quad \ln\mu(G^c) = T\ln(1+\rho) + \ln\left[1 - \frac{\eta}{\pi}\{(1+\rho)G^c - 1\}\right]$$

したがって，再び（A6-2）式を用いて，この式から T を消去することで次を得る．

$$\ln\mu(G^c) = \left[1 - \frac{\ln(1+\rho)}{\ln(1+\rho)G^c}\right]\ln\left[1 - \frac{\eta}{\pi}\{(1+\rho)G^c - 1\}\right], \quad 1 \leq G^c \leq \frac{1}{1+\rho}\left(1 + \frac{\pi}{\eta}\right) \tag{A6-3}$$

特許期間 T と成長率 G^c は一対一で対応しているから，家計の生涯効用（A6-1）を成長率の関数と考えることが可能である．したがって，$\mu(G^c)$ を使

うと (A6-1) 式は次のように書くことができる.

$$U(G^c) = \frac{1+\rho}{\rho} \ln[\eta + q^M + (q^c - q^M)\mu(G^c) - \eta G^c] + \frac{1+\rho}{\rho^2} \ln G^c + \frac{1+\rho}{\rho} \ln \frac{A_0}{L}$$
(A6-4)

(A6-4) 式が成長率 G^c のどのような関数になっているかを調べるために,まず (A6-3) 式を微分する.

$$\mu'(G^c) = \frac{\ln(1+\rho)}{[\ln(1+\rho)G^c]^2 G^c} \ln\left[1 - \frac{\eta}{\pi}\{(1+\rho)G^c - 1\}\right] - \left[1 - \frac{\ln(1+\rho)}{\ln(1+\rho)G^c}\right] \frac{\frac{\eta}{\pi}(1+\rho)}{1 - \frac{\eta}{\pi}\{(1+\rho)G^c - 1\}}$$

$$= \left[1 - \frac{\eta}{\pi}\{(1+\rho)G^c - 1\}\right]^{1 - \frac{\ln(1+\rho)}{\ln(1+\rho)G^c}} \frac{\ln(1+\rho)}{[\ln(1+\rho)G^c]^2 G^c} \ln\left[1 - \frac{\eta}{\pi}\{(1+\rho)G^c - 1\}\right]$$

$$- \left[1 - \frac{\ln(1+\rho)}{\ln(1+\rho)G^c}\right] \frac{\eta}{\pi}(1+\rho) \left[1 - \frac{\eta}{\pi}\{(1+\rho)G^c - 1\}\right]^{1 - \frac{\ln(1+\rho)}{\ln(1+\rho)G^c}}$$
(A6-5)

ここで,成長率 G^c の定義域を考慮すると第1項も第2項もマイナスの符号をとることがわかる. つまり,成長率の上昇,すなわち特許期間の延長は競争的部門を縮小させることを意味している.

次に,特許期間の変更,すなわち成長率の変化が生涯効用に与える影響をみるために, $\mu(G^c)$ と $\mu'(G^c)$ の次の値を計算しておこう.

$$\ln \mu(1) = 0 \quad \rightarrow \quad \mu(1) = 1$$

$$\lim_{G^c \to \frac{1}{1+\rho}(1+\frac{\pi}{\eta})} \ln \mu(G^c) = -\infty \quad \rightarrow \quad \lim_{G^c \to \frac{1}{1+\rho}(1+\frac{\pi}{\eta})} \mu(G^c) = 0$$

$$\mu'(1) = \frac{1}{\ln(1+\rho)} \ln\left[1 - \frac{\eta}{\pi}\rho\right]$$

$$\lim_{G^c \to \frac{1}{1+\rho}(1+\frac{\pi}{\eta})} \mu'(G^c) = \frac{\ln(1+\rho)}{\left[\ln\left(1+\frac{\pi}{\eta}\right)\right]^2 \frac{1+\frac{\pi}{\eta}}{1+\rho}} (-\infty)[0]^{1 - \frac{\ln(1+\rho)}{\ln(1+\frac{\pi}{\eta})}} - \left[1 - \frac{\ln(1+\rho)}{\ln\left(1+\frac{\pi}{\eta}\right)}\right] \frac{\frac{\eta}{\pi}(1+\rho)}{[0]} = -\infty$$
(A6-6)

ここで, (A6-6) 式の第1項は $0 \times (-\infty)$ なので不定形であるが,符号はマイ

ナスである．一方，第2項は明らかにマイナス無限大になる．したがって，上記の結果を得る．

では，家計の生涯効用を成長率 G^c で微分しよう．

$$U'(G^c) = \frac{1+\rho}{\rho} \frac{(q^C-q^M)\mu'(G^c)-\eta}{\eta+q^M+(q^C-q^M)\mu(G^c)-\eta G^c} + \frac{1+\rho}{\rho^2} \frac{1}{G^c}$$

したがって，次の $U'(G^c)$ の値を得ることができる．

$$U'(1) = \frac{1+\rho}{\rho} \frac{(q^C-q^M)\frac{\ln\left(1-\frac{\eta}{\pi}\rho\right)}{\ln(1+\rho)}-\eta}{q^C} + \frac{1+\rho}{\rho^2}$$

$$\lim_{G^c \to \frac{1}{1+\rho}\left(1+\frac{\pi}{\eta}\right)} U'(G^c) = \frac{1+\rho}{\rho} \frac{(q^C-q^M)\lim_{G^c \to \frac{1}{1+\rho}\left(1+\frac{\pi}{\eta}\right)}\mu'(G^c)-\eta}{\eta+q^M+\frac{\eta+\pi}{1+\rho}} + \frac{(1+\rho)^2}{\rho^2}\frac{1}{1+\frac{\pi}{\eta}} = -\infty$$

したがって，成長率を最大に設定すると，すなわち特許期間を無限大にしたときに家計の限界効用はマイナス無限大だから，特許期間をより短期間にすることで家計の生涯効用を上昇させることができる．つまり，最適な特許期間は有限であることがわかる．また，次の不等式が成立するとき，成長率が0 ($G^c=1$) よりも成長率をプラスに設定した方が家計の生涯効用は上昇することもわかる．

$$U'(1) = \frac{1+\rho}{\rho} \frac{(q^C-q^M)\frac{\ln\left(1-\frac{\eta}{\pi}\rho\right)}{\ln(1+\rho)}-\eta}{q^C} + \frac{1+\rho}{\rho^2} > 0$$

第 7 章

技術移転とイノベーション

　ある国が経済成長をスタートさせるためには，第5章でみたように研究開発により新しい財や新しい生産方法を発見することが重要である．しかしながら，研究開発を行うためには多くの資金や知識の蓄積が必要であるため，多くの発展途上国は新技術や新しい財を開発する十分な知識を持っていない．そこで，それらの国は新しい財や新しい技術を自前で開発するのではなく，先進国から何らかの方法で移転しようと試みている．その方法としては，模倣（特に違法な模倣），資本財の輸入，ライセンスの獲得，直接投資の誘致などが考えられる[1]．

　外国の企業にとって，発展途上国に技術を移転すれば，より安い賃金での生産が可能になり利潤が増加するというメリットがある．しかし，直接投資により発展途上国において外国の企業が生産を行うこと，またはライセンスを供与して発展途上国の企業に生産を実行させることは，発展途上国において知的所有権の保護が未発達である場合，違法な模倣を誘発して直接投資やライセンス契約により得られる利益を失う確率を高めてしまう．

　発展途上国の事情はどうか．発展途上国が知的所有権の保護を強化することは，先進国からのライセンス契約による技術供与や直接投資を受けやすくする

---

[1] 第2次世界大戦後の日本，台湾，韓国はこのうちの第2の方法をとり，新技術の知識や新しい財の生産方法を持っている外国の企業とライセンス契約を結んで，新技術を導入してきた．インド，中国，ブラジルは直接投資を呼び込むことで技術移転を図ってきた．

が，ライセンス契約を受けた企業や直接投資で自国に進出した多国籍企業が独占価格をつけることにより高い価格の財の購入を家計が余儀なくされてしまうという問題も持っている．

本章では，第5章の財のヴァラエティに選好を持つ個人を含む経済成長モデルを2国経済に拡張することにより，この問題を考察してみよう．以下では，2つの国を北（North）と南（South）と呼ぶことにする．本章のモデルの経済構造は図7-1のようになっている．南の部分が第5章のモデル（図5-5）に付け加えられた部分である．新しい財を開発する能力は北だけが持っていることを仮定する．南の企業は，この新しい財を生産するノウハウを，北の企業からライセンスの供与を受けることにより生産できるようになるとする．このライセンスを獲得する活動を南の企業が行う．もしライセンスの獲得に成功すればこの財の生産は南に移行し，南の独占企業が生産を行うことになる．図7-1で財1や財4は過去のライセンス供与で既に南に技術移転されている．財 j が現在のライセンシング活動により南に移転される財である．しかし，南で生産を行うことは新しい財の生産方法の知識を南に移転してしまい，財の生産方法を違法に模倣されてしまう可能性があるとする．図7-1で財1は違法に模倣され，多くの企業が完全競争的に生産する財である．南に生産方法の知識を移転しない場合には模倣はされないと仮定しよう．以下，南において知的所有権が強化され，財の生産の模倣が困難になったときに，北のイノベーションと北から南への技術移転がどのような影響を受けるかについて考察してみよう．

7-1　家計と企業

同じ選好を持つ代表的個人が両方の地域に存在すると仮定する．代表的個人の選好は第5章の（5-44）式および（5-45）式で表される．したがって，両地域での財の需要関数は（5-50）になる．また，財の価格の基準化方法として，本章では世界全体での支出 E_t をニューメレール（価値尺度財）にとり，$E_t = 1$ を採用することにする．また，国際間での資本の移動は自由であることを仮定する．したがって，両国での株式保有の収益率は一致し，株式保有の収益率は時間選好率 ρ に一致する（(5-65) 式を思い出してほしい）．

第7章 技術移転とイノベーション

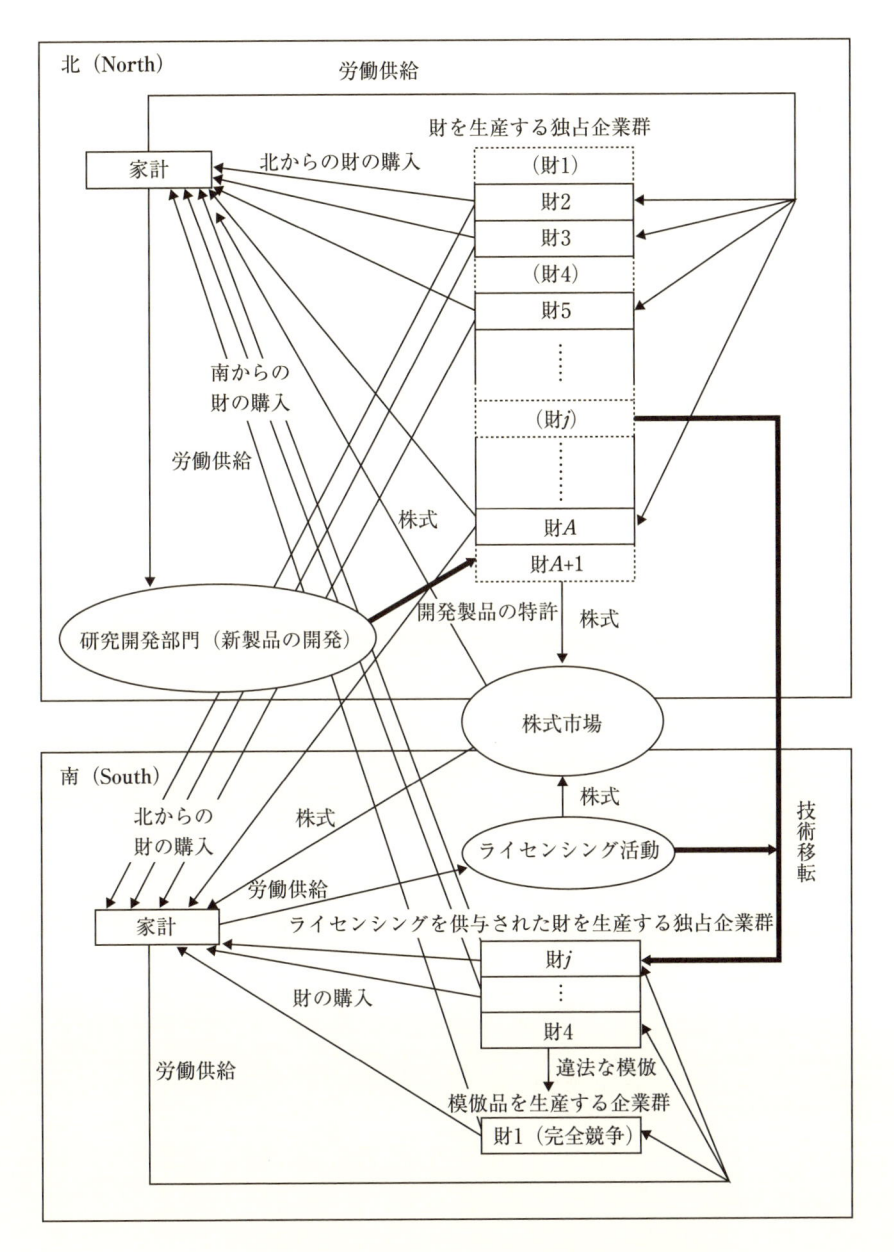

図7-1 技術移転とイノベーションの2国モデルの経済構造

財の生産を行う技術も第5章と同一であるとする．すなわち，独占企業は財を1単位生産するために労働1単位を用いる．したがって，第5章と同じく賃金率が限界費用になるが，北で生産を行う企業の限界費用は北の労働者に支払う賃金率 w_N であるのに対し，南で生産を行う企業の限界費用は南の労働者に支払われる賃金率 w_S である．

北で生産する独占企業も，ライセンスの供与を受けて南で生産する独占企業も，(5-50) の需要関数の下で利潤を最大にするから，それぞれの企業の付ける価格は次のようになる．

$$p_N = \frac{1}{\alpha} w_N, \quad p_S = \frac{1}{\alpha} w_S \tag{7-1}$$

ここで，記号の意味は第5章と同じであるが，下付きの添え字 N と S は，その変数がそれぞれ北と南の変数であることを示している．したがって，北で生産する企業と南で生産する企業の利潤は次のようになる．

$$\pi_N = (p_N - w_N) c_N = \frac{1-\alpha}{\alpha} w_N c_N, \quad \pi_S = (p_S - w_S) c_L = \frac{1-\alpha}{\alpha} w_S c_L \tag{7-2}$$

ここで，c_N は北の1企業の財の生産量，c_L はライセンスを供与された1企業の財の生産量を表している．

南に移転された後に南の模倣者によって生産方法を模倣された財については次のように仮定する．模倣者によって生産方法を模倣された後は，その財の生産方法に関する知識は公共的な知識（public knowledge）になり，すべての模倣者の知るところになると考える．したがって，非常に多くの模倣者がこの財の生産を行うことで，この財の市場は完全競争的になると仮定する．模倣者たちは多くの競争相手の存在のために限界費用以上の価格を付けることができず，その価格 p_m は限界費用と一致する．つまり，$p_m = w_S$ が成立する．その結果，模倣者たちの利潤は0になる．個々の模倣者の財の生産量を c_m と表すことにする．

7-2 イノベーション活動とライセンシング活動

イノベーション活動（研究開発活動）については第5章と同じ技術を仮定する．したがって，(5-12) 式と同様の式が成立するが，研究開発は北でのみ行われるので次のようになる．

$$v_N A = a_D w_N \tag{7-3}$$

ここで，株価は南の企業と北の企業の2つ出てくるので，記号をできるだけ簡素化するために，北で生産を行う企業の株価（value）を v_N と書くことにする．また，$a_D \equiv 1/\delta$ である．第5章と同様に，A は現時点で存在している財の数である．

ライセンシング活動は南の企業が南の労働資源を用いて行うと仮定する[2),3)]．ライセンス契約に成功した場合，新しい財を生産する技術のライセンスを取得した企業は生産技術のライセンスを供与してくれた企業に対してレントを支払わなければならない．ライセンスを供与してくれた企業に独占利潤の β の割合を支払うと仮定する．

ライセンシング活動を ι だけ行うと，南の企業は ι の確率で北の企業とライセンス契約を結ぶことができるとする．1単位だけのライセンシング活動のためには $a_L/(A_L + A_m)$ 単位の労働を投入しなければならないとする．ライセンシング活動への自由参入条件（ゼロ利潤条件）は次のようになる．

$$(1-\beta) v_L \cdot \iota = \frac{a_L}{A_L + A_m} w_S \cdot \iota \tag{7-4}$$

ここで，v_L はライセンス契約に成功した企業の企業価値である．ただし，ラ

---

2) 実際，日本の企業がイタリアの企業からポリプロピレンの生産方法についてのライセンス供与を受ける際にイタリアのモンテカチーニに何度も足を運んでいる．

3) この設定は Tanaka, Iwaisako and Futagami (2007) に従っている．Yang and Maskus (2001) は北の労働資源を用いると仮定しているが，その設定では均衡が完全に不安定になってしまうので比較静学などの分析が無意味になる．Tanaka, Iwaisako and Futagami (2007) の設定では均衡は鞍点的に安定となり，比較静学が意味を持つことになる．

イセンス契約に成功した企業は独占利潤から$1-\beta$の割合しか受け取ることができないから，株式市場で成立する株価は$(1-\beta)v_L$である．これに成功確率を乗じたのが左辺である．また，A_Lは過去にライセンス契約を結ぶことに成功した企業でまだ技術を模倣されていない企業，財の数である．A_mは南に技術移転後に模倣された企業，財の数である．ライセンシング活動に対する外部性は，南の企業たちがそれまでに成功した契約の数A_L+A_mに依存していると仮定している．過去にライセンス契約に成功すればするほどライセンシング活動の生産性が上昇することを意味している．

ここで，ライセンス契約が成立するためには，ライセンスを供与する企業にそれだけのインセンティブが与えられていなければならない．そのためには，ライセンス契約成立後の企業の株価に関して不等式$\beta v_{L,t} \geqq v_{N,t}$が成立しなければならない．

7-3 無裁定条件

第5章の（5-65）式に相当する北と南の株式の無裁定条件を導き出そう．まず北の無裁定条件を導出する．北での株式価格のキャピタルゲインは図7-2のようになっている．北の企業は，ライセンス契約後には南のライセンス企業の独占利潤のβの割合をライセンス料として受け取ることができると仮定されている．したがって，確率ιで株価は$\beta v_{L,t}$になり，確率$1-\iota$で$v_{N,t}$になる．また，配当は第$t-1$期の株式保有に対して与えられる．したがって，第$t-1$期には北で生産する企業の株式を保有しているから配当は$\pi_{N,t}$である．よって，無裁定条件は（7-5）のようになる．

$$\frac{\pi_{N,t}+\iota\beta v_{L,t}+(1-\iota)v_{N,t}-v_{N,t-1}}{v_{N,t-1}}=\rho \tag{7-5}$$

次に，ライセンス契約に成功した南の企業の無裁定条件を導出しよう．一定の確率mで南のライセンス企業の財は模倣されると仮定する．したがって，南の企業の株式の無裁定条件は（7-6）のようになる．図7-3に示されているように，（7-6）式の分子の第2項は確率mで模倣されると株価が0になることを示している．第$t-1$期にはまだ模倣されていないから，第t期には確率

第7章 技術移転とイノベーション

```
         第 t-1期の株価        第 t 期の株価
                          ┌─→ ライセンス契約成立（確率 ι）　β v_{L,t}
           v_{N,t-1} ─────┤
                          └─→ ライセンス契約不成立（確率 1-ι）　v_{N,t}
```

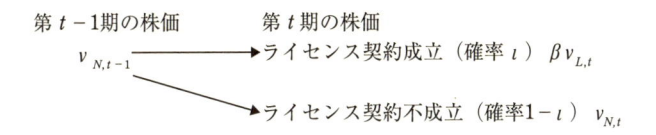

図7-2　北の企業の株価の変化

```
         第 t-1期の株価        第 t 期の株価
                          ┌─→ 模倣成功（確率 m）　0
           v_{L,t-1} ─────┤
                          └─→ 模倣不成功（確率 1-m）　v_{L,t}
```

図7-3　ライセンス企業の株価の変化

1で利潤 $\pi_{L,t}$ を得ている．

$$\frac{\pi_{L,t} + m \times 0 + (1-m)v_{L,t} - v_{L,t-1}}{v_{L,t-1}} = \rho \tag{7-6}$$

7-4　財の移行過程

　北で開発された財は，南へライセンス供与されない間は北で生産され，ライセンス供与されると南へ生産が移転する．そして，模倣されるとその財は南で完全競争的に生産されることになる．図7-4に示されているように3つの財のグループが存在することになる．北の企業の財の数を A_N，南のライセンス企業の財の数を A_L，模倣された財の数を A_m とする．

　確率 ι でライセンス契約に成功するから，北の企業の財の数のうち ι の比率だけが南のライセンス企業へと転化する．一方，確率 m でライセンス企業の財は模倣されるから，ライセンス企業の財のうちで m の比率だけが模倣企業へと転化し，その分だけライセンス企業の数が減少する．したがって，ライセンス企業の数は次のように変化する．

$$\Delta A_L = \iota A_N - m A_L \tag{7-7}$$

ここで，Δ はその変数の変化量を表す．つまり，ΔA_L はライセンス企業の数

```
        （ライセンスの供与）        m（模倣）
    ┌──────────┐   l  ┌──────────────┬──────────┐
    │北の企業の財の数│ ⇒ │南のライセンス企業の財の数│模倣された財の数│
    │    A_N     │    │      A_L       │   A_m    │
    └──────────┘    └──────────────┴──────────┘
```

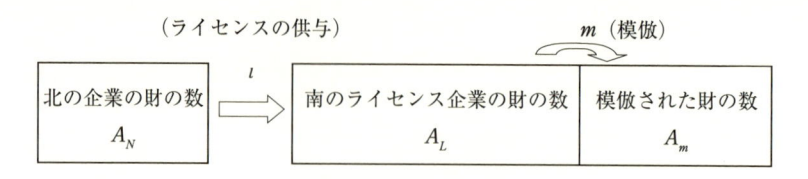

図7-4　財の移行過程

の変化を表している．本章では定常状態のみを分析するので，必要なとき以外は時間を明示しない記述の仕方をとることにする．

同様に模倣された財の数はライセンス企業の財の数 A_L の m の比率で増えるから，模倣された財の数は次のように変化する．

$$\Delta A_m = m A_L \tag{7-8}$$

研究開発によって新しい財は生み出されてくる．この新しい財の成長率を g とすると，北にある企業の財の数 A_N は次のように変化する．

$$\Delta A_N = g A - \iota A_N \tag{7-9}$$

(7-7)式，(7-8)式，(7-9)式より，すべてのグループの財の合計 ($A = A_N + A_L + A_m$) は g の率で成長する[4]．

ここで，後の分析に使用するためにいくつかの有用な関係式を導出しておこう．先に述べたように本章では定常状態のみを分析の対象とする．定常状態では北で生産される財の数 A_N，南のライセンス企業で生産される財の数 A_L，模倣された財の数 A_m の比率は変化しない．すなわち，3つのグループの財の数の成長率はどれも同じになる．そこで，(7-8)式より次の関係式を得る．

$$g = \frac{\Delta A_m}{A_m} = m \frac{A_L}{A_m} \quad \rightarrow \quad \frac{A_m}{A_L} = \frac{m}{g} \tag{7-10}$$

また，(7-7)式より次を得る．

$$g = \frac{\Delta A_L}{A_L} = \iota \frac{A_N}{A_L} - m \quad \rightarrow \quad \frac{A_N}{A_L} = \frac{g+m}{\iota} \tag{7-11}$$

4）(7-7)，(7-8)，(7-9)式の辺々の和を計算すればよい．

さらに，(7-10) 式と (7-11) 式より次を得る．

$$\frac{A_N}{A_L+A_m} = \frac{\frac{A_N}{A_L}}{1+\frac{A_m}{A_L}} = \frac{g}{\iota} \tag{7-12}$$

7-5　解析

本節では，イノベーションとライセンシング活動の決定について説明し，知的所有権の保護強化がイノベーションとライセンシング活動にどのような影響を与えるかについて明らかにする．

7-5-1　イノベーションの決定

以上の準備の下で定常状態を求めよう．まず，(7-5) 式を次のように変形する．

$$\frac{\pi_{N,t}+(v_{N,t}-v_{N,t-1})+\iota(\beta v_{L,t}-v_{N,t})}{v_{N,t}} = \rho \tag{7-5'}$$

ここで，第5章の定常状態を思い出してほしい．定常状態では，E_t/w_t が一定になった．本章では $E_t=1$ と基準化しているから，賃金率が一定になる．ゆえに，(7-3) 式と (7-4) 式からわかるように，株価と財の数の掛け算（例えば，$v_N A$）が一定になるから，株価は財の数の成長率とちょうど反対の率で減少してゆく．つまり，次が成り立っている．

$$1+g = \frac{A_t}{A_{t-1}} = \frac{v_{L,t-1}}{v_{L,t}} = \frac{v_{N,t-1}}{v_{N,t}} \quad \rightarrow \quad \frac{v_{L,t}}{v_{L,t-1}} = \frac{v_{N,t}}{v_{N,t-1}} = \frac{1}{1+g} \tag{7-13}$$

(7-13) 式を使うと (7-5') 式をさらに次のように変形することができる．

$$\frac{\pi_{N,t}}{v_{N,t-1}} - \frac{g}{1+g} + \frac{\iota(\beta v_{L,t}-v_{N,t})}{v_{N,t}} \cdot \frac{v_{N,t}}{v_{N,t-1}} = \rho$$

$$\rightarrow \quad \frac{\pi_{N,t}}{v_{N,t-1}} - \frac{g}{1+g} + \frac{\iota}{1+g} \cdot \frac{\beta v_{L,t}-v_{N,t}}{v_{N,t}} = \rho \tag{7-5''}$$

ここで,次の近似式を使う.

$$\frac{g}{1+g} \approx g(1-g) \approx g, \quad \frac{\iota}{1+g} \approx \iota(1-g) \approx \iota$$

最終的に (7-5″) 式は次のように変形できる[5]．

$$\rho + g + \iota = \frac{\pi_{N,t}}{v_{N,t-1}} + \beta\iota \frac{v_{L,t}}{v_{N,t}} \tag{7-14}$$

次に (7-6) 式にも同様の変形を行おう．

$$\frac{\pi_{L,t} + (v_{L,t} - v_{L,t-1}) - mv_{L,t}}{v_{L,t}} = \rho \quad \rightarrow \quad \frac{\pi_{L,t}}{v_{L,t-1}} - \frac{g}{1+g} - \frac{m}{1+g} = \rho$$

$$\rightarrow \quad \rho + g + m = \frac{\pi_{L,t}}{v_{L,t-1}} \tag{7-15}$$

まず，(7-15) 式を使う．ライセンシング活動への自由参入条件 (7-4) とライセンス企業の利潤 π_S の式 (7-2) を使うと次を得る．

$$\rho + g + m = \frac{\frac{1-\alpha}{\alpha} c_L w_S}{\frac{a_L}{(1-\beta)(A_L + A_m)} w_S} \quad \rightarrow \quad \rho + g + m = \frac{(1-\alpha)(1-\beta)}{\alpha a_L} L_L \frac{A_L + A_m}{A_L} \tag{7-16}$$

ここで，ライセンス企業による財の生産のために投入される労働量を L_L とし，ライセンス企業の数は A_L だから1企業の財の生産量は $c_L = L_L/A_L$ となることを用いている．

(7-16) 式の右辺は以下で説明するように g のみの関数として表すことができる．またライセンス企業群の生産に投入される労働量 L_L は南で財の生産に投入される労働量 L_{SP} と次の関係にある．

$$\frac{L_{SP}}{L_L} = \frac{A_L c_L + A_m c_m}{A_L c_L} = 1 + \frac{A_m}{A_L} \frac{c_m}{c_L} \tag{7-17}$$

ここで，c_L と c_m は1企業の生産量を表しているから，それぞれに企業（財）

---

[5] 時間を連続的にとらえる連続時間のモデルでは，(7-14) 式が近似式としてではなく正しい式として導出できる．

第7章 技術移転とイノベーション

の数 A_L, A_m を乗じると全体の生産量になることに注意しておこう．個人の選好は第5章と同じであるから（5-47）式が本章のモデルにおいても成立している．したがって，次式が成立する．

$$\frac{c_m}{c_L} = \left(\frac{p_S}{p_m}\right)^{\frac{1}{1-\alpha}} \tag{7-18}$$

（7-18）式を（7-17）式に代入して，（7-1）式，（7-10）式と $p_m = w_S$ を使うと次を得る．

$$\frac{L_{SP}}{L_L} = 1 + \frac{A_m}{A_L}\left(\frac{p_S}{p_m}\right)^{\varepsilon}, \quad \varepsilon \equiv \frac{1}{1-\alpha} > 1 \quad \rightarrow \quad \frac{L_{SP}}{L_L} = 1 + \frac{m}{g}\alpha^{-\varepsilon} \tag{7-19}$$

南の企業のライセンシング活動のターゲットになるのは，北に存在している企業すべてである．つまり，A_N である．ターゲットごとのライセンシング活動に投入される労働量は，$[a_L/(A_L + A_m)] \times \iota$ なので，南の労働市場の均衡条件は次のようになる．

$$L_{SP} + \frac{a_L \iota}{A_L + A_m}A_N = L_S \tag{7-20}$$

（7-12）式を使って，さらに（7-19）式を（7-20）式に代入すると次を得ることができる．

$$L_{SP} + \iota\frac{a_L A_N}{A_L + A_m} = L_S \quad \rightarrow \quad L_L = \frac{1}{1 + \frac{m}{g}\alpha^{-\varepsilon}}(L_S - a_L g) \tag{7-21}$$

（7-21）式を（7-16）式に代入し，（7-10）式を使うと次の方程式を得る．

$$\rho + g + m = \frac{(1-\alpha)(1-\beta)}{\alpha a_L}\frac{L_S - a_L g}{1 + \frac{m}{g}\alpha^{-\varepsilon}}\left(1 + \frac{m}{g}\right)$$

$$\rightarrow \quad \rho + g + m = \frac{(1-\alpha)(1-\beta)}{\alpha a_L}(L_S - a_L g)\frac{g + m}{g + m\alpha^{-\varepsilon}} \tag{7-22}$$

（7-22）式はイノベーション率 g のみを変数として含む方程式で，この式がイノベーション率 g を決定する．

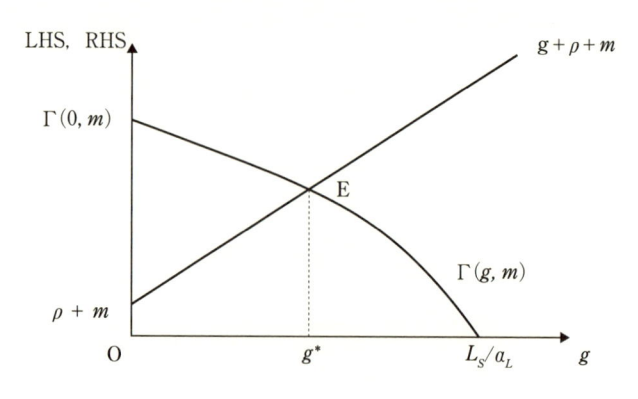

図7-5 イノベーションの決定

この方程式を詳しく調べるために，右辺を $\Gamma(g, m)$ とおこう．明らかに，$\Gamma(0, m) > 0$ であり，$\Gamma(g, m)$ のグラフは図 7-5 のように縦軸とプラスの切片を持つ．また横軸とは，L_S/a_L で交わる．

Γ を g で微分すると次を得る．

$$\frac{\partial \Gamma(g,m)}{\partial g} = \frac{(1-\alpha)(1-\beta)}{\alpha a_L}\left[(L_S - a_L g)\frac{m(\alpha^{-\varepsilon}-1)}{(g+m\alpha^{-\varepsilon})^2} - a_L \frac{g+m}{g+m\alpha^{-\varepsilon}}\right] \tag{7-23}$$

$\alpha^{\varepsilon} < 1$ ($\alpha^{-\varepsilon} > 1$) なので，(7-23) 式の大括弧の中の第 1 項はプラスである．また，(7-23) 式の大括弧の中の第 1 項は g の減少関数である．では，大括弧の中の第 2 項はどうか．大括弧の中の第 2 項を g で微分すると次のようになる．

$$\frac{d}{dg}\left[\frac{g+m}{g+m\alpha^{-\varepsilon}}\right] = \frac{m(\alpha^{-\varepsilon}-1)}{(g+m\alpha^{-\varepsilon})^2} > 0$$

したがって，大括弧の中の第 2 項は g の増加関数である．ゆえに，(7-23) は g の減少関数である．次に，偏微分 (7-23) の値を $g=0$ で評価すると次のようになる．

$$\left.\frac{\partial \Gamma(g,m)}{\partial g}\right|_{g=0} = \frac{(1-\alpha)(1-\beta)}{\alpha a_L}[L_S(1-\alpha^{\varepsilon}) - a_L m]\frac{1}{m\alpha^{-\varepsilon}}$$

この偏微分の値は $L_S(1-\alpha^{\varepsilon}) < a_L m$ のときマイナスの値をとる．したがって，(7-23) 式の符号はマイナスとなるので，$\Gamma(g, m)$ は g の減少関数になる．以上

より，$\Gamma(g, m)$ のグラフは右下がりになり，図7-5に描かれているように，右上がりの直線 $g+\rho+m$ と1回だけ交わることになる．以下では $L_s(1-\alpha^\varepsilon) < a_L m$ を仮定する．

図7-5で示されているように，方程式（7-22）の左辺（LHS）は縦軸の切片が $\rho+m$，傾き1の直線で表される．一方，これまでの議論より，右辺（RHS）の関数 Γ は右下がりのグラフとして描くことができる．したがって，次の不等式（7-24）が満たされているとき，左辺のグラフと右辺のグラフは唯一の交点を持つことになるので，（7-22）は唯一の解 g^* を持つことになる．

$$\rho+m < \Gamma(0, m) = \frac{(1-\alpha)(1-\beta)}{\alpha a_L} L_s \alpha^\varepsilon \tag{7-24}$$

7-5-2 知的所有権の保護強化とイノベーション

知的所有権の保護強化がイノベーションに与える影響について，本章のモデルを用いて分析することができる．南における知的所有権保護の強化を次のように考えよう．知的所有権が保護されると，模倣することが困難になると考えられる．すなわち，知的所有権が保護されることを模倣率の低下によって捉えることにする[6]．

模倣率 m の低下は方程式（7-22）の左辺を低下させ，左辺のグラフ（図7-5の右上がりの直線）を下にシフトさせる．では右辺にはどのような影響を与えるだろうか．右辺に与える影響は次のように計算できる．

$$\frac{\partial \Gamma(g, m)}{\partial m} = \frac{(1-\alpha)(1-\beta)}{\alpha a_L}(L_s - a_L g)\frac{g(1-\alpha^{-\varepsilon})}{(g+m\alpha^{-\varepsilon})^2} < 0, \quad \because \alpha^{-\varepsilon} > 1$$

したがって，m の低下は右辺 Γ のグラフを上へシフトさせる．ゆえに，図7-6に示されているように，定常状態は右方向に移動するのでイノベーションは増加することになる．

7-5-3 技術移転の決定

では，技術移転はどのように決定されているだろうか．技術移転の決定は，

6）違法な模倣を摘発する活動を考えることがより現実的であるが，本章ではこの活動は無視することにする．

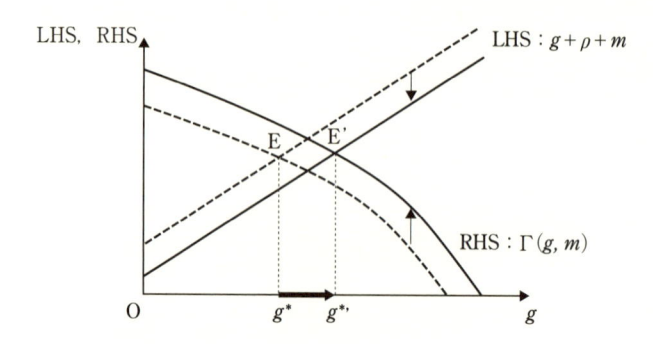

図7-6　知的所有権の保護強化の影響（$m \downarrow$）

(7-14) 式を調べることにより明らかになる．北の企業の利潤の式 (7-2)，自由参入条件（ゼロ利潤条件）(7-3), (7-4) より，(7-14) 式を次のように変形できる．

$$\rho + g + \iota = \frac{1-\alpha}{\alpha}\frac{c_N A}{a_D} + \beta\iota\frac{a_L}{(1-\beta)a_D}\frac{A}{A_L + A_m}\frac{w_S}{w_N} \tag{7-25}$$

北の1企業の生産量は c_N で，企業の数が A_N であることを使うと，北の労働市場の均衡条件は次のようになる．ここで，L_{NP} は北で財の生産に投入される労働量である．また，1単位の財の生産には1単位の労働を投入することを思い出そう．したがって，$c_N A_N = L_{NP}$ が成立する．

$$L_{NP} + a_D\frac{\Delta A}{A} = L_N \quad \rightarrow \quad c_N A_N + a_D g = L_N \tag{7-26}$$

ここで，$A = A_N + A_L + A_m$ と (7-12) 式を使うと次を得る．

$$\frac{A}{A_L + A_m} = \frac{A_N + A_L + A_m}{A_L + A_m} = \frac{A_N}{A_L + A_m} + 1 = \frac{g}{\iota} + 1 = \frac{g+\iota}{\iota}$$

この関係式と (7-26) 式を，(7-25) 式に代入することで次を得る．

$$\rho + g + \iota = \frac{1-\alpha}{\alpha}(L_N - a_D g)\frac{A}{a_D A_N} + \beta\frac{a_L}{(1-\beta)a_D}(g+\iota)\frac{w_S}{w_N} \tag{7-25'}$$

さらに，(7-12) 式より次の関係式を得る．

第7章 技術移転とイノベーション

$$\frac{A}{A_N} = \frac{A_N + A_L + A_m}{A_N} = 1 + \frac{A_L + A_m}{A_N} = 1 + \frac{\iota}{g} = \frac{g+\iota}{g}$$

この関係式を (7-25′) 式に代入することで，(7-25) 式は次のように変形できる．

$$\rho + g + \iota = \frac{1-\alpha}{\alpha}(L_N - a_D g)\frac{g+\iota}{a_D g} + \beta \frac{a_L}{(1-\beta)a_D}(g+\iota)\frac{w_S}{w_N} \tag{7-27}$$

イノベーション率（成長率）g は (7-22) 式により既に決定されているから，(7-27) 式でいまだ決定されていないのはライセンシング活動のレベル ι と相対賃金 w_S/w_N である．この相対賃金をライセンシング活動のレベル ι で表すことができることを示そう．

(7-2) 式より北の企業と南の利潤の比を計算することで，相対賃金の比を求めることができる．

$$\frac{\pi_S}{\pi_N} = \frac{c_L w_S}{c_N w_N} = \frac{\frac{L_L}{A_L} w_S}{\frac{L_{NP}}{A_N} w_N} = \frac{(L_S - a_L g)/\left(1 + \frac{m}{g}\alpha^{-\varepsilon}\right)}{L_N - a_D g}\frac{A_N}{A_L}\frac{w_S}{w_N}$$

$$= \frac{(L_S - a_L g)}{(L_N - a_D g)}\frac{1}{\left(1 + \frac{m}{g}\alpha^{-\varepsilon}\right)}\frac{g+m}{\iota}\frac{w_S}{w_N} \tag{7-28}$$

1番目の変形では，1企業の生産量は投入される労働量を企業の数で割った値に等しいことを用いている．2番目の変形では，南の労働市場の均衡条件 (7-21) と北の労働市場の均衡条件 (7-26) を使っている．最後の変形では (7-11) 式を用いている．

(7-1) 式，(7-18) 式と同様の関係式を用いて，利潤の比を別の形で表してみよう．

$$\frac{\pi_S}{\pi_N} = \frac{c_L w_S}{c_N w_N} = \left(\frac{p_N}{p_S}\right)^\varepsilon \frac{w_S}{w_N} = \left(\frac{w_S}{w_N}\right)^{1-\varepsilon} \tag{7-29}$$

この (7-29) 式の利潤の比を (7-28) 式に代入することで次を得る．

$$\frac{w_S}{w_N} = \left(\frac{L_S - a_L g}{L_N - a_D g}\right)^{-\frac{1}{\varepsilon}}\left(\frac{g+m}{g+m\alpha^{-\varepsilon}}\right)^{-\frac{1}{\varepsilon}}\left(\frac{\iota}{g}\right)^{\frac{1}{\varepsilon}} \tag{7-30}$$

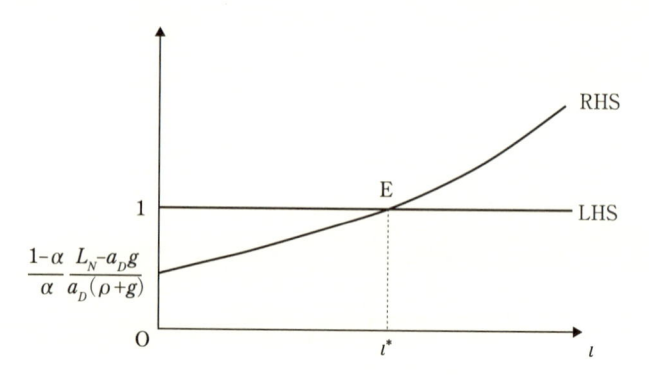

図7-7 ライセンシング活動レベルの決定

（7-30）式の右辺はιの関数なので，これを$f(\iota)$と定義しよう．すると，（7-27）式は次のよう書くことができる．

$$\rho+g+\iota=\frac{1-\alpha}{\alpha}(L_N-a_Dg)\frac{g+\iota}{a_Dg}+\beta\frac{a_L}{(1-\beta)a_D}(g+\iota)f(\iota) \qquad (7\text{-}31)$$

この（7-31）式はιのみを変数として含むので，この（7-31）式がιを決定する方程式である．（7-31）を変形すると次を得る．

$$1=\frac{1-\alpha}{\alpha}(L_N-a_Dg)\frac{g+\iota}{a_Dg(\rho+g+\iota)}+\beta\frac{a_L}{(1-\beta)a_D}\frac{g+\iota}{\rho+g+\iota}f(\iota) \qquad (7\text{-}32)$$

ここで，次の微分が示すように$\frac{g+\iota}{\rho+g+\iota}$は$\iota$の増加関数である．

$$\frac{d\left(\frac{g+\iota}{\rho+g+\iota}\right)}{d\iota}=\frac{1\cdot(\rho+g+\iota)-(g+\iota)\cdot 1}{(\rho+g+\iota)^2}=\frac{\rho}{(\rho+g+\iota)^2}>0$$

（7-30）式より$f(\iota)$はιの増加関数なので，（7-32）式の右辺はιの増加関数である．また，$\lim_{\iota\to\infty}f(\iota)=\infty$と$f(0)=0$であることに注意しよう．したがって，次の不等式が満たされるとき，（7-32）式の右辺（RHS）のグラフは図7-7のようになる．

$$1>\frac{1-\alpha}{\alpha}\frac{L_N-a_Dg^*}{a_D(\rho+g^*)}$$

不等式の右辺は（7-32）式の右辺のグラフの縦軸の切片である．したがって，定常状態の ι は唯一に決まる．

最後に，南の賃金率 w_S が北の賃金率 w_N を下回る条件を導出しておこう．(7-3) 式，(7-4) 式より，次の不等式が成立するとき南の賃金率が北の賃金率を下回る．

$$\frac{(1-\beta)v_L}{v_N} \frac{A_L + A_m}{A} \frac{a_D}{a_L} = \frac{w_S}{w_N} < 1$$

7-5-4 知的所有権の強化とライセンシング活動

（7-30）式を（7-32）式に代入しよう．

$$1 = \frac{1-\alpha}{\alpha}(L_N - a_D g)\frac{g+\iota}{a_D g(\rho + g + \iota)} + \beta \frac{a_L}{(1-\beta)a_D} \underbrace{\frac{(g+\iota)\iota^{\frac{1}{\varepsilon}}}{(\rho + g + \iota)g^{\frac{1}{\varepsilon}}}}_{*1}$$

$$\underbrace{\left(\frac{L_S - a_L g}{L_N - a_D g}\right)^{-\frac{1}{\varepsilon}}}_{*2} \underbrace{\left(\frac{g+m}{g+m\alpha^{-\varepsilon}}\right)^{-\frac{1}{\varepsilon}}}_{*3} \qquad (7\text{-}33)$$

*1，*2，*3 と g との関係について調べよう．まず *2 から調べる．*2 を g で微分すると次のようになる．

$$\frac{d(*2)}{dg} = \frac{a_D L_S - a_L L_N}{(L_N - a_D g)^2}$$

ゆえに，$a_D L_S > a_L L_N$ のとき，*2 は g の増加関数になる．この不等式が成立すると仮定しよう．

＜仮定 7-1 ＞

$a_D L_S > a_L L_N$ が成立する．

この不等式が成立するのは，北の労働供給量に比べて南の労働供給量が豊富であり，研究開発に比較して，ライセンシング活動は比較的容易な場合である．*2 の指数がマイナスだから，(7-33) 式の *2 を含む部分は g の減少関数になる．ゆえに，知的所有権が強化されて m が減少したとき g は増加するので，(7-33) 式の *2 を含む項は減少する．

次に，＊3の部分を調べよう．＊3はg/mの関数の形に書き換えることができるから，＊3をg/mで微分すると次のようになる．

$$*3 = \frac{\frac{g}{m}+1}{\frac{g}{m}+\alpha^{-\varepsilon}} \quad \rightarrow \quad \frac{d(*3)}{d(g/m)} = \frac{\alpha^{-\varepsilon}-1}{\left(\frac{g}{m}+\alpha^{-\varepsilon}\right)^2} > 0$$

したがって，知的所有権が強化されてmが減少したとき，gは上昇するからg/mは増加する．＊3の指数はマイナスだから，知的所有権の強化（mの低下）に伴い（7-33）式の＊3を含む項は減少する．

最後に＊1を調べてみよう．＊1をgで微分すると次のようになる．

$$\frac{d(*1)}{dg} = \frac{\iota^{\frac{1}{\varepsilon}} g^{\frac{1}{\varepsilon}} \left[\rho - \frac{1}{\varepsilon}(\rho+\iota)\iota g^{-1} - \frac{1}{\varepsilon}(g+\rho+2\iota)\right]}{\left[(\rho+\iota+g)g^{\frac{1}{\varepsilon}}\right]^2}$$

この導関数の分子の大括弧の性質を調べてみよう．大括弧の中を微分すると次のようになる．

$$\frac{1}{\varepsilon}[(\rho+\iota)\iota g^{-2} - 1]$$

したがって，大括弧の中の関数は，$g < \sqrt{(\rho+\iota)\iota}$のとき$g$に関して増加関数，$g > \sqrt{(\rho+\iota)\iota}$のときは$g$に関して減少関数となる．ゆえに，$d(*1)/dg$は$\tilde{g} = \sqrt{(\rho+\iota)\iota}$のときに最大値をとり，$\tilde{g} = \sqrt{(\rho+\iota)\iota}$のとき$d(*1)/dg$の値は次のようになる．

$$\frac{d(*1)}{dg}\bigg|_{g=\tilde{g}} = \iota^{\frac{1}{\varepsilon}} \tilde{g}^{\frac{1}{\varepsilon}} \left[\rho - \frac{2}{\varepsilon}\sqrt{(\rho+\iota)\iota} - \frac{1}{\varepsilon}(\rho+2\iota)\right]$$

この値がマイナスであれば，＊1は常にマイナスの値をとることになる．つまり，次の仮定7-2の不等式が成立すればマイナスになる．

＜仮定7-2＞

$$\left(1 - \frac{1}{\varepsilon}\right)\rho < \frac{2}{\varepsilon}\sqrt{(\rho+\iota)\iota} + \frac{2\iota}{\varepsilon}$$

第7章 技術移転とイノベーション

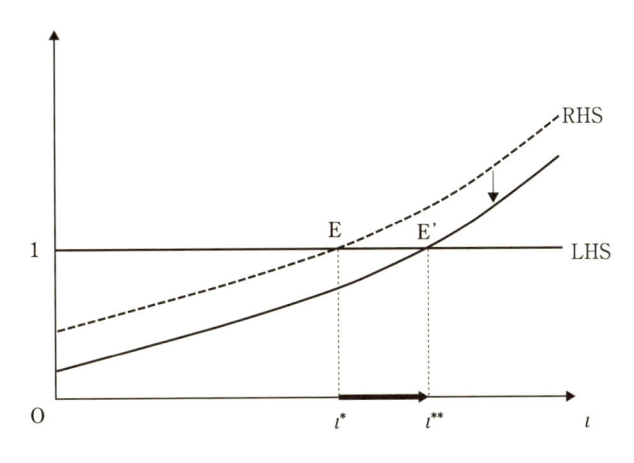

図7-8　知的所有権の保護強化の影響

　以上をまとめよう．仮定7-1と仮定7-2の下では (7-33) 式の右辺 (RHS) は g の減少関数，つまり m の増加関数になる．ゆえに，図7-8に示されている通り，(7-33) 式の右辺のグラフは下にシフトするので，仮定7-1，7-2の下で知的所有権の強化（m の低下）によりライセンシング活動はより活発になることがわかる．

　これまでの分析で明らかになったことは，いくつかの条件の下で知的所有権の保護の強化（模倣率の低下）はイノベーションを促進し，北から南へのライセンスの供与による技術移転も促進するということである．知的所有権の保護の強化によりイノベーションが促進される条件は，(7-24) の不等式が成立することである．この条件が満たされやすいのは，南の労働資源 (L_S) が豊富であり，ライセンシング活動の生産性が高い（a_L が小さい）場合である．また，知的所有権の保護の強化により技術移転が促進されるのは仮定7-1と仮定7-2の下である．仮定7-1が成立するのは，イノベーションが促進されたときと同様に，南の労働資源 (L_S) が豊富であり，ライセンシング活動の生産性が高い（a_L が小さい）ときである．

　南において知的所有権が強化されると（模倣率が低下すると），模倣企業の割合が低下し，そこでの生産に投入されていた労働を他の用途，すなわち，ライセンス企業の生産とライセンシング活動に振り向けることが可能になる．ライセンシング活動の生産性が高く南の労働供給量が豊富であれば，この2つの

用途の両方に労働の投入を増やすことが可能になる．その結果，南のライセンシング活動は活発になり，北から南への技術移転が促進されることになる．また，南への技術移転が進むと北で生産される財の比率が低下する．ここでも財の生産から解放された労働が新しい財の開発活動（イノベーション）に投入されることになり，イノベーションがより活発になるのである．

7-6　違法な模倣による技術移転

　これまで，違法な模倣は北から南へ技術が移転された後に起こると考えた．本節では，北から南への技術移転が違法な模倣により行われる場合に，知的所有権の保護強化（模倣率の低下）が，イノベーションにどのような影響を与えるかを分析しよう[7]．

　企業による価格付けはこれまでと同じである．したがって，北の企業は(7-1)式に基づき，南の企業たちは模倣者ばかりだから完全競争が支配しているので $p_m = w_S$ が成立する．

　北で生産されている財の移行過程は次のようになる．

$$\Delta A_N = gA - mA_N \tag{7-34}$$

南への財の移転は次のようになる．

$$\Delta A_m = mA_N \tag{7-35}$$

このモデルの分析も定常状態に限定する．したがって，南の財の成長率も g になるから次が成立する．

$$g = \frac{\Delta A_m}{A_m} = m\frac{A_N}{A_m} \;\;\rightarrow\;\; \frac{A_N}{A_m} = \frac{g}{m} \tag{7-36}$$

　北の株式の無裁定条件を導出しよう．違法な模倣が行われてしまうと北の企業の株式の価値は0になる．したがって，図7-3と同様の株価の変化が起こる．したがって，7-5節で使ったのと同様の近似を行うと北の企業の株式の無裁定条件は(7-15)と同様に次のようになる．

　7）以下のモデルは Lai (1998) に基づいている．

第7章 技術移転とイノベーション

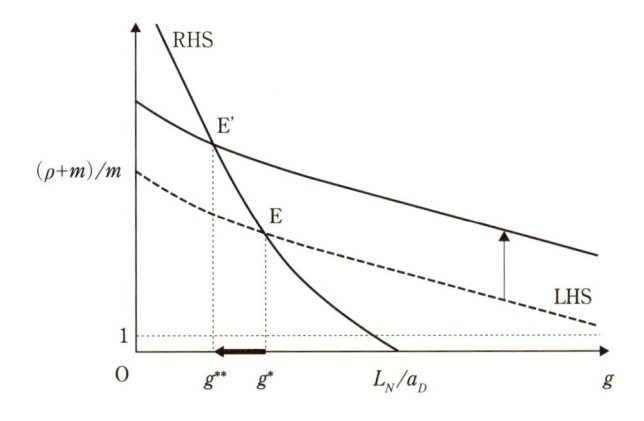

図7-9 違法な模倣モデルにおけるイノベーションの決定

$$\rho + g + m = \frac{\pi_{N,t}}{v_{N,t-1}} \tag{7-37}$$

(7-3) 式は現在の設定においても使えることに注意しよう．したがって，北の利潤 (7-2) と北で生産される財の数と北で財の生産に投入される労働量の関係 ($c_N A_N = L_{NP}$) を使うと，(7-37) 式は次のようになる．

$$\rho + g + m = \frac{\frac{1-\alpha}{\alpha} w_N c_N}{\frac{a_D}{A} w_N} \quad \rightarrow \quad \rho + g + m = \frac{1-\alpha}{\alpha} \frac{L_{NP}}{a_D} \frac{A}{A_N} \tag{7-37'}$$

さらに北の労働市場の均衡条件 (7-26) も本節のモデルにおいて成立する．また財の数 A は北の財の数 A_N と南の財の数 A_m の合計だから，$A_N + A_m = A$ が成立する．したがって，(7-37') 式は次のように変形できる．

$$\rho + g + m = \frac{1-\alpha}{\alpha} \frac{L_N - a_D g}{a_D} \left(1 + \frac{m}{g}\right) \quad \rightarrow \quad \frac{\rho + g + m}{g + m} = \frac{1-\alpha}{\alpha} \frac{L_N - a_D g}{a_D g} \tag{7-38}$$

(7-38) 式は g のみを変数に含む方程式である．これまでと同様に，この方程式の右辺 (RHS) と左辺 (LHS) のグラフを描くことにより解の存在と解の性質を調べよう．図7-9が方程式 (7-38) を図で表現したものである．左辺

173

は簡単にわかるように g の減少関数で，縦軸の値が 1 のところで漸近線を持つ[8]．$g=0$ のとき，左辺の値は $(\rho+m)/m$ である．また，右辺も g の減少関数であり，縦軸を漸近線に持つ．右辺は横軸と L_N/a_D で交わる．ゆえに，左辺のグラフと右辺のグラフは唯一の交点 E を持ち，この交点が定常状態を決定する．

では，知的所有権の保護の強化（模倣率 m の低下）はイノベーションにどのような影響を与えるだろうか．模倣率の低下は右辺には影響しないが，左辺の値を増加させる[9]．すなわち，左辺のグラフを点線から上の実線にシフトさせる．したがって，図 7-9 に示されているように，定常点を左上の点 E′ へと変化させ，イノベーションを低下させることになる．

違法な模倣による技術移転の場合とライセンシングの供与による技術移転の場合で，知的所有権の保護の強化は異なる効果を持つことが明らかになった．それはどのような理由に基づくのであろうか．ライセンシングの供与による技術移転の場合に知的所有権の保護の強化がイノベーションを高めた理由は，財の生産が南に移転して財の生産から自由になった労働資源が研究開発に投入されたことによる．それに対して違法な模倣による技術移転の場合には，模倣率の低下でより多くの財の生産が北に残ることになり，そのため研究開発に投入される労働投入が低下してしまったのである．これがイノベーションを低下させてしまう理由である．

8）$\text{LHS}=1+\dfrac{\rho}{g+m}$ であることから明らかである．

9）注 8 における左辺の変形を見れば明らかである．

第 8 章

規模効果

　本章では，ローマー・モデルが現実の経済をうまく反映していないとの指摘を行った Charles I. Jones（以下，ジョーンズ）の批判をはじめに説明しよう．第 5 章でローマー・モデルの定常成長率を求めた（(5-37) 式）を，もう一度書いておこう．

$$g = \frac{s\delta}{1+\alpha s} L \tag{8-1}$$

　この (8-1) 式が示すことは，経済の人口規模 L が拡大すると成長が促進されるというものである．これを規模効果（scale effects）と呼ぶ．また，(5-63) 式が示すように，財のヴァラエティに対して選好を持つグロスマンとヘルプマンのモデルもこの規模効果という性質を持っている．ローマーはこの規模効果を用いて EU 統合の経済効果の説明を試みている（Rivera-Batiz and Romer 1991）．つまり，EU 発足でヨーロッパの国々が統合され経済的な国境が消滅することにより，労働人口が上昇したのと同じ効果が発生し，経済成長が促進されると論じたのである．しかし，本当にこの規模効果が示すように人口規模の大きな国が早く成長できるのであろうか．人口が多いと経済成長が早いのであれば，インドや中国ではなぜこれまで成長率が高くなかったのだろうか．もし規模効果があるのであれば，インドや中国は今後高い成長パフォーマンスを示すはずである．ジョーンズはこの点に着目した．ジョーンズは，技術進歩を内生化した経済成長モデルは規模効果を持つ点で大きな問題を含んでいると指

摘したのである．

　この規模効果の問題は，成長モデルにおける政策的含意にどのような示唆を与えるであろうか．本章ではさらに，規模効果を持たない成長モデルにおいて，第6章で考察した特許政策の結果は変更されるのか否かについて考察することにより，政策的結論の頑健性（モデルが異なることにより政策的な結論が影響を受けないこと）を吟味する．それでは，なぜローマーの成長モデルにおいて規模効果が発生するのか説明しよう．

8-1　ローマー・モデルの研究開発

　ローマー・モデルにおいて規模効果が発生する理由は，モデルの研究開発の生産関数にある．もう一度書いておこう．

$$A_{t+1}-A_t=\delta A_t \cdot L_A=\delta A_t \sigma L \tag{8-2}$$

ここでσは研究開発部門に配置される労働の比率である．(8-2)式の両辺を中間財の数A_tで割ると次式を得る．

$$g^A \equiv \frac{A_{t+1}-A_t}{A_t}=\delta \sigma L \tag{8-3}$$

ここでg^Aは中間財の数A_tの成長率を意味している．第5章で説明したように，ローマー・モデルにおいてはこの中間財の数の成長率が技術進歩と同じ役割を果たすことを思い出してほしい（第5章の(5-15)式）．したがって，労働の存在量Lが増加すると研究開発に向けられる労働量が増え，成長率が上昇するのである．多くの人口からは数多くの"ニュートン"や"アインシュタイン"が生まれる確率が高くなるのである．

　この結論は，(8-2)式の関数形に大きく依存していることは明らかである．両辺を中間財の数A_tで割ることにより，右辺から中間財の数A_tが消去される関数形になっているからである．

　ジョーンズ（Jones 1995）はこの結論が第2次世界大戦後のOECDのデータと矛盾することを指摘した．彼は，アメリカ合衆国においても，フランス，西ドイツ，日本においても科学者とエンジニアの数が増加しているにも関わら

ず，技術進歩率を表すはずの全要素生産性の成長率は概ね一定で推移していることを指摘したのである．この事実は（8-3）式が示すはずの結果と明らかに矛盾している．

8-2 ジョーンズの提案

ジョーンズはこの矛盾した結果を説明するために，次のような提案を行った．彼は（8-2）式に変えて次のような研究開発の生産関数を提案する．

$$A_{t+1} - A_t = \bar{\delta} L_A \tag{8-4}$$

$\bar{\delta}$ は研究開発の生産性である．ただし，ローマー・モデルの場合と同じく，この研究開発の生産性に対して現時点で存在している中間財の数が外部効果を与える．ここで，ジョーンズはその関係として次のような非線形の関数形を想定する．

$$\bar{\delta} = \delta A_t^{\phi} \tag{8-5}$$

指数のパラメーター ϕ が中間財の数 A_t にかかっているところがジョーンズの提案である．ジョーンズはこのパラメーター ϕ がとる値について，いくつかの可能性があることを指摘する．まず，ϕ がプラスの値をとるケースである．このケースは，これまでの研究開発が現在の研究開発にプラスの影響を与える場合である．確かに研究開発を通じた知識の蓄積によりこれから行う研究開発が容易になる可能性は十分に考えられる．ワットによる蒸気機関の発明がなければ，蒸気機関車の発明はなかった．このケースを「巨人の肩に乗る（standing on the shoulders of giants）」効果と呼ぶ．

一方，研究開発が達成されたために今後の研究開発が困難になる可能性もあり得るだろう．経済学の研究をとってみても，数十年前に比べると経済学の研究に必要な数学の知識は飛躍的に増加している．このような場合には ϕ の値はマイナスの値をとるだろう．釣堀で魚が釣られるにつれて魚を釣り上げるのが困難になることに似ているから，このケースをジョーンズは fishing out 効果と呼んでいる．

こうしてより一般的になった研究開発関数は次のように定式化される．

$$A_{t+1} - A_t = \delta A_t^\phi L_A \tag{8-6}$$

ローマーの設定した研究開発の生産関数（8-2）式は（8-6）式で $\phi = 1$ のケースで，外部効果が逓増的な影響を与えるケース（$\phi > 1$）と逓減的な影響を与えるケース（$\phi < 1$）のちょうど境目に位置しており，ナイフ・エッジ（knife edge）のケースになっていることがわかる．

またジョーンズは労働投入も線形の関係ではないケースも考慮に入れている．異なる企業で同じ研究を行っていることは十分考えられる．研究開発の競争は多くの企業で行われている．しかし，研究開発は通常同時には成功しない．したがって，労働投入が2倍になっても研究開発の成果は2倍にはならないだろう．これをジョーンズは重複効果（duplication effects）と呼ぶ．そこで，ジョーンズは労働投入も非線形の関係があることを考慮に入れて，次のような関数形を提案する．

$$A_{t+1} - A_t = \delta A_t^\phi L_A^\lambda, \quad 0 < \lambda < 1 \tag{8-7}$$

以上の設定の下で定常成長経路を求めてみよう．以下では過去の研究開発の成果（存在する中間財の数 A_t）が正の外部効果を与えるケースを分析する．また中間財の数 A_t の与える外部効果は逓減的であるとする．つまり，$0 < \phi < 1$ を仮定する．（8-7）式を1期前にずらしたもので（8-7）式の辺々を割ってみよう

$$\frac{A_{t+1} - A_t}{A_t - A_{t-1}} = \frac{\delta A_t^\phi L_A^\lambda}{\delta A_{t-1}^\phi L_A^\lambda} \quad \rightarrow \quad \frac{\frac{A_{t+1}}{A_t} - 1}{1 - \frac{A_{t-1}}{A_t}} = \left(\frac{A_t}{A_{t-1}}\right)^\phi \tag{8-8}$$

定常成長経路では成長率が一定なので，この一定の粗成長率を $G^A (= 1 + g^A)$ と書くことにすると，（8-8）式は次のように書き直すことができる．

$$\frac{G^A - 1}{1 - \frac{1}{G^A}} = G^{A\phi} \quad \rightarrow \quad G^A = G^{A\phi} \quad \rightarrow \quad G^A = 1 \quad \rightarrow \quad g^A = 0 \tag{8-9}$$

つまり成長率は0になってしまう．

第8章　規模効果

　ジョーンズはこの問題を回避するために別の成長要因を取り入れる．それは労働人口の成長である．労働人口の成長を考慮に入れて，(8-7) 式の研究開発の生産関数を書いてみよう．

$$A_{t+1} - A_t = \delta A_t^\phi L_{A,t}^\lambda = \delta A_t^\phi (\sigma L_t)^\lambda \tag{8-10}$$

(8-7) 式と異なる点は，労働人口の時間に伴う変化を考慮に入れるために，労働人口に対して時間を表す下付きの添え字 t が付いている点である．(8-8) 式で行ったのと同様の変形を加えてみよう．

$$\frac{A_{t+1} - A_t}{A_t - A_{t-1}} = \frac{\delta A_t^\phi (\sigma L_t)^\lambda}{\delta A_{t-1}^\phi (\sigma L_{t-1})^\lambda} \rightarrow \frac{\frac{A_{t+1}}{A_t} - 1}{1 - \frac{A_{t-1}}{A_t}} = \left(\frac{A_t}{A_{t-1}}\right)^\phi \left(\frac{L_t}{L_{t-1}}\right)^\lambda \tag{8-11}$$

したがって，(8-11) 式は次のように書きなおすことができる．

$$\frac{G^A - 1}{1 - \frac{1}{G^A}} = G^{A\phi}(1+n)^\lambda \ \rightarrow \ G^A = G^{A\phi}(1+n)^\lambda \ \rightarrow \ G^A = (1+n)^{\frac{\lambda}{1-\phi}} \tag{8-12}$$

　ここで，これまでの章と同様，n は労働人口の成長率である．(8-12) 式が示すように，経済の成長には労働人口の成長，すなわち，労働人口を生み出す人口の成長が不可欠であることになる．また，人口成長率 n の上昇は経済成長率を上昇させることになる．

　さて，人口成長率が一定であるならば，ジョーンズが導き出した結論は次のことを示している．つまり，ソロー・モデルと同じく外生的に与えられたパラメーターが成長率を決定することになり，ローマー・モデルが持っていた経済成長率が内生的に決定されるメカニズムが消えてしまったのである．そこでジョーンズは人口成長率の内生化を目指すのである[1]．人口成長率は次のように内生化される．個人は自ら行う消費とともに，自分の子供の効用を子供の数の分だけ加えたものを自分の効用とする．したがって，子供の数が多くなればそれだけ自分の感じる効用も増加する．一方，子供の数が増えると養育費（食費，教育費）も増加する．また子育てのために自分の時間をとられ，稼ぐこと

---

1) Jones (2003) を参照せよ．

のできる所得を犠牲にしなければならないという機会費用も増加する．個人はこの子供を持つことの便益と費用を考慮に入れて，一生のうちに持つ子供の数を決定する．このようにして決定された人口成長率が，(8-12) 式により決定される技術進歩率を通じて経済成長を決定する．しかし，人口成長率の内生化の問題は本書ではこれ以上議論しないことにする．

8-3 ハイブリッド・モデル

　ジョーンズの批判を受けて，規模効果を持つことなく，しかし，経済成長率を経済モデルの中で決定するという内生的経済成長論のメカニズムを持った成長モデルが何人かの研究者により提案された（Young 1998, Dinopoulos and Thompson 1998, Futagami and Ohkusa 2003など）．この経済成長モデルの特徴は，水平方向と垂直方向の2つの技術進歩の方向を加味するというものである．2つの技術進歩を混成するのでハイブリッド・モデル（hybrid model）と呼ばれる[2]．しかし，ジョーンズはこのハイブリッド・モデルもナイフ・エッジのケースに陥っていると指摘する（以下の説明は Jones (1999) に基づいている）．

　ハイブリッド・モデルの特徴を説明してゆくことを通じて，ハイブリッド・モデルもナイフ・エッジのケースに陥っていることを示してゆこう．消費財の生産はグロスマン・ヘルプマン・モデルと同様な CES 型の生産技術によって行われる[3]．

$$C_t = \left(\sum_{i=1}^{A} x_{i,t}^{\frac{1}{\theta}} \right)^{\theta}, \quad \theta > 1 \tag{8-13}$$

ただし，簡単化のために労働は投入されないと仮定しよう．ここで，$\theta/(\theta-1)$ は異なる中間財間の代替の弾力性になる．対称的な経済均衡を想定し，すべての中間財は同じ生産量 x_t が実行されるとすると，(8-13) 式は次のようになる．

$$C_t = A_t^{\theta} x_t \tag{8-14}$$

　中間財の数 A_t の拡大は労働投入を増やすことによって行われる．これが第

　2）電気とガソリンの両方で走るハイブリッド車と同様の意味である．
　3）財のヴァラエティに選好を持つモデルの効用関数と同じ関数形である．

1の技術水準の増加のルートである.

$$A_t = L_{A,t}^\beta = (\sigma_A L_t)^\beta, \quad \beta > 0 \tag{8-15}$$

ここで，σ_A は労働のうち中間財の拡大に向けられる労働比率である．ハイブリッド・モデルでは労働投入の水準により中間財の数が決定される．したがって，労働投入が増えると中間財の数が拡大することになる．労働投入の拡大により中間財の数が上昇する意味での技術の向上を，水平方向の技術進歩（horizontal technological progress）と呼ぶのである．労働投入の限界生産性を表すパラメーター β が1より大きい場合は中間財の生産技術は収穫逓増，β が1より小さい場合は生産技術が収穫逓減，β が1に等しい場合は中間財の生産技術は収穫一定であることに注意しよう．

次に，この中間財の数の粗成長率 G^A を計算しよう．(8-15) 式の時点を1つ進めた式を (8-15) 式で割ると次式を得る.

$$G^A \equiv \frac{A_{t+1}}{A_t} = \left(\frac{L_{t+1}}{L_t}\right)^\beta = (1+n)^\beta \tag{8-16}$$

中間財の生産は次の生産関数によって行われる．

$$x_t = B_t^\sigma L_{x,t} = B_t^\sigma \frac{\sigma_x L_t}{A_t} \tag{8-17}$$

ここで，対称均衡を考えており中間財の種類は考えていないから，下付きの添え字 i は付いていない．B_t は技術の水準を表しており，この技術水準が上昇すると中間財の生産量も増加する．労働投入量 $L_{x,t}$ の増加は中間財の生産量を増加させる．また σ_x は労働のうち中間財の生産に向けられる労働比率であり，それを中間財1個当たりの投入に換算するために中間財の数 A_t で割っている．この中間財の生産量の粗成長率 G^x を (8-16) 式と同様の方法で計算すると次式を得ることができる．

$$G^x \equiv \frac{x_{t+1}}{x_t} = \left(\frac{B_{t+1}}{B_t}\right)^\sigma \left(\frac{L_{t+1}}{L_t}\right) \bigg/ \left(\frac{A_{t+1}}{A_t}\right) = \frac{G^{B^\sigma}(1+n)}{G^A} \tag{8-18}$$

次に，1人当たりの消費の粗成長率 G^c を求めてみよう．(8-14) 式の両辺を

人口 L_t で割った式をやはり (8-16) 式を求めたときと同様の方法で計算しよう．

$$G^c \equiv \frac{c_{t+1}}{c_t} = \frac{C_{t+1}/C_t}{L_{t+1}/L_t} = \frac{(A_{t+1}/A_t)^\theta (x_{t+1}/x_t)}{1+n} = \frac{G^{A^\theta} G^x}{1+n} \tag{8-19}$$

(8-18) 式を (8-19) 式に代入して次式を得ることができる．

$$G^c = \frac{G^{A^\theta} G^x}{1+n} = G^{A^{\theta-1}} G^{B\sigma} \tag{8-20}$$

技術水準の成長は次の生産関数によって行われる．これが第2の技術水準の増加のルートである．

$$G^B = \delta \frac{L_{B,t}}{A_t} = \delta \frac{\sigma_B L_t}{(\sigma_A L_t)^\beta} = \delta \frac{\sigma_B}{\sigma_A^\beta} L_t^{1-\beta} \tag{8-21}$$

ここで，σ_B は労働のうち技術水準 B_t の増加に向けられる労働比率である．このような労働投入により中間財の技術水準が上昇する過程を，垂直方向の技術進歩（vertical technological progress）と呼ぶ．ここで，分母に入っている中間財の数に注意してほしい．中間財の数 A_t の拡大は研究開発の生産性を低下させることがこの定式化の特徴である．つまり中間財の数 A_t が増えてくると，中間財を生産するための生産技術の水準を高めることがより困難になることを意味している．この点はハイブリッド・モデルが持つ特徴の1つである．以上を総合しよう．(8-16) 式，(8-20) 式と (8-21) 式より，1人当たり消費の粗成長率 G^c を次のように求めることができる．

$$G^c = G^{A^{\theta-1}} G^{B\sigma} = (1+n)^{\beta(\theta-1)} \left(\delta \frac{\sigma_B}{\sigma_A^\beta}\right)^\sigma L_t^{\sigma(1-\beta)} \tag{8-22}$$

ジョーンズは，ハイブリッド・モデルにおける中間財の生産関数 (8-15) が収穫一定の場合（$\beta=1$）のみをモデル化していると指摘する．$\beta=1$ のときには (8-22) 式は次のようになる．

$$G^c = (1+n)^{(\theta-1)} \left(\delta \frac{\sigma_B}{\sigma_A}\right)^\sigma \tag{8-23}$$

確かに人口規模 L_t は経済成長率に影響を与えない．しかし，(8-22) 式からわかるように，一般的なパラメーター設定の下では，β が 1 より小さいとき，ハイブリッド・モデルは，人口規模 L_t が大きくなると経済成長率が高くなるという規模効果と，人口成長率が上昇すると経済成長率が高くなるというジョーンズ・モデルの特徴の 2 つを同時に持っている．特に，$\beta=1$ のときにのみ規模効果は消えるのである．しかし，ジョーンズの言うように，これではハイブリッド・モデルもナイフ・エッジのケースに陥っている．つまり，中間財の生産技術が収穫一定になっている場合にのみ規模効果が消えるので，ジョーンズによればハイブリッド・モデルも初期の技術進歩を内生化した成長モデルと同様の問題を理論的には含んでいることになる．

8-4 規模効果はどこまで問題か

ジョーンズが指摘するように，規模効果は本当にないと言えるのだろうか．Michael Kremer（以下，クレーマー）は紀元前100万年からの世界の人口の推移を推計し，世界の人口の規模と経済成長率との関係を調べた（Kremer 1993）．その結果，この両者にはプラスの関係があると結論付けている．クレーマーの実証結果が示すように，規模効果をどの時間のスパンで考えるのかは大きな問題である．ジョーンズのように第 2 次世界大戦後で考えるのか，それともクレーマーのようにより長い期間で考察するのが適当なのか．また，1 国規模で考えるのか，より広い範囲（世界規模または大陸規模）で考えるのが適切なのかなどについても合意が得られているとは言い難い．したがって，ジョーンズの指摘が正しいのか，規模効果を含む成長モデルが正しいのか，それともハイブリッド・モデルが正しいのかについて判断を下すのは早計かもしれない．この点について，Jonathan Temple（以下，テンプル）は興味深い指摘を行っている（Temple 2003）．テンプルは，経済成長について何かを判断するほどの長い期間のデータを観察することはできない，したがって，どのモデルが優れているかを判断する十分な材料を得ることはできないので，政策的な判断を下す際にはできるだけ多くの経済成長モデルから共通に引き出される結論のみを採用すべきであると指摘した．テンプルの判断は消極的な見解ではあるが，傾聴に値する．

ハイブリッド・モデルもジョーンズのモデルも共通に持っている特徴に，次のものがある．ジョーンズ・モデルの (8-12) 式も，ハイブリッド・モデルで $\beta=1$ と設定した (8-23) 式も，人口成長率の上昇は経済成長率を引き上げるという結論を持っている．したがって，人口成長率が高い国はより豊かになり得る可能性が高いことを示している．しかし，この点は実証的に正当化されるだろうか．例えば，Assaf Razin and Chi-Wa Yuen の実証分析は，人口成長率と 1 人当たり GDP の成長率の間には負の相関があると結論付けている (Razin and Yuen 1994)．ただ，現時点で人口成長率と 1 人当たり GDP の成長率の関係がどのようになっているかについて，実証的に明確な結論を得ているとは言えない．この点について以下の節で理論的に検討を加えよう．

8-5 規模効果のない経済成長モデル

本節では規模効果のない経済成長モデルを説明する．これまで紹介した規模効果のない成長モデルはいずれも非常に複雑で，経済分析を行うために使用するには困難なことが多い．特に政策分析に応用するには，理論と応用の間にかなりの距離がある．また，前節で紹介した規模効果のない成長モデルは，人口成長率が増加すると経済成長率も増加するという特徴を持っている．この点は前節で指摘したように実証結果と相容れない可能性が高い．

では，規模効果をなくす，シンプルで実証結果とも矛盾しない成長モデルはないのだろうか．Carl-Johan Dalgaard（以下，ダルガード）と Claus Kreiner（以下，クライナー）の 2 人により，シンプルで，規模効果が存在せず，かつ人口成長と経済成長率が逆の関係にある成長モデルが提案されている (Dalgaard and Kreiner 2001)．本節では彼らの成長モデルを説明しよう．

前節で紹介した規模効果のない成長モデルの構造上の特徴は次の点にある．中間財の数が増加すると，次の段階へ技術の水準を上昇させる研究開発が困難になるという特徴である．この特徴はジョーンズの成長モデルも共通に持っている．しかし，本当に研究開発が進むと次の段階の研究開発は困難になるのだろうか．昔の方が現在と比べて研究開発が容易であったか否かについては実証分析が必要であろう．

ここで視点を別の個所に移してみよう．困難さが問題になるという点では最

終財の生産も同じである．中間財の数が多くなると最終財の生産はより困難になるのではないだろうか．同じだけの労働（より一般的にいうと人的資本）を投入しているとすると，中間財の数の増加は最終財の生産をより困難にするはずである．T型フォードの生産より現代の自動車を生産する方が当然難しい．ダルガードとクライナーの2人はこの特徴をモデル化しようとしたのである．それでは彼らの成長モデル（以下，D-Kモデル）をみてゆこう．

8-5-1　最終財の生産

D-Kモデルでは最終財の生産関数は次のように特定化される．

$$Y = \left(\frac{H}{A}\right)^\delta \sum_{j=1}^{A} x_j^\alpha \cdot Z^{1-\alpha-\delta}, \quad 0<\alpha, \quad \delta>0, \quad 0<\alpha+\delta\leq 1 \tag{8-24}$$

ここで，HとZはそれぞれ最終財の生産に投入される人的資本と固定的な生産要素を表している．人的資本とは労働者に体化された知識や教育の水準を表している．この人的資本は，後で説明するように，何らかの資源を投入することで増やすことができる．固定的な生産要素とは例えば土地である[4]．他の記号は第5章，第6章と同じであるが，再度説明しておこう．Yは最終財の生産量，x_jは第j中間財，Aは中間財の数である．(8-24)の生産関数の特徴は，生産に投入される人的資本Hが中間財の数Aで割られている点にある．中間財の数が増えると最終財の生産がより困難になるという先に述べた性質を，最終財の生産関数 (8-24) が持っていることを示している．したがって，最終財の生産水準を維持するためには人的資本の投入の増加が必要になるのである．

ここで，労働者1人当たりの人的資本量をhと表すことにする．したがって，家計全体が供給できる人的資本は$H=hL$となる．最終財企業の利潤最大化問題は次のようになる．

$$\max_{L, x_1, \cdots, x_A, Z} Y - wL - \sum_{j=1}^{A} p_j x_j - p_Z Z$$
$$= \max_{L, x_1, \cdots, x_A, Z} \left(\frac{hL}{A}\right)^\delta \sum_{j=1}^{A} x_j^\alpha \cdot Z^{1-\alpha-\delta} - wL - \sum_{j=1}^{A} p_j x_j - p_Z Z$$

ここでp_Zは固定的生産要素の価格である．ローマー・モデルと同じく最終財企

4）$\alpha+\delta=1$であれば，固定的な生産要素は最終財の生産に必要ないことになる．

業は価格受容者であると仮定すると，この問題の利潤最大化条件は次のようになる．

$$\delta\left(\frac{h}{A}\right)^{\delta} L^{\delta-1} \sum_{j=1}^{A} x_j^{\alpha} \cdot Z^{1-\alpha-\delta} = w \tag{8-25a}$$

$$\alpha\left(\frac{hL}{A}\right)^{\delta} x_j^{\alpha-1} \cdot Z^{1-\alpha-\delta} = p_j, \quad j=1, \cdots, A \tag{8-25b}$$

$$(1-\alpha-\delta)\left(\frac{hL}{A}\right)^{\delta} \sum_{j=1}^{A} x_j^{\alpha} \cdot Z^{-\alpha-\delta} = p_z \tag{8-25c}$$

以下では計算の簡単化のために $Z=1$ とする．また，人的資本1単位当たりの賃金率 r_H を $r_H \equiv w/h$ と定義する．すると（8-25a）式から次式を得る．

$$r_H \equiv \frac{w}{h} = \delta \frac{1}{A}\left(\frac{hL}{A}\right)^{\delta-1} \sum_{j=1}^{A} x_j^{\alpha} \tag{8-26}$$

8-5-2 中間財部門と研究開発部門

ローマー・モデルと同じく各中間財は研究開発部門から特許権を取得した独占企業によって生産される．実験室（研究室）モデルと同様に，中間財は，1単位の最終財を投入すると1単位生産されるとする．中間財企業は逆需要関数の制約の下で第6章の（6-1）式の利潤（$px-x$）を最大化する．ただし，D-Kモデルの逆需要関数は（8-25b）である．したがって，中間財企業の付ける価格は第6章（6-3）式と同様に次のようになる．

$$p = \frac{1}{\alpha} \tag{8-27}$$

限界費用がすべての中間財企業で同じなので，すべての中間財に同じ一定の価格が付けられることを思い出してほしい．また（8-27）式を（8-25b）式に代入することで中間財の生産量を次のように求めることができる．

$$x = \alpha^{\frac{2}{1-\alpha}}\left(\frac{hL}{A}\right)^{\frac{\delta}{1-\alpha}} \tag{8-28}$$

また（8-27）式と（8-28）式を使って中間財企業の利潤を計算すると次のようになる．

第8章 規模効果

$$\pi = \left(\frac{1}{\alpha}-1\right)\alpha^{\frac{2}{1-\alpha}}\left(\frac{hL}{A}\right)^{\frac{\delta}{1-\alpha}} \tag{8-29}$$

次に研究開発部門について説明しよう．研究開発部門も第6章6-1-2項で説明した実験室モデルの設定である．研究開発企業が中間財を ΔA 個だけ開発するためには最終財を $\eta \Delta A$ 単位投入しなければならない．1つの中間財の設計図の価格（つまり株価）を P_A としたから，新しい中間財1つにつき研究開発企業の収入は，P_A となる．もう一度，研究開発企業の利潤最大化問題を書いておこう．

$$\max_{\Delta A} P_A \Delta A - 1 \cdot \eta \Delta A = \max_{\Delta A} (P_A - \eta)\Delta A$$

研究開発への参入と退出が自由であるから，第6章と同様に次のゼロ利潤条件を得る．

$$P_A = \eta \tag{8-30}$$

8-5-3 人的資本の蓄積

第6章の実験室モデルに加わった D-K モデルの新しいファクターである人的資本の蓄積を説明しよう．時間に伴う変化を考えるため，本項と次の項では時間を表す下付き添え字 t を付けている．人的資本を増やすにはいくつかの方法が考えられる．まずは時間を使う方法である．学校へ通うことにより，個人はその保有する人的資本を増加させることができる[5]．また教育には教材が必要である．テキストやパソコン，紙に鉛筆である．この場合，人的資本の蓄積のために使われるのは最終財である．D-K モデルはこの後者の設定を用いる．人的資本の蓄積は次のように行われる．

$$\Delta H \equiv H_{t+1} - H_t = I_H \tag{8-31}$$

ここで，I_H は人的資本の形成に投入される最終財を表している．この両辺を第 t 期の労働人口で割り，ソロー・モデルで行ったのと同様の変形を行うと次

---

[5] このような状況を内生的成長理論としてモデル化したのはルーカスである（Lucas 1989）．また，ルーカスよりも20年以上も早く宇沢弘文がこのような動学モデルを構築していた．Uzawa (1965) を参照せよ．

式を得る.

$$\frac{H_{t+1}-H_t}{L_t}=\frac{I_H}{L_t} \rightarrow \frac{H_{t+1}}{L_{t+1}}\frac{L_{t+1}}{L_t}-\frac{H_t}{L_t}=\frac{I_H}{L_t} \rightarrow h_{t+1}=\frac{1}{1+n}\left(\frac{I_H}{L_t}+h_t\right) \qquad (8\text{-}32)$$

ここで, n は労働人口の成長率である.

8-5-4　家計の最適化行動

　家計の最適化行動を考えるためには, 家計の効用関数と予算制約式を考えなければならない. 家計の効用関数は第2章と同じだと仮定しよう. つまり, 家計はその家計の中の代表的な個人1人の効用の割引現在価値を最大にすると仮定する.

$$\max U_0 = \sum_{t=0}^{\infty}\frac{1}{(1+\rho)^t}\ln c_t \qquad (8\text{-}33)$$

これまでと同様に即時的効用関数は, $u(c_t)=\ln c_t$ の対数型を仮定している.

　次に予算制約式を考えよう. 家計の所得は第6章と同様に配当所得と労働所得から成る. 家計が貯蓄によって購入するものは株式と人的資本への投資 I_H である. したがって, 第6章とは異なり, 予算制約式は次のように変化する.

$$\eta e_t + I_{H,t} = \pi_t A_t + w_t L_t + R_t - C_t$$
$$\rightarrow \eta(A_{t+1}-A_t) + H_{t+1} - H_t = \pi_t A_t + r_{H,t}h_t L_t + r_{Z,t}L_t - C_t \qquad (8\text{-}34)$$

ここで, R_t は固定的生産要素からの収入で, $r_{Z,t}$ はそれを1人当たりに変換したものである. 株式の購入は家計全体でも小文字 e_t で表していることに注意しておこう. また, 株価は (8-30) 式より η で一定である. ここで, 第2章と同様にして (8-34) 式を1人当たりの予算制約式に変形しよう. 両辺を L_t で割って, (8-32) 式と同じ変形を施して次を得る.

$$\eta[(1+n)a_{t+1}-a_t]+(1+n)h_{t+1}-h_t=\pi_t a_t + r_{H,t}h_t + r_{Z,t} - c_t \qquad (8\text{-}35\text{a})$$

また株式の購入の形で表すと次のようになる.

$$\eta\frac{e_t}{L_t}+(1+n)h_{t+1}-h_t=\pi_t a_t + r_{H,t}h_t + r_{Z,t} - c_t \qquad (8\text{-}35\text{b})$$

ここで,家計の総資産を $x_t = \eta a_t + h_t$ と定義すると (8-35a) 式は次のようになる.

$$(1+n)x_{t+1} - x_t = \frac{\pi_t}{\eta} x_t + \left(r_{H,t} - \frac{\pi_t}{\eta}\right) h_t + r_{Z,t} - c_t$$

したがって,第5章の無裁定条件 (5-39) と同じ理由で次の無裁定条件が成立する.

$$\frac{\pi_t}{\eta} = r_{H,t} \tag{8-36}$$

この等式が成立しない場合には,家計は株式と人的資本のどちらかの資産しか保有しない[6].

以上より家計の予算制約式は次のようになる.

$$(1+n)x_{t+1} = \left(1 + \frac{\pi_t}{\eta}\right) x_t + r_{Z,t} - c_t \tag{8-37}$$

(8-37) を家計の目的関数 (8-33) に代入して,x_t に関して最適化をすると最適化条件を得ることができる.代入した式で,x_t を含む項を取り出すと次のようになる.

$$\cdots + \frac{1}{(1+\rho)^{t-1}} u\left(\left[1 + \frac{\pi_{t-1}}{\eta}\right] x_{t-1} + r_{Z,t-1} - (1+n)x_t\right) + \frac{1}{(1+\rho)^t} u\left(\left[1 + \frac{\pi_t}{\eta}\right] x_t + r_{Z,t} - (1+n)x_{t+1}\right) + \cdots$$

即時的効用関数が対数型であることに注意すると,最適化条件は次のようになる.

$$-\frac{1}{(1+\rho)^{t-1}} \frac{1+n}{\left[1 + \frac{\pi_{t-1}}{\eta}\right] x_{t-1} + r_{Z,t-1} - (1+n)x_t} + \frac{1}{(1+\rho)^t} \frac{1 + \frac{\pi_t}{\eta}}{\left[1 + \frac{\pi_t}{\eta}\right] x_t + r_{Z,t} - (1+n)x_{t+1}} = 0$$

---

[6] 人的資本 h_t も中間財の数 A_t もストック変数なので,(8-26) 式が示すように人的資本の収益率は瞬時には無裁定条件 (8-36) が成立するように調整はできない.無裁定条件 (8-36) が成立していないときは,家計は収益率の高いほうの資産のみを蓄積する.最終的に定常状態が達成されてすべての変数が同じ成長率になったときに無裁定条件 (8-36) が成立する.本章では定常状態のみを分析する.

$$\rightarrow \quad G^c \equiv \frac{c_t}{c_{t-1}} = \frac{1+\pi_t/\eta}{(1+n)(1+\rho)} \tag{8-38}$$

この (8-38) 式が1人当たりの消費の成長率を計算する式である．

8-5-5　定常成長経路

以上を基に定常成長経路を求めよう．中間財企業の利潤 (8-29) 式と無裁定条件 (8-36) 式より次式を得る．

$$\left(\frac{1}{\alpha}-1\right)\alpha^{\frac{2}{1-\alpha}}\left(\frac{hL}{A}\right)^{\frac{\delta}{1-\alpha}} = \eta r_H \tag{8-39}$$

次に，人的資本の収益率 (8-26) 式に中間財の生産量 (8-28) 式を代入して，人的資本の収益率 r_H を計算することにより次式を得る．

$$r_H \equiv \delta \frac{1}{A}\left(\frac{hL}{A}\right)^{\delta-1} \sum_{j=1}^{A} x_j^\alpha = \delta\left(\frac{hL}{A}\right)^{\delta-1} x^\alpha$$
$$= \delta\left(\frac{hL}{A}\right)^{\delta-1} \alpha^{\frac{2\alpha}{1-\alpha}}\left(\frac{hL}{A}\right)^{\frac{\alpha\delta}{1-\alpha}} = \delta \alpha^{\frac{2\alpha}{1-\alpha}}\left(\frac{hL}{A}\right)^{\frac{\alpha+\delta-1}{1-\alpha}} \tag{8-40}$$

(8-39) 式と (8-40) 式より，人的資本と中間財の数の比率 hL/A を計算することができる．

$$\left(\frac{1}{\alpha}-1\right)\alpha^{\frac{2}{1-\alpha}}\left(\frac{hL}{A}\right)^{\frac{\delta}{1-\alpha}} = \eta \delta \alpha^{\frac{2\alpha}{1-\alpha}}\left(\frac{hL}{A}\right)^{\frac{\alpha+\delta-1}{1-\alpha}}$$
$$\rightarrow \quad \left(\frac{1}{\alpha}-1\right)\alpha^2 \frac{hL}{A} = \eta\delta \quad \rightarrow \quad \frac{hL}{A} = \frac{\eta\delta}{\alpha(1-\alpha)} \tag{8-41}$$

求めた人的資本と中間財の数の比率を中間財企業の利潤 (8-29) に代入して，定常成長経路における利潤を得ることができる．

$$\pi^* = \left(\frac{1}{\alpha}-1\right)\alpha^{\frac{2}{1-\alpha}}\left(\frac{\eta\delta}{\alpha(1-\alpha)}\right)^{\frac{\delta}{1-\alpha}} \tag{8-42}$$

この (8-42) 式の利潤 π^* を，8-5-4項で求めた1人当たり消費の成長率の (8-38) 式に代入することにより，成長率を求めることができる．

$$G_t^c \equiv \frac{c_{t+1}}{c_t} = \frac{1}{(1+\rho)(1+n)}\left(1+\frac{\pi^*}{\eta}\right) \tag{8-43}$$

利潤 (8-42) 式は労働人口の大きさ L に依存しない．したがって，(8-43) 式に労働人口は何ら影響を与えていない．つまり，D-K モデルは規模効果がないのである．人口成長率の上昇は1人当たり消費の成長率を押し下げる効果を持つことになる．この性質はソロー・モデルが持っている性質と類似している[7]．ソロー・モデルで説明したように，人口成長率の上昇は定常状態における1人当たり消費を減少させる．その違いは，水準効果と成長効果にある．人口成長率の増加は，ソロー・モデルでは1人当たりの消費の水準を低下させるが，D-K モデルでは1人当たり消費の成長率を低下させるのである．

8-5-6　規模効果のない成長モデルでの特許政策

D-K モデルに特許政策を組み込んでみよう[8]．第6章と同じく特許による保護は有限の T 期間のみで，特許の保護が切れた後に市場は完全競争が支配することになるとする．家計全体での株式資産の保有は第6章と同じである．しかし，本章のモデルでは人口が増加しているので注意が必要である．(6-13) 式を1人当たりの変数で表現しておこう．

$$a_t \equiv \frac{A_t}{L_t} = \frac{e_{t-1}}{L_t} + \frac{e_{t-2}}{L_t} + \cdots + \frac{e_{t-T}}{L_t} \tag{8-44a}$$

$$a_{t+1} \equiv \frac{A_{t+1}}{L_{t+1}} = \frac{e_t}{L_{t+1}} + \frac{e_{t-1}}{L_{t+1}} + \cdots + \frac{e_{t-T+1}}{L_{t+1}} \tag{8-44b}$$

$$\vdots$$

$$a_{t+T} \equiv \frac{A_{t+T}}{L_{t+T}} = \frac{e_{t+T-1}}{L_{t+T}} + \frac{e_{t+T-2}}{L_{t+T}} + \cdots + \frac{e_t}{L_{t+T}} \tag{8-44c}$$

予算制約式 (8-35) を (8-33) 式に代入して，e_t と h_t に関して最適化を行おう．最適化が見やすいように，第2章と同様に h_t が含まれる項を書き出しておく．

---

7) Strulik (2005) は人口成長率が与える影響はプラスの場合もあるが，マイナスの場合もあることを示している．

8) 本項の分析は，Futagami and Iwaisako (2007) に基づいている．

$$\cdots + \frac{1}{(1+\rho)^t} u\!\left(\pi_t a_t + (1+r_{H,t})h_t - (1+n)h_{t+1} - \eta \frac{e_t}{L_t} + r_{Z,t}\right)$$

$$+ \frac{1}{(1+\rho)^{t+1}} u\!\left(\pi_{t+1} a_{t+1} + (1+r_{H,t+1})h_{t+1} - (1+n)h_{t+2} - \eta \frac{e_{t+1}}{L_{t+1}} + r_{Z,t+1}\right) + \cdots$$

まず，e_t に関する最適化の条件は次のようになる．ここで，(8-44) 式が示すように，第 $t+1$ 期以降の株式の保有に対して第 t 期の株式の購入 e_t が影響を与えることに注意しよう．

$$e_t : -\frac{1}{(1+\rho)^t} u'\!\left(\pi_t a_t + (1+r_{H,t})h_t - (1+n)h_{t+1} - \eta \frac{e_t}{L_t} + r_{Z,t}\right)\frac{\eta}{L_t}$$

$$+ \frac{1}{(1+\rho)^{t+1}} u'\!\left(\pi_{t+1} a_{t+1} + (1+r_{H,t+1})h_{t+1} - (1+n)h_{t+2} - \eta \frac{e_{t+1}}{L_{t+1}} + r_{Z,t+1}\right)\pi_{t+1}\frac{da_{t+1}}{de_t}$$

$$\cdots + \frac{1}{(1+\rho)^{t+T}} u'\!\left(\pi_{t+T} a_{t+T} + (1+r_{H,t+T})h_{t+T} - (1+n)h_{t+T} - \eta \frac{e_{t+T}}{L_{t+T}} + r_{Z,t+T}\right)\pi_{t+T}\frac{da_{t+T}}{de_t} = 0$$

即時的効用関数が対数型であることと (8-44) 式に注意して，この条件を書き直すと次のようになる．

$$\frac{1}{c_t}\frac{\eta}{L_t} = \frac{1}{1+\rho}\frac{\pi_{t+1}}{c_{t+1}}\frac{1}{L_{t+1}} + \frac{1}{(1+\rho)^2}\frac{\pi_{t+2}}{c_{t+2}}\frac{1}{L_{t+2}} + \cdots + \frac{1}{(1+\rho)^T}\frac{\pi_{t+T}}{c_{t+T}}\frac{1}{L_{t+T}} \quad (8\text{-}45)$$

(8-45) 式の左辺は次のことを意味している．まず，家計が株式を 1 株だけ購入すると η だけの株価を支払う必要があり，家計の人数は L_t だから，η/L_t は株式の購入による家計のメンバー 1 人当たり消費の減少を表している．$1/c_t$ は消費の限界効用だから，η 単位の消費の減少と 1 単位の消費減少のコストの限界効用を掛けることで，この株式購入による消費の減少のコストを表している．

一方，(8-45) 式の右辺は株式を 1 株購入することにより得られる限界的な便益を表している．新しく開発された財を独占的に生産することから利潤が得られるのは特許の保護が続く間だけで，特許による保護は T 期間である．第 6 章と同様に，特許の保護が切れた後，この財の市場は完全競争的になると仮定する．ゆえに，この財を生産する企業の得る利潤は 0 になる．したがって，独占企業は保護期間 T の間だけ利潤を獲得する．独占の存続期間が T 期間で

あるから，新しい財を生産する特許権を獲得した企業の株式を購入することで家計が配当を得る期間も，T期間持続するだけになる．この配当をその期の家計の人数で割った1人当たりの消費の増分に，その期の限界効用を掛けて時間選好率で割り引いた額を合計しているので，右辺は株式の1単位の購入による効用の増分を表している．

次に，h_{t+1}に関する最適化条件を求めると次のようになる．

$$h_{t+1}: -\frac{1+n}{(1+\rho)^t}u'\left(\pi a_t+(1+r_{H,t})h_t-(1+n)h_{t+1}-\eta\frac{e_t}{L_t}+r_{Z,t}\right)$$
$$+\frac{1+r_{H,t+1}}{(1+\rho)^{t+1}}u'\left(\pi a_{t+1}+(1+r_{H,t+1})h_{t+1}-(1+n)h_{t+2}-\eta\frac{e_{t+1}}{L_{t+1}}+r_{Z,t+1}\right)=0$$

即時的効用関数が対数型であることを使って，この条件を書き直すと次のようになる．

$$(1+n)\frac{1}{c_t}=\frac{1+r_{H,t+1}}{1+\rho}\frac{1}{c_{t+1}} \quad \rightarrow \quad (1+\rho)(1+n)G^c-1=r_{H,t+1} \quad (8\text{-}46)$$

(8-46)式の左辺は次のことを意味している．第$t+1$期の1人当たりの人的資本h_{t+1}を1単位増やすためには今期の消費をその$1+n$倍だけ減らす必要がある．というのは第$t+1$期には家計の人数が第t期に比べて$1+n$倍になっているからである．$1/c_t$は消費の限界効用だから，第$t+1$期の1人当たりの人的資本h_{t+1}を1単位増やすことのコストを表している．一方，第$t+1$期の1人当たりの人的資本h_{t+1}を1単位増やすことにより，第$t+1$期の消費を$1+r_{H,t+1}$だけ増やせる．したがって，(8-46)式の右辺は第$t+1$期の1人当たりの人的資本h_{t+1}を1単位増やすことによる効用の増分を表している．

中間財企業には，独占企業と完全競争企業の2種類が存在する．独占企業の生産量は(8-28)式で求めている．以下ではこれをx^Mと表すことにする．また，第6章と同様に，完全競争企業の生産量をx^c，独占企業により生産される中間財の数をA^M，完全競争企業により生産される財の数をA^cとする．完全競争企業は限界費用，つまり価格は1をつけるので，逆需要関数(8-25b)を用いると完全競争企業の生産量x^cは次のようになる．

$$x^C = \alpha^{\frac{1}{1-\alpha}}\left(\frac{hL}{A}\right)^{\frac{\delta}{1-\alpha}} \tag{8-47}$$

ここで，(8-26) 式より次が成立する（第6章 (6-21) 式の導出を参考にせよ）．

$$\delta \frac{1}{A}\left(\frac{hL}{A}\right)^{\delta-1}(A^C(x^C)^\alpha + A^M(x^M)^\alpha) = r_H \tag{8-48}$$

さらに，第6章でみたように $A_t^C = A_{t-T}$，(6-23) 式と (6-26) 式を使うと (8-48) 式は次のように変形できる．

$$\delta \frac{1}{A_t}\left(\frac{h_t L_t}{A_t}\right)^{\delta-1}(A_{t-T}(x^C)^\alpha + [A_t - A_{t-T}](x^M)^\alpha) = r_H$$

$$\to \delta\left(\frac{h_t L_t}{A_t}\right)^{\delta-1}(G^{A-T}(x^C)^\alpha + [1 - G^{A-T}](x^M)^\alpha) = r_H \tag{8-49}$$

人的資本に関する最適条件を使うと (8-49) 式は次のようになる．

$$\delta\left(\frac{h_t L_t}{A_t}\right)^{\delta-1}(G^{A-T}(x^C)^\alpha + [1 - G^{A-T}](x^M)^\alpha) = (1+\rho)(1+n)G^c - 1$$

独占企業と完全競争企業の生産量を代入すると次を得る．

$$\delta \alpha^{\frac{\alpha}{1-\alpha}}\left(\frac{h_t L_t}{A_t}\right)^{\frac{\delta-(1-\alpha)}{1-\alpha}}\left[\alpha^{\frac{\alpha}{1-\alpha}} + \left(1 - \alpha^{\frac{\alpha}{1-\alpha}}\right)G^{A-T}\right] = (1+\rho)(1+n)G^c - 1 \tag{8-50}$$

一方，定常状態では，消費と人口が一定率で成長し，hL/A は一定になるから株式購入に関する最適条件 (8-45) は以下のように変形できる[9]．

$$1 = \frac{\pi}{\eta}\left[\frac{1}{(1+\rho)(1+n)G^c} + \frac{1}{[(1+\rho)(1+n)G^c]^2} + \cdots + \frac{1}{[(1+\rho)(1+n)G^c]^T}\right]$$

$$\to 1 = \frac{\pi}{\eta}[(1+\rho)(1+n)G^c]^{-1}\frac{1 - \left[\frac{1}{(1+\rho)(1+n)G^c}\right]^T}{1 - \frac{1}{(1+\rho)(1+n)G^c}}$$

---

9) 最初の変形は，第6章の注4を見よ．最後の変形は (8-29) 式を用いている．

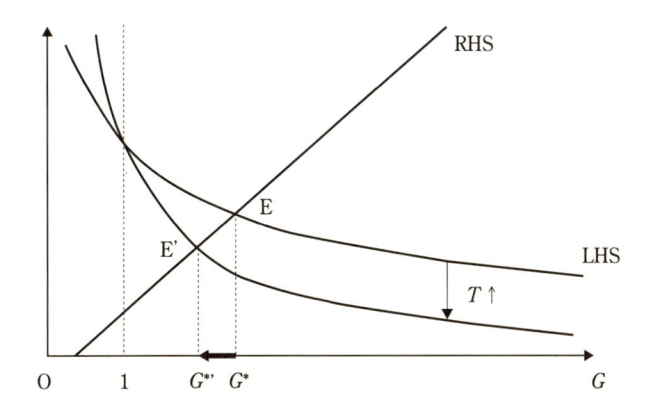

図8-1　D-Kモデルにおける特許期間延長の影響

$$(1+\rho)(1+n)G^c - 1 = \frac{(1-\alpha)}{\eta\alpha}\alpha^{\frac{2}{1-\alpha}}\left(\frac{hL}{A}\right)^{\frac{\delta}{1-\alpha}}(1-[(1+\rho)(1+n)G^c]^{-T}) \tag{8-51}$$

定常状態では $G^c = G^A$ が成立するから，この (8-51) 式と人的資本の最適条件 (8-50) から粗成長率 G と hL/A が決定される．

ここで，$\alpha + \delta = 1$ のケースを考察してみよう．定常状態では $G^c = G^A (\equiv G)$ が成立していることに注意すると，(8-50) 式は次のように G だけを含む方程式となる．

$$\delta\alpha^{\frac{\alpha}{1-\alpha}}\left[\alpha^{\frac{\alpha}{1-\alpha}} + \left(1 - \alpha^{\frac{\alpha}{1-\alpha}}\right)G^{-T}\right] = (1+\rho)(1+n)G - 1 \tag{8-52}$$

これまでと同様に，方程式 (8-52) の左辺と右辺をグラフに描くことによって，この方程式の解の存在と，解の性質について調べることができる．左辺のグラフは右下がりで，右辺のグラフは右上がりの傾きが $(1+\rho)(1+n)$ の直線である．図8-1から明らかなように，$G=1$ のときに左辺のグラフが右辺のグラフの上方に位置していれば，左辺のグラフと右辺のグラフは唯一の交点 E を持ち成長率はプラスになる．このための条件は次の不等式が成立することである．

$$\delta\alpha^{\frac{\alpha}{1-\alpha}} > (1+\rho)(1+n) - 1$$

図8-1に描かれているように，特許期間 T の増加は左辺のグラフを下にシフトさせる．したがって，左辺のグラフと右辺のグラフの交点は点 E から点 E′ へと左下へと移動する．すなわち，特許期間の増加は成長率を低下させることになる．これを以下の命題としてまとめておこう．

＜命題8-1＞
$\alpha+\delta=1$ のとき，特許期間の延長は経済成長率を引き下げる．

$\alpha+\delta=1$ のときは固定的生産要素が存在しない場合である．このとき特許による保護の強化は成長を加速させるという政策的な意図とは異なり，成長を減速させてしまうのである．この結果は第6章の結果と正反対である．

しかし，政策の最終目標は経済成長の加速ではない．政策の最終目標はあくまで経済厚生の最大化である．経済厚生に関しては，特許政策を導入した D-K モデルでは次の結果が成立する．

＜命題8-2＞
規模効果の存在しない D-K モデルにおいて，家計の生涯効用を最大化する特許期間は有限である．

つまり，無限期間の特許による保護が最適であるというジャッドの結果と異なり，規模効果のない D-K モデルの下でも最適な特許期間は有限になるのである．第6章の命題でも同様の結果を得ている．すなわち，規模効果がある成長モデルと規模効果がない成長モデルが共通の政策的結論を導いたことになる．テンプルの言うように，この事実は有限期間の特許による保護という特許政策に強い経済学的な裏付けを与えるのである．

補論　命題8-2の証明

命題8-2を証明しよう．ここで，$\delta=1-\alpha$ だから最終財の生産量は次のようになる．

$$Y_t = \left(\frac{H_t}{A_t}\right)^{1-\alpha} \sum_{j=1}^{A} x_j^\alpha = h_t^{A1-\alpha}(A^C(x^C)^\alpha + A^M(x^M)^\alpha)$$

ここで，$h_t^A \equiv H_t/A_t$ である．最終財の需給一致条件は第6章の (6-22) 式と同様であるが，最終財は人的資本の投資 I_H にも用いられるので次のように変更される．

$$h_t^{A1-\alpha}(A_t^C(x^C)^\alpha + A_t^M(x^M)^\alpha) - (A_t^C(x^C) + A_t^M(x^M)) = C_t + \eta(A_{t+1} - A_t) + I_H \quad \text{(A8-1)}$$

第6章と同様に $A_t^C = A_{t-T}$ と (6-23) 式，すなわち $A_t^M = A_t - A_{t-T}$ が成立するから，(A8-1) 式は次のように変形できる．

$$\eta(A_{t+1} - A_t) = [q^M A_t + (q^C - q^M)A_{t-T}]h_t^A - C_t - I_{H,t} \quad \text{(A8-2)}$$

ここで，$q^M = (1-\alpha^2)\alpha^{\frac{2\alpha}{1-\alpha}}$，$q^C = (1-\alpha)\alpha^{\frac{\alpha}{1-\alpha}}$ である．

また，(8-51) 式より次を得る．以下では，定常成長経路を分析するので下付きの添え字 t を省いている

$$(1+\rho)(1+n)G^c - 1 = \frac{(1-\alpha)}{\eta\alpha}\alpha^{\frac{2}{1-\alpha}}h^A(1 - [(1+\rho)(1+n)G^c]^{-T}) \quad \text{(A8-3)}$$

(8-52) 式より，粗成長率 G^c は特許期間 T の関数になる．これを $G^c(T)$ と表すことにする．ゆえに，(A8-3) 式は人的資本と中間財の数の比率 h^A を特許期間の関数 $h^A(T)$ を定義する式になっている．以上より，(A8-2) 式の両辺を A_t で割って粗成長率の定義を用いると次の式を得ることができる．

$$\frac{C_t^*}{A_t} = [q^M + (q^C - q^M)G^c(T)^{-T}]h^A(T) - \eta[G^c(T) - 1] - [G^c(T) - 1]h^A(T)$$

第6章の家計の生涯効用 (6-28) 式は本章のモデルにも適用可能だから，家計の生涯効用は次のようになる．

$$U(T) = \frac{1+\rho}{\rho}\ln C_0^* + \frac{1+\rho}{\rho^2}\ln G^c - \frac{1+\rho}{\rho}\ln L$$

$$= \frac{1+\rho}{\rho}\ln[(q^M + (q^C - q^M)G^c(T)^{-T})h^A(T) - (\eta + h^A(T))(G^c(T) - 1)]$$

$$+ \frac{1+\rho}{\rho^2}\ln G^c(T) + \frac{1+\rho}{\rho}\ln\frac{A_0}{L} \quad \text{(A8-4)}$$

ここで，第6章の補論と同じく関数 $\mu(G^c) \equiv G^{c-T}$ を定義する．すると (8-52)

式は次のように表すことができる.

$$(1-\alpha)\alpha^{\frac{\alpha}{1-\alpha}}\left[\alpha^{\frac{\alpha}{1-\alpha}}+\left(1-\alpha^{\frac{\alpha}{1-\alpha}}\right)\mu\right]=(1+\rho)(1+n)\mu^{-\frac{1}{T}}-1 \tag{A8-5}$$

(A8-5) 式は μ と T の一対一の関係を定義しているから,家計の生涯効用 (A8-4) は特許期間 T の関数の代わりに μ の関数としてみることができる. 同じく, (8-52) より成長率 G^c を次のように表すことができる.

$$G(\mu)=\frac{1}{(1+\rho)(1+n)}\left(1+(1-\alpha)\alpha^{\frac{\alpha}{1-\alpha}}\left[\alpha^{\frac{\alpha}{1-\alpha}}+\left(1-\alpha^{\frac{\alpha}{1-\alpha}}\right)\mu\right]\right) \tag{A8-6}$$

μ の定義, (A8-6) 式と (8-51) 式より次を得る.

$$\frac{(1-\alpha)}{\eta\alpha}\alpha^{\frac{2}{1-\alpha}}h^A = \frac{(1+\rho)(1+n)G^c-1}{1-[(1+\rho)(1+n)G^c]^{-T}}$$

$$\rightarrow \quad \frac{(1-\alpha)}{\eta\alpha}\alpha^{\frac{2}{1-\alpha}}h^A = \frac{(1-\alpha)\alpha^{\frac{\alpha}{1-\alpha}}\left[\alpha^{\frac{\alpha}{1-\alpha}}+\left(1-\alpha^{\frac{\alpha}{1-\alpha}}\right)\mu\right]}{1-[(1+\rho)(1+n)]^{-T}\mu}$$

$$\rightarrow \quad \frac{1}{\eta\alpha}\alpha^{\frac{2}{1-\alpha}}h^A = \frac{\alpha^{\frac{\alpha}{1-\alpha}}\left[\alpha^{\frac{\alpha}{1-\alpha}}+\left(1-\alpha^{\frac{\alpha}{1-\alpha}}\right)\mu\right]}{1-[(1+\rho)(1+n)]^{\frac{\ln\mu}{\ln G^c}}\mu}$$

$$\rightarrow \quad h^A = \frac{\eta\alpha^{-1}\left[1+\left(\alpha^{-\frac{\alpha}{1-\alpha}}-1\right)\mu\right]}{1-\mu^{1+\frac{\ln(1+\rho)(1+n)}{\ln G^c}}} \tag{A8-7}$$

ここで,μ の定義より $\ln\mu=-T\ln G^c$ であることを 2 番目の変形で用いている.さらに最後の変形では,$x^{\ln y}=y^{\ln x}$ を使っている.(A8-7) 式が $h^A(\mu)$ を定義する.

以上より,(A8-4) 式は次のように書ける.

$$U(\mu)=\frac{1+\rho}{\rho}\ln C_0^*(\mu)+\frac{1+\rho}{\rho^2}\ln G^c(\mu)-\frac{1+\rho}{\rho}\ln L$$

$$=\frac{1+\rho}{\rho}\ln\left[(q^M+(q^C-q^M)\mu)h^A(\mu)-(\eta+h^A(\mu))(G^c(\mu)-1)\right]$$

$$+\frac{1+\rho}{\rho^2}\ln G^c(\mu)+\frac{1+\rho}{\rho}\ln\frac{A_0}{L} \tag{A8-8}$$

$\mu=0$ が $T=\infty$ に対応しているので,(A8-8) 式の限界効用を $\mu=0$ で評価し

よう．

$$\frac{dU(0)}{d\mu} = \frac{1+\rho}{\rho C_0^*(0)}\left[\frac{dC_0^*(0)}{d\mu} + \frac{1}{\rho G^c(0)}\frac{dG^c(0)}{d\mu}C_0^*(0)\right]$$

ここで，消費も μ に依存していることに注意しておこう．$G^c(\mu)$ の各微分係数の値は次のようになっている．

$$G^c(0) = \frac{1}{(1+\rho)(1+n)}\left(1+(1-\alpha)\alpha^{\frac{2\alpha}{1-\alpha}}\right),$$
$$\frac{dG^c(0)}{d\mu} = \frac{1}{(1+\rho)(1+n)}\left[(1-\alpha)\alpha^{\frac{\alpha}{1-\alpha}}\left(1-\alpha^{\frac{\alpha}{1-\alpha}}\right)\right] \tag{A8-9}$$

次に，$h^A(\mu)$ の導関数を計算しておこう．分母の第2項を $J(\mu)$ と書くことにすると次を得る．

$$\frac{dh^A(\mu)}{d\mu} = \eta\alpha^{-1}\frac{\left(\alpha^{-\frac{\alpha}{1-\alpha}}-1\right)[1-J(\mu)] + \left[1+\left(\alpha^{-\frac{\alpha}{1-\alpha}}-1\right)\mu\right]J'(\mu)}{1-\mu^{1+\frac{\ln(1+\rho)(1+n)}{\ln G^c}}}$$

分母の第2項 $J(\mu)$ の対数をとり微分しよう．

$$\ln J(\mu) = \left(1+\frac{\ln(1+\rho)(1+n)}{\ln G^c(\mu)}\right)\ln\mu$$

$$\rightarrow\quad J'(\mu) = \left[-\frac{\ln(1+\rho)(1+n)\frac{d}{d\mu}G^c(\mu)}{[\ln G^c(\mu)]^2 G^c(\mu)}\ln\mu + \left(1+\frac{\ln(1+\rho)(1+n)}{\ln G^c(\mu)}\right)\frac{1}{\mu}\right]J(\mu)$$

$$\rightarrow\quad J'(\mu) = -\frac{\ln(1+\rho)(1+n)\frac{d}{d\mu}G^c(\mu)}{[\ln G^c(\mu)]^2 G^c(\mu)}\mu^{1+\frac{\ln(1+\rho)(1+n)}{\ln G^c(\mu)}}\ln\mu + \left(1+\frac{\ln(1+\rho)(1+n)}{\ln G^c(\mu)}\right)\mu^{\frac{\ln(1+\rho)(1+n)}{\ln G^c(\mu)}}$$

ここで，$\lim_{\mu\to 0}\mu\ln\mu = 0$ が成立する[10]．したがって，$\lim_{\mu\to 0}J'(\mu) = 0$ が成立する．以上より，$h^A(\mu)$ の各微係数の値は次のようになっている．

$$h^A(0) = \eta\alpha^{-1}, \quad \frac{dh^A(0)}{d\mu} = \frac{\eta}{\alpha}\left(\alpha^{-\frac{\alpha}{1-\alpha}}-1\right) > 0$$

---

10) l'Hospital（ロピタル）の定理を使って証明できる．

したがって，次を得ることができる.

$$\frac{dC_0^*(\mu)}{d\mu} = (q^C - q^M)h^A(\mu) + (q^M + (q^C - q^M)\mu)\frac{dh^A(\mu)}{d\mu}$$
$$- \frac{dh^A(\mu)}{d\mu}(G^c(\mu) - 1) - (\eta + h^A(\mu))\frac{dG^c(\mu)}{d\mu}$$

ゆえに，$\mu=0$ で評価した次の値を得る.

$$\frac{dC_0^*(0)}{d\mu} = (q^C - q^M)\frac{\eta}{\alpha} + \left[1 + q^M - \frac{1}{(1+\rho)(1+n)}\left(1 + (1-\alpha)\alpha^{\frac{2\alpha}{1-\alpha}}\right)\right]\frac{\eta}{\alpha}\left(\alpha^{-\frac{\alpha}{1-\varepsilon}} - 1\right)$$
$$- \frac{\eta}{\alpha}(1+\alpha)\frac{1}{(1+\rho)(1+n)}(1-\alpha)\alpha^{\frac{2\alpha}{1-\alpha}}\left(\alpha^{-\frac{\alpha}{1-\alpha}} - 1\right)$$
$$= \frac{\eta}{\alpha}\left[(q^C - q^M) + \left\{1 + (1-\alpha^2)\alpha^{\frac{2\alpha}{1-\alpha}} - \frac{\left(1 + (1-\alpha)\alpha^{\frac{2\alpha}{1-\alpha}}\right) + (1-\alpha^2)\alpha^{\frac{2\alpha}{1-\alpha}}}{(1+\rho)(1+n)}\right\}\left(\alpha^{-\frac{\alpha}{1-\varepsilon}} - 1\right)\right]$$

次の値も計算しておこう.

$$\frac{1}{G^c(0)}\frac{dG^c(0)}{d\mu} = \frac{(1-\alpha)\alpha^{\frac{2\alpha}{1-\alpha}}\left(\alpha^{-\frac{\alpha}{1-\alpha}} - 1\right)}{1 + (1-\alpha)\alpha^{\frac{2\alpha}{1-\alpha}}}$$
$$C_0^*(0) = q^M h^A(0) - (\eta + h^A(0))(G^c(0) - 1)$$
$$= \frac{\eta}{\alpha}\left[1 - \frac{1}{(1+\rho)(1+n)}\right](1+\alpha)\left[1 + (1-\alpha)\alpha^{\frac{2\alpha}{1-\alpha}}\right] > 0$$

ゆえに次を得る.

$$\frac{dC_0^*(0)}{d\mu} + \frac{1}{\rho G^c(0)}\frac{dG^c(0)}{d\mu}C_0^*(0)$$
$$= \frac{\eta}{\alpha}\left[(q^C - q^M) + \left\{1 - \frac{1 + (1-\alpha)\alpha^{\frac{2\alpha}{1-\alpha}}}{(1+\rho)(1+n)} + \left(1 + \frac{1}{\rho}\right)\left(1 - \frac{1}{(1+\rho)(1+n)}\right)(1-\alpha^2)\alpha^{\frac{2\alpha}{1-\alpha}}\right\}\left(\alpha^{-\frac{\alpha}{1-\varepsilon}} - 1\right)\right]$$
$$= \frac{\eta}{\alpha}\left[(q^C - q^M) + \left\{1 - \frac{1}{(1+\rho)(1+n)} + \left[\frac{1+\rho}{\rho}\left(1 - \frac{1}{(1+\rho)(1+n)}\right) - \frac{1}{(1+\rho)(1+n)(1+\alpha)}\right](1-\alpha^2)\alpha^{\frac{2\alpha}{1-\alpha}}\right\}\left(\alpha^{-\frac{\alpha}{1-\varepsilon}} - 1\right)\right]$$
$$= \frac{\eta}{\alpha}\left[(q^C - q^M) + \left\{1 - \frac{1}{(1+\rho)(1+n)} + \left[\frac{(1+\rho)^2(1+n)(1+\alpha) - (1-\alpha)(1+\rho)\rho - \rho}{\rho(1+\rho)(1+n)(1+\alpha)}\right](1-\alpha^2)\alpha^{\frac{2\alpha}{1-\alpha}}\right\}\left(\alpha^{-\frac{\alpha}{1-\varepsilon}} - 1\right)\right]$$

$$=\frac{\eta}{\alpha}\Big[(q^C-q^M)+\Big\{1-\frac{1}{(1+\rho)(1+n)}+\Big[\frac{(1+\rho)(1+n)(1+n+n\rho)-\rho}{\rho(1+\rho)(1+n)(1+\alpha)}\Big](1-\alpha^2)\alpha^{\frac{2\alpha}{1-\alpha}}\Big\}\Big(\alpha^{-\frac{\alpha}{1-\varepsilon}}-1\Big)\Big]>0$$

したがって，$\frac{dU(0)}{d\mu}>0$ が成立する．すなわち，μ を 0 から増加させることにより，言い換えると，特許期間 T を無限大にせず有限にすることは生涯効用を増加させる．

第 9 章

生産的公共サービスと経済成長

本章では政府による支出が民間部門の生産性を向上させる経済成長モデルを考察する．特に，ある期の政府支出がその期の生産性にプラスの影響を与えるモデルを構築する．そこでは，政府の支出であるフローが生産性にプラスの影響を与える構造になっている．具体的には，公衆衛生サービス，警察サービス，法システム（裁判所や検察庁）などが挙げられる．疾病を予防するためのさまざまなサービスを政府が提供することは，労働者の健康を保ち企業の生産性を低下させないためである．また，警察サービスや法システムを整備することは，治安を守り生産活動を滞りなく進めるために必須である．このような政府のサービスの経済効果を分析するための経済成長モデルを Barro（1990）は構築した．これまで説明してきた内生的成長モデルに比べると，その構造は比較的シンプルである．それでは，最終財の生産部門から説明してゆこう．

9-1　生産的公共サービス

最終財の生産関数は次のようになっている．簡単化のためにコブ=ダグラス型生産関数であると仮定する[1]．

$$Y = F(K, G \cdot L) = K^{\alpha}(G \cdot L)^{1-\alpha} \tag{9-1}$$

---

1) 以下の議論は一般の1次同次の生産関数の下で成立する．

この生産関数はソロー・モデルと同様に各投入要素,資本 K と労働投入 L に関して1次同次である.ここで,G は生産的公共サービスを表している.生産的公共サービスは労働投入に掛けられており,生産的公共サービスが増加すると労働の効率性が上昇すると仮定されている.つまり,生産的公共サービスはソロー・モデルにおける技術進歩のパラメーター A と同じ役割を果たしているのである.各生産要素については収穫逓減になっているが,資本 K,労働 L,公共サービス G のすべての生産要素を λ 倍すると産出は λ 倍以上になるから,(9-1) の生産関数はすべての投入要素について規模に関して収穫逓増になっている.実際,すべての生産要素を λ(>1)倍してみると次のようになる.

$$(\lambda K)^\alpha (\lambda G \cdot \lambda L)^{1-\alpha} = \lambda^\alpha \lambda^{2-2\alpha} K^\alpha (GL)^{1-\alpha} = \lambda^{2-\alpha} K^\alpha (GL)^{1-\alpha} > \lambda K^\alpha (GL)^{1-\alpha}$$

$2-\alpha>1$ なので産出は λ 倍以上になることがわかる.

また,政府が提供するサービス G は混雑効果を発生させないと仮定している.例えば,訴訟が増えてくると,一定の数の裁判官ではすべての訴訟に対して速やかに対応できなくなり,訴訟問題の解決が遅れてくる.これを混雑(congestion)効果という.(9-1) 式の生産関数が示すように,生産活動のレベルが上昇しても生産的公共サービスの効率性は低下しないので,(9-1) 式の生産関数で混雑効果は考慮されていない.この問題については次の第10章で考察する.

ソロー・モデルと同様に企業は価格受容者として行動し,利潤を資本と労働に関して次のように最大化する.ここでも最終財の価格は1に基準化している.

$$\max_{K,L} K^\alpha (GL)^{1-\alpha} - wL - rK$$

これまで同様,w は賃金率,r は資本のレンタル価格である.利潤最大化条件は次のようになる.

$$r = \frac{\partial Y}{\partial K} = \alpha K^{\alpha-1}(GL)^{1-\alpha} = \alpha \left(\frac{GL}{K}\right)^{1-\alpha} \tag{9-2a}$$

$$w = \frac{\partial Y}{\partial L} = (1-\alpha) K^\alpha G^{1-\alpha} L^{-\alpha} = (1-\alpha)\left(\frac{GL}{K}\right)^{-\alpha} G \tag{9-2b}$$

以下では，簡単化のために $L=1$ とする．

9-2 政府

政府は公共サービスを所得に対する比例税で賄うとする（所得税率 τ）．したがって，政府の予算制約式は次のようになる．

$$G = \tau Y \tag{9-3}$$

政府の予算制約式（9-3）へ生産関数（9-1）を代入することで次の関係式を得る．$L=1$ としていることに注意しよう．

$$G = \tau Y = \tau K^{\alpha} G^{1-\alpha} \quad \to \quad G G^{\alpha-1} = \tau K^{\alpha} \quad \therefore \quad G = \tau^{\frac{1}{\alpha}} \cdot K \tag{9-4}$$

これを利潤最大化条件（9-2a）に代入すると，次を得る．

$$r = \alpha \tau^{\frac{1-\alpha}{\alpha}} \tag{9-5}$$

ゆえに，利子率（資本の限界生産物）は一定値をとることになり，利子率が所得税率 τ に依存することになる．また容易にわかるように，税率が上昇すると利子率も上昇する．税率が上昇すると生産的公共サービスが増加して労働の効率性が上昇し，資本の限界生産物も上昇するからである．

9-3 家計

以下でも家計の即時的効用関数を対数型と仮定する．第2章の（2-4）式と同じ次の目的関数を家計は最大化する．

$$\max U_0 = \sum_{t=0}^{\infty} \frac{1}{(1+\rho)^t} u(c_t), \quad u(c_t) = \ln c_t \tag{9-6}$$

所得に比例税がかかるので予算制約は次のようになる．

$$a_{t+1} - a_t = (1-\tau)[r_t a_t + w_t] - c_t \tag{9-7}$$

よって，利子率が $(1-\tau)r_t$ になったと考えればよいから，オイラー方程式は次

のようになる.

$$\frac{c_{t+1}}{c_t} = \frac{1+(1-\tau)r_{t+1}}{1+\rho} \tag{9-8}$$

9-4 消費の成長率

以上の準備の下で,消費の成長率を求めることができる.(9-5)式より家計のオイラー方程式を考慮すると,粗成長率は次のようになる.

$$\gamma^c \equiv \frac{c_{t+1}}{c_t} = \frac{(1-\tau)\alpha\tau^{\frac{1-\alpha}{\alpha}}+1}{1+\rho} \tag{9-9}$$

本章では政府支出を G と表しているから粗成長率を γ^c と表すことにする.

(9-9)式から,政府が税率 τ を変更することにより成長率は変化することがわかる.分子の最初に登場する τ の増加は成長率を低下させるように働くが,2番目に登場する τ の増加は成長率を上昇させるように働く.ではその総合効果はどうなるか調べてみよう.(9-9)式の粗成長率を税率で微分すると次を得る.

$$\begin{aligned}\frac{d\gamma^c}{d\tau} &= \frac{1}{1+\rho}\left[-\alpha\tau^{\frac{1-\alpha}{\alpha}} + (1-\tau)\alpha\frac{1-\alpha}{\alpha}\tau^{\frac{1-\alpha}{\alpha}-1}\right] \\ &= \frac{1}{1+\rho}\alpha\tau^{\frac{1-\alpha}{\alpha}-1}\left[(1-\tau)\frac{1-\alpha}{\alpha} - \tau\right]\end{aligned} \tag{9-10}$$

(9-10)式の大括弧の中の第1項と第2項をグラフに描いたのが図9-1aである.$\tau<1-\alpha$ のとき(9-10)式の符号はプラスであり(γ^c は τ の増加関数),$\tau>1-\alpha$ のときに(9-10)式の符号はマイナスになる(γ^c は τ の減少関数).この関係を描いたのが図9-1bである.すなわち,$\tau=1-\alpha$ において成長率が最大になる.税率の与える次の2つの効果により成長率の最大値が存在することになるのである.

①生産的公共サービスが生産性にプラスの影響を与える効果

第9章　生産的公共サービスと経済成長

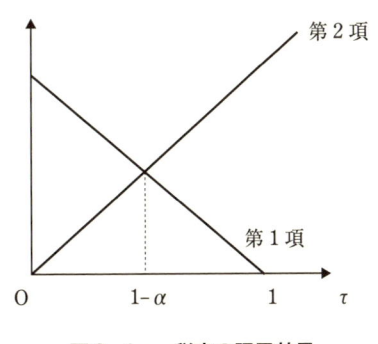

図9-1a　税率の限界効果

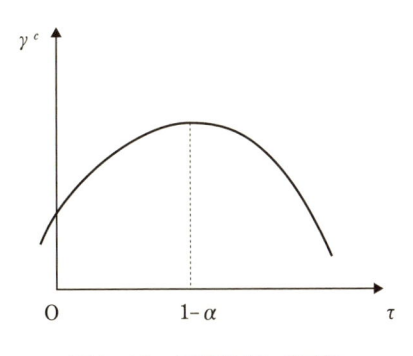

図9-1b　所得税率と成長率

②税率の上昇が税引き後の利子率を低下させて貯蓄意欲を減退させる効果

①の効果により成長率は上昇するが，②の効果により家計が直面する利子率は r から $(1-\tau)r$ へと変化するので，家計の貯蓄への意欲が低下してしまい，成長率に対してマイナスの効果を与える．この2つの効果がちょうど釣り合うところで成長率が最大になるのである．

9-5　経済厚生に対する影響

第6章でも議論したように，政策の目的は経済厚生の最大化にある．ところが，現在の生産的公共サービスを考慮した成長モデルでは，成長率を最大にする税率は代表的家計の効用も最大化することを示すことができる．家計の効用の割引現在価値の総和を計算してみよう．

粗成長率が γ^c だから，毎期の消費は次のように変化する．

$$c_{t+1}=\gamma^c c_t \;\rightarrow\; c_1=\gamma^c c_0, c_2=\gamma^c c_1 \;\Rightarrow\; c_2=\gamma^{c^2} c_0 \;\therefore\; c_t=\gamma^{c^t} c_0 \tag{9-11}$$

これを家計の効用（9-6）に代入すると次を得る[2]．

$$U=\max \sum_{t=0}^{\infty}\frac{1}{(1+\rho)^t}\ln c_t=\max \sum_{t=0}^{\infty}\frac{1}{(1+\rho)^t}\ln(c_0\gamma^{c^t})=\max \sum_{t=0}^{\infty}\frac{1}{(1+\rho)^t}[\ln c_0+t\ln \gamma^c]$$

2）足し算の第2項に関しては第6章の注4を参照せよ．

$$= \max\left[\frac{1}{1-\frac{1}{1+\rho}}\ln c_0 + \frac{1+\rho}{\rho^2}\ln \gamma^c = \frac{1+\rho}{\rho}\ln c_0 + \frac{1+\rho}{\rho^2}\ln \gamma^c\right] \quad (9\text{-}12)$$

政府が（9-12）式を最大にするように所得税率 τ を決定する問題を考察する．この問題を解くためには，家計の初期消費の量 c_0 を求める必要がある．

財市場の均衡条件より初期時点の消費を求めてゆこう．第1章の（1-5）式に政府支出を考慮した財市場の均衡条件より次を得る．

$$Y_t = C_t + I_t + G_t \quad \therefore\ C_0 = Y_0 - I_0 - G_0 \quad (9\text{-}13)$$

資本も消費と同一の粗成長率 γ で成長するとき，$K_1 = \gamma K_0$ だから次が成り立つ．この同一の成長率を以下では γ と表すことにする．

$$I_0 = K_1 - K_0 = \gamma K_0 - K_0 = (\gamma - 1)K_0$$

この関係式と生産関数（9-1）を（9-13）式に代入すると次を得る．

$$C_0 = K_0^\alpha (G_0 L)^{1-\alpha} - (\gamma - 1)K_0 - G_0$$

さらに $G_0 = \tau Y_0$ と生産関数（9-1）を再び用いると次のように変形できる．

$$C_0 = K_0^\alpha (G_0 L)^{1-\alpha} - (\gamma-1)K_0 - \tau K_0^\alpha (G_0 L)^{1-\alpha} = (1-\tau)K_0^\alpha (G_0 L)^{1-\alpha} - (\gamma-1)K_0$$

ここで人口は一定で $L=1$ としているから，1人当たり変数と経済全体の変数を区別する必要がないので，次の1人当たり消費を得ることができる．

$$\frac{C_0}{L} \equiv c_0 = (1-\tau)\left(\frac{G_0}{K_0}\right)^{1-\alpha} K_0 - (\gamma-1)K_0 \quad \therefore\ L=1$$

ここで，（9-4）式に経済の初期値（$t=0$）を適用した $G_0 = \tau^{\frac{1}{\alpha}} \cdot K_0$ を代入することで次を得る．

$$c_0 = \left[(1-\tau)\{(\tau)^{\frac{1}{\alpha}}\}^{1-\alpha} - (\gamma-1)\right]K_0 = \left[(1-\tau)(\tau)^{\frac{1-\alpha}{\alpha}} - (\gamma-1)\right]K_0 \quad (9\text{-}14)$$

初期の消費を以上のように計算することは簡単ではあるが，実は論理的には欠落している点がある．（9-13）式の直後に「資本も消費と同一の粗成長率 γ^c

第9章 生産的公共サービスと経済成長

で成長するとき」と説明しているが，はたしてこのような成長経路，すなわち，資本も消費と同一の粗成長率 γ で成長する成長経路は存在するだろうか．これまでのいくつかの章で，定常状態で満たされるべき方程式の解が存在することを証明してきた（例えば，第 2 章（2-27）式，第 4 章の（4-28）式と（4-36）式，第 7 章の（7-22）式など）．では本章のモデルではどうか．

資本も消費と同一の粗成長率 γ^c で成長する成長経路の存在を示すために使うのが横断条件・NPG 条件である．家計の予算制約式（9-7）と資本市場の均衡条件 $a_t = k_t$ を用いて，利潤最大化条件（9-2）により利子率と賃金率を消去すると次を得る．

$$k_{t+1} - k_t = (1-\tau)[r_t k_t + w_t] - c_t \;\rightarrow\; k_{t+1} - k_t = (1-\tau)k_t^\alpha G_t^{1-\alpha} - c_t$$

ここで，$L=1$ だから $K_t = k_t$ であることを使っている．さらに，（9-4）式を使うと次のように変形できる．

$$k_{t+1} - k_t = (1-\tau)\tau^{\frac{1-\alpha}{\alpha}} k_t - c_t \tag{9-15}$$

この（9-15）式に 2-4 節で用いた方法と同じ変形を適用しよう．つまり，第 t 期の予算制約式（9-15）の両辺に 2-4 節と同様の次の操作を行う．ここで，消費には（9-11）式の関係を代入しておく．

$$k_{t+1} = \left[1 + (1-\tau)\tau^{\frac{1-\alpha}{\alpha}}\right] k_t - c_0 \gamma^{ct} : \text{両辺} \;\times\; \frac{1}{\left[1 + (1-\tau)\tau^{\frac{1-\alpha}{\alpha}}\right]^{t+1}}$$

$$\rightarrow \frac{k_{t+1}}{\left[1+(1-\tau)\tau^{\frac{1-\alpha}{\alpha}}\right]^{t+1}} = \frac{k_t}{\left[1+(1-\tau)\tau^{\frac{1-\alpha}{\alpha}}\right]^t} - \frac{c_0}{1+(1-\tau)\tau^{\frac{1-\alpha}{\alpha}}} \left[\frac{\gamma^c}{1+(1-\tau)\tau^{\frac{1-\alpha}{\alpha}}}\right]^t$$

この操作をすべての期に行って，$t=0$ から無限期先まで加えてゆくと次を得る．

$$\lim_{t\to\infty} \frac{k_{t+1}}{\left[1+(1-\tau)\tau^{\frac{1-\alpha}{\alpha}}\right]^{t+1}} = k_0 - \frac{c_0}{1+(1-\tau)\tau^{\frac{1-\alpha}{\alpha}}} \sum_{i=0}^{\infty} \left[\frac{\gamma^c}{1+(1-\tau)\tau^{\frac{1-\alpha}{\alpha}}}\right]^i$$

$$= k_0 - \frac{c_0}{1+(1-\tau)\tau^{\frac{1-\alpha}{\alpha}}} \cdot \frac{1}{1 - \frac{\gamma^c}{1+(1-\tau)\tau^{\frac{1-\alpha}{\alpha}}}}$$

したがって，次を得ることができる．

$$\lim_{t \to \infty} \frac{k_{t+1}}{\left[1+(1-\tau)\tau^{\frac{1-\alpha}{\alpha}}\right]^{t+1}} = k_0 - c_0 \frac{1}{1+(1-\tau)\tau^{\frac{1-\alpha}{\alpha}}-\gamma^c} \quad (9\text{-}16)$$

ここで，所得税を考慮した横断条件・NPG 条件と $\alpha<1$ を考慮すると次を得る．

$$0 = \lim_{t \to \infty} \frac{k_{t+1}}{[1+(1-\tau)r]^{t+1}} = \lim_{t \to \infty} \frac{k_{t+1}}{\left[1+(1-\tau)\alpha\tau^{\frac{1-\alpha}{\alpha}}\right]^{t+1}} \geq \lim_{t \to \infty} \frac{k_{t+1}}{\left[1+(1-\tau)\tau^{\frac{1-\alpha}{\alpha}}\right]^{t+1}} \geq 0$$

ゆえに，(9-16) 式の左辺は 0 になるので，右辺も 0 になることを使うと，(9-14) 式の初期消費を得ることができる．つまり，消費と資本は比例関係にあり，同一率で成長しているのである．

初期消費 (9-14) を効用の式 (9-12) に代入して次を得る．これが政府の目的関数である．

$$\frac{\rho}{1+\rho}U = \ln c_0 + \frac{1}{\rho}\ln\gamma = \ln K_0 + \ln\left[(1-\tau)(\tau)^{\frac{1-\alpha}{\alpha}} - \gamma + 1\right] + \frac{1}{\rho}\ln\gamma \quad (9\text{-}17)$$

(9-9) 式より，成長率は税率の関数になっている．したがって，(9-17) 式を税率 τ で微分することで，効用を最大にする税率の存在を調べることができる．しかし，これでは微分を行う箇所が多いので，より簡単にできる方法で (9-17) 式の最大化問題を調べてみよう．ここで成長率の式より得られる次の関係を用いる．

$$\gamma = \frac{(1-\tau)\alpha(\tau)^{\frac{1-\alpha}{\alpha}}+1}{1+\rho} \quad \rightarrow \quad \frac{1}{\alpha}[(1+\rho)\gamma-1] = (1-\tau)(\tau)^{\frac{1-\alpha}{\alpha}}$$

よって，効用 (9-17) は次のように表すことができる[3]．

$$\frac{\rho}{1+\rho}U = \ln K_0 + \ln\left[\frac{1}{\alpha}\{(1+\rho)\gamma-1\}-\gamma+1\right] + \frac{1}{\rho}\ln\gamma$$

---

3) 右辺の表記を簡単にするために両辺に $\rho/(1+\rho)$ を乗じている．

$$= \ln K_0 + \ln \left[\left\{ \frac{1+\rho}{\alpha} - 1 \right\} \gamma - \frac{1}{\alpha} + 1 \right] + \frac{1}{\rho} \ln \gamma$$

これを合成関数の微分法を使って τ で微分すると次のようになる．

$$\frac{\rho}{1+\rho} \frac{dU}{d\tau} = \frac{\frac{1+\rho}{\alpha}-1}{\left[\frac{1+\rho}{\alpha}-1\right]\gamma - \frac{1}{\alpha}+1} \frac{d\gamma}{d\tau} + \frac{1}{\rho\gamma}\frac{d\gamma}{d\tau} = \left[\frac{\frac{1+\rho}{\alpha}-1}{\left[\frac{1+\rho}{\alpha}-1\right]\gamma - \frac{1}{\alpha}+1} + \frac{1}{\rho\gamma}\right]\frac{d\gamma}{d\tau}$$

よって，効用が最大になるのは $dU/d\tau = 0$ のときであるが，$d\gamma/d\tau = 0$ のとき $dU/d\tau = 0$ となるので，成長率が最大になるとき効用も最大になる[4]．したがって，成長率を最大にする税率と経済厚生を最大にする税率は一致することを証明できた．

9-6　財政赤字と生産的公共サービス

　これまで，政府の予算制約は収支均衡しており，財政赤字は存在しないと仮定してきた．しかしほとんどの国は，政府支出のうち税収で賄えない部分を公債の発行により補っている．大きな政府支出を賄うために多額の公債を発行してしまった場合，財政破綻の懸念も発生するが，それを防ぐためにいくつかの国では債務残高に上限を設けている．EUではマーストリヒト条約（1993年発効）において，債務残高のGDP比は60％以内に抑えるように規定されている．イギリスでは財政安定化規律（the Code for Fiscal Stability 1998）により，債務残高のGDP比は40％以内に抑えるように定められている．このようなルールの存在が経済成長にどのような影響を与えるかについて，生産的公共サービスを考慮した成長モデルを用いて分析してみよう．本節では，Futagami, Iwaisako and Ohdoi（2008）に従い，債務残高と経済の資本ストックの比率を一定に抑えるルールを政府が適用する場合を考察する．

9-6-1　政府の予算制約式

　財政赤字を考慮した場合に，政府の予算制約はどのように表すことができる

---

[4] $\alpha<1$ なので大括弧の中が0になることはない．

だろうか. まず第1次的財政赤字（プライマリー・バランス）は次のように定義される.

$$（第1次的）財政赤字＝政府支出－税収＝G_t-T_t \quad (\equiv D_t) \tag{9-18}$$

もしプライマリー・バランスがプラスであれば，この不足する資金を政府は公債の発行によって調達せねばならない. さらに政府が既に借金をしていれば，それに対する利払い（国の場合，国債費と呼ばれる）も支出に加わる. 公債は1期で償還（借金の返済）されるとする. したがって，政府にとって必要な資金は（償還費）＋（利払い）＋D_tである. 政府はこの資金を，新たに公債を発行してファイナンスするとする. 第$t-1$期に発行した公債をB_tと表すことにする. これを第t期に償還しなければならない. また，それに対する第t期の利払いは$r_t \times B_t$である. すなわち，第t期に必要な資金は$B_t+r_tB_t+D_t$と表すことができる.

これを第t期に発行する公債B_{t+1}で賄うので，政府の予算制約式は次のようになる.

$$B_{t+1}=(1+r_t)B_t+G_t-T_t$$

ここで，家計の所得は政府からの利子の受取r_tB_tも加わるので，$Y_t+r_tB_t$となる. したがって，所得税率がτだから政府の予算制約式は次のようになる.

$$B_{t+1}=(1+r_t)B_t+G_t-\tau(Y_t+r_tB_t) \tag{9-19}$$

9-6-2 財政ルールと経済成長

以上の関係式をまとめてゆこう. オイラー方程式（9-8）と財市場の需給一致式（9-13）の辺々の比をとり，生産関数（9-1）および利潤最大化条件（9-2）を使うと次の関係式を得る.

$$x_{t+1} \equiv \frac{C_{t+1}}{K_{t+1}}=\frac{C_t \dfrac{1+(1-\tau)r_{t+1}}{1+\rho}}{K_t^\alpha G_t^{1-\alpha}+K_t-G_t-C_t}=\frac{C_t \dfrac{1+(1-\tau)\alpha \left(\dfrac{G_{t+1}}{K_{t+1}}\right)^{1-\alpha}}{1+\rho}}{K_t^\alpha G_t^{1-\alpha}+K_t-G_t-C_t}$$

ここで，$C_t/K_t \equiv x_t$とおいている. この式の右辺の分母分子をK_tで割ること

で，次のように資本との比率ですべての変数を表現することができる．

$$x_{t+1} \equiv \frac{C_{t+1}}{K_{t+1}} = \frac{\dfrac{C_t}{K_t} \dfrac{1+(1-\tau)\alpha\left(\dfrac{G_{t+1}}{K_{t+1}}\right)^{1-\alpha}}{1+\rho}}{\left(\dfrac{G_t}{K_t}\right)^{1-\alpha}+1-\dfrac{G_t}{K_t}-\dfrac{C_t}{K_t}}$$

ゆえに，ここで政府支出（生産的公共サービス）を資本で除した変数を $G_t/K_t \equiv y_t$ とおくと，次の動学式を得ることができる．

$$x_{t+1} = \frac{x_t \dfrac{1+(1-\tau)\alpha y_{t+1}^{1-\alpha}}{1+\rho}}{y_t^{1-\alpha}+1-y_t-x_t} \tag{9-20}$$

次に，政府の予算制約式（9-19）と財市場の需給一致式（9-13）の辺々の比をとり，生産関数（9-1）および利潤最大化条件（9-2）を使うと，次の関係式を得る．

$$\frac{B_{t+1}}{K_{t+1}} = \frac{\left[1+\alpha\left(\dfrac{G_t}{K_t}\right)^{1-\alpha}\right]B_t+G_t-\tau\left[K_t^\alpha G_t^{1-\alpha}+\alpha\left(\dfrac{G_t}{K_t}\right)^{1-\alpha}B_t\right]}{K_t^\alpha G_t^{1-\alpha}+K_t-G_t-C_t}$$

ここでも，この式の右辺の分母分子を K_t で割ることで次のように変形できる．

$$\frac{B_{t+1}}{K_{t+1}} = \frac{\left[1+(1-\tau)\alpha\left(\dfrac{G_t}{K_t}\right)^{1-\alpha}\right]\dfrac{B_t}{K_t}+\dfrac{G_t}{K_t}-\tau\left(\dfrac{G_t}{K_t}\right)^{1-\alpha}}{\left(\dfrac{G_t}{K_t}\right)^{1-\alpha}+1-\dfrac{G_t}{K_t}-\dfrac{C_t}{K_t}}$$

ここで，債務残高を資本で除した変数を $B_t/K_t \equiv b_t$ とおくと，次のように表すことができる．

$$b_{t+1} = \frac{[1+(1-\tau)\alpha y_t^{1-\alpha}]b_t+y_t-\tau y_t^{1-\alpha}}{y_t^{1-\alpha}+1-y_t-x_t} \tag{9-21}$$

この（9-21）式が債務資本比率 b_t のダイナミクスを記述する動学式である．

先に述べたように，政府は債務残高の動きを制御するためにターゲットを定めるとする．具体的には次のようなルールを定めていると仮定する．

＜財政ルール＞

政府は，発行された公債の残高を資本で割った値（債務資本比率）b_t を一定の値に近づけるように行動しなければならない．その調整の仕方は次のようであるとする．

$$b_{t+1} - b_t = -\phi(b_t - \bar{b}), \quad \phi > 0 \tag{9-22}$$

ここで，ϕ は調整のスピードを表しており，ϕ の値が大きいほど，政府は債務資本比率 b_t がより早くターゲットレベル $\bar{b}$ に収束するように行動しなければならないことになる．発行されている公債残高 b_t がターゲットレベル $\bar{b}$ を上回るとき，政府はターゲットを達成するように政府支出を削減したり税率を上昇させたりしなければならない．公債残高 b_t がターゲットレベル $\bar{b}$ を下回るときは，政府は逆の行動をとる．以下では，税率は時間を通じて一定であるとし，政府は政府支出の変更によりターゲットを達成するように行動する場合を考察する．

以上で解析する3本の動学式 (9-20), (9-21), (9-22) ができた．この3本の動学式の解析は複雑なので，ここでは定常状態のみを調べよう[5]．定常状態では，(9-22) 式より $b_t = \bar{b}$ が成立するから，(9-21) 式は次のようになる．

$$\bar{b} = \frac{[1+(1-\tau)\alpha y_t^{1-\alpha}]\bar{b} + y_t - \tau y_t^{1-\alpha}}{y_t^{1-\alpha} + 1 - y_t - x_t}$$

この式を x_t について解くと次のようになる．

$$x = \left[1 - (1-\tau)\alpha + \frac{\tau}{\bar{b}}\right] y^{1-\alpha} - \left(1 + \frac{1}{\bar{b}}\right) y \tag{9-23}$$

定常状態を分析するので，時間を表す下付きの添え字 t を省略している．(9-23) 式をグラフに書くと図9-2のようになる．図9-2aに，(9-23) 式の

---

[5] 動学方程式の導出については，本章の補論を参照せよ．また，Futagami, Iwaisako and Ohdoi (2008) は連続時間のモデルを用いて3本の動学式を解析している．詳細な分析はこの論文を参照していただきたい．

第9章 生産的公共サービスと経済成長

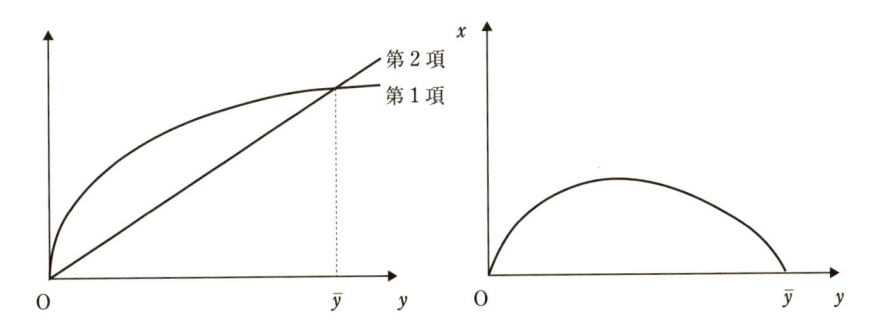

図9-2a （9-23）式の右辺第1項と第2項　　図9-2b　消費‐資本比率 x と生産的公共サービス‐資本比率 y の関係

右辺の第1項（上に凸の曲線）と右辺の第2項（直線）が描かれている．第1項と第2項の差が（9-23）式のグラフになるから，（9-23）式のグラフは図9-2bのようになることがわかる．したがって，経済的に有意味な y の範囲 $y_t \in [0, \bar{y}]$ がある．

一方，(9-20) は定常状態（$x_{t+1} = x_t$）で次のようになる．

$$1 = \frac{\frac{1+(1-\tau)\alpha y^{1-\alpha}}{1+\rho}}{y^{1-\alpha}+1-y-x} \rightarrow y^{1-\alpha}+1-y-x = \frac{1}{1+\rho}[1+(1-\tau)\alpha y^{1-\alpha}]$$

この式に（9-23）式を代入して整理すると，次の y に関する方程式を得る．(9-24) 式が定常状態の生産的公共サービスと資本の比率 y を決める．

$$y + \frac{\rho}{1+\rho}\bar{b} = \left[\tau - \alpha\frac{(1-\tau)\rho}{1+\rho}\bar{b}\right]y^{1-\alpha} \tag{9-24}$$

(9-24) 式の左辺は正の値をとるから，経済的に有意味な解が存在するときは次の不等式が成立していなければならない．

$$\frac{\tau}{\bar{b}} > \alpha\frac{(1-\tau)\rho}{1+\rho} \rightarrow \frac{\tau}{\alpha}\frac{1+\rho}{(1-\tau)\rho} > \bar{b} \tag{9-25}$$

不等式 (9-25) より，政府の目標公債残高 $\bar{b}$ が大きすぎると定常状態が存在しないことになる．

定常状態 (9-24) 式の左辺 (LHS) と右辺 (RHS) のグラフにより，その

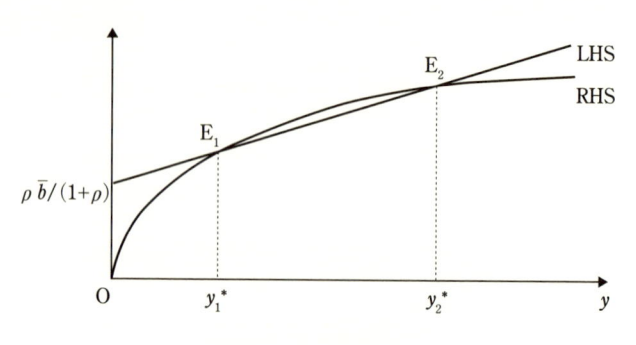

図9-3　複数均衡

性質がよくわかる．図9-3に描かれているように，左辺は縦軸の切片が $\rho\bar{b}/(1+\rho)$，傾きが1の右上がりの直線で，右辺は原点を通る上に凸の曲線である．したがって，政府の目標公債残高 $\bar{b}$ があまり大きくない場合，定常状態は図9-3の E_1 と E_2 の2つ存在することになる．ここで，注意しなければならないのは，現在のモデルのように定常状態が複数存在する場合に，定常状態へ収束する経路が存在する定常状態のみが，経済分析の対象として有意味であるということである．現在のモデルの場合，2つの定常状態に収束する経路が存在することがわかっているので，両方の定常状態の性質を考察してゆこう[6]．

オイラー方程式より，各定常状態の成長率は次のようになる．

$$\gamma_i^* \equiv \frac{C_{t+1}}{C_t} = \frac{1+(1-\tau)\alpha y_i^{*1-\alpha}}{1+\rho}, \quad i=1, 2 \tag{9-26}$$

図9-3から明らかなように，左の定常状態 E_1 では公共サービス・資本比率 $y_t = G_t/K_t$ が右の定常状態 E_2 に比べてより低い値をとっている．よって（9-26）式より，右の定常状態 E_2 に比べて定常状態 E_1 での成長率も低いことがわかる．そこで，定常状態 E_1 を低成長均衡，定常状態 E_2 を高成長均衡と呼ぶことにしよう．

6）安定性については Futagami, Iwaisako and Ohdoi（2008）を参照されたい．定常状態 E_1 は鞍点的に安定で，定常状態 E_2 は鞍点的に安定か完全安定であることを証明できる．完全安定になる場合，経済はどのような初期状態からでも定常状態に収束する．したがって，均衡が一意に決まらないことになる．このような場合を均衡の非決定性（indeterminancy）という．

第9章　生産的公共サービスと経済成長

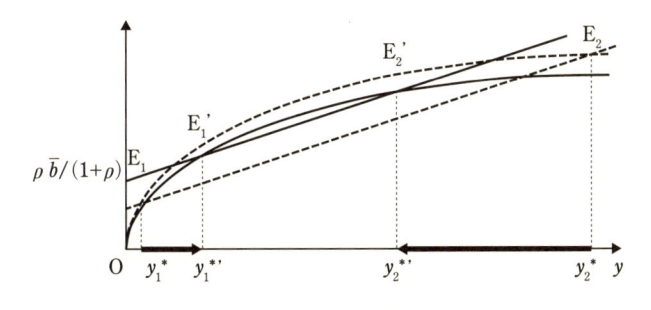

図9-4　目標公債残高 $\bar{b}$ の効果

現在のモデルは非常に興味深い含意を持っている．つまり，同じ経済構造（同じ選好，同じ生産技術）を持っていても，民間の経済主体が，政府は十分な生産的公共サービスの供給を行わないと期待するとそれに応じて民間の資本蓄積も進まず，結果的に低成長の罠に陥ることがあり得ることを示している．逆に，民間の経済主体が，政府が十分な生産的公共サービスの供給を実際に実行すると期待する場合には民間の資本蓄積も進み，豊富な税収により十分な生産的公共サービスの供給が行われることになるのである．

9-6-3　政策効果

以下では，政府の公債残高の目標値 $\bar{b}$ や税率 τ が変化したとき，定常状態や成長率がどのように変化するかについて考察しよう．

① 目標公債残高 $\bar{b}$ 変更の効果

目標公債残高 $\bar{b}$ を上げると方程式（9-24）の左辺のグラフの縦軸の切片は上昇し，傾きは変化しないから左辺のグラフは上に平行移動する．一方，右辺の大括弧は低下するから右辺のグラフは下にシフトする．ゆえに定常状態は図9-4のように変化する．したがって，図9-4から明らかなように，左の均衡 E_1（公共サービス・資本比率 G_t/K_t が低い均衡）では公共サービス・資本比率が y_1^* から $y_1^{*\prime}$ へと上昇する．一方，右の均衡 E_2（公共サービス・資本比率 G_t/K_t が高い均衡）では公共サービス・資本比率が y_2^* から $y_2^{*\prime}$ へと減少する．

よって，（9-26）式を考慮すると成長率に与える影響は次のようになる．左の低成長均衡 E_1 では公共サービス・資本比率が y_1^* が上昇するので成長率は上

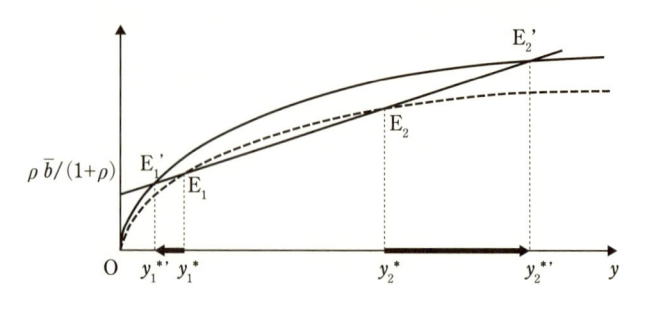

図 9-5　税率の効果

昇する．それに対して，右の高成長均衡 E_2 では公共サービス・資本比率が y_2^* が減少するので成長率は低下する．興味深いことに低成長均衡 E_1 と高成長均衡 E_2 とでは，政策効果が逆転するのである．したがって，経済規模に比して公共サービスの水準が低い経済では，財政赤字により公共サービスへの支出を賄うことで経済成長率を上昇させることができる．この点は税率をさまざまな事情により上げることができないような国（このような国は低成長経済であることが多い）においては重要な意味を持つ．このような国では，公債を発行することで財政赤字をファイナンスすることを余儀なくされる．本章の結果はそのような財政赤字を正当化できる可能性を示している．しかし，既に十分な水準に公共サービスの供給が達している経済では，逆に財政赤字により公共サービスへの支出を賄うことは成長を阻害する要因になるのである．

② **税率 τ の変更**

では，税率の変更はどのような影響を経済成長に与えるだろうか．(9-24) の方程式で税率 τ の上昇は右辺のみに影響を与え，右辺の係数を増加させる．そのため，税率 τ の上昇により右辺のグラフが図 9-5 のように上にシフトする．ゆえに定常状態は図 9-5 のように変化する．したがって，図 9-5 から明らかなように，左の均衡 E_1（公共サービス・資本比率 G_t/K_t が低い均衡）では公共サービス・資本比率が y_1^* から $y_1^{*\prime}$ へと低下する．一方，右の均衡 E_2（公共サービス・資本比率 G_t/K_t が高い均衡）では公共サービス・資本比率が y_2^* から $y_2^{*\prime}$ へと上昇する．よって，(9-26) 式を考慮すると成長率に与える影響は次のようになる．左の低成長均衡 E_1 では公共サービス・資本比率 y_1^* が低

第9章　生産的公共サービスと経済成長

下するので成長率は低下する．それに対して，右の高成長均衡 E_2 では公共サービス・資本比率 y_2^* が増加するが，税率 τ が上昇しているので，(9-26) 式から成長率を押し下げる効果も存在しており，成長率が上昇するのか低下するのかについて判断するためにはより詳しい分析が必要である．

そこで税率が公共サービス・資本比率にどのような影響を与えるかについて (9-24) 式を全微分して調べよう．

$$\left[1-\left\{\tau-\alpha\frac{(1-\tau)\rho}{1+\rho}\bar{b}\right\}(1-\alpha)y^{-\alpha}\right]dy-\left(1+\frac{\alpha\rho}{1+\rho}\bar{b}\right)y^{1-\alpha}d\tau=0$$

よって次の関係を得る．

$$\frac{dy}{d\tau}=\frac{\left(1+\frac{\alpha\rho}{1+\rho}\bar{b}\right)y^{1-\alpha}}{1-\left\{\tau-\alpha\frac{(1-\tau)\rho}{1+\rho}\bar{b}\right\}(1-\alpha)y^{-\alpha}} \tag{9-27}$$

右の高成長均衡 E_2 ではこの式の分母はプラスであることに注意しよう．というのは，分母の第1項の1は (9-24) 式の左辺のグラフの傾きに対応した値であり，第2項は右辺のグラフの接線の傾きである．つまり，(9-27) 式の分母は (9-24) 式の左辺と右辺のそれぞれのグラフの傾きの差である．

　(9-27) 式の分母
　　＝[(9-24)式の左辺のグラフの傾き]－[(9-24)式の右辺のグラフの傾き]

図9-3または図9-5から，左辺の傾き1の方が点 E_2 では大きいから，(9-27) 式の分母の符号は正である．したがって，(9-27) 式の分子の符号は明らかに正であるから (9-27) 式は正の値をとっている．つまり，図9-5が示すように，公共サービスと資本の比率 y_2^* は増加することがわかる．

これを使って成長率への税率の影響を調べる．成長率を税率 τ で微分すると次を得る．

$$(1+\rho)\frac{d\gamma_2^*}{d\tau}=-\alpha y_2^{*1-\alpha}+(1-\tau)\alpha(1-\alpha)y_2^{*-\alpha}\frac{dy_2^*}{d\tau}$$

$$=\alpha y_2^{*1-\alpha}\left[-1+(1-\tau)(1-\alpha)y_2^{*-1}\frac{dy_2^*}{d\tau}\right]$$

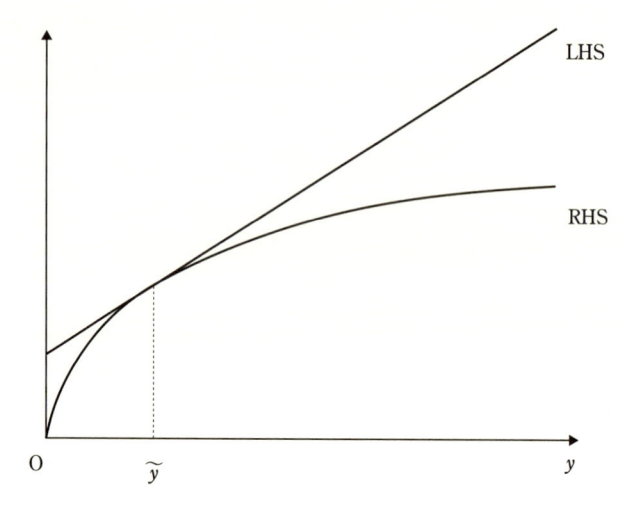

図9-6 (9-27)式の分母＝0のとき

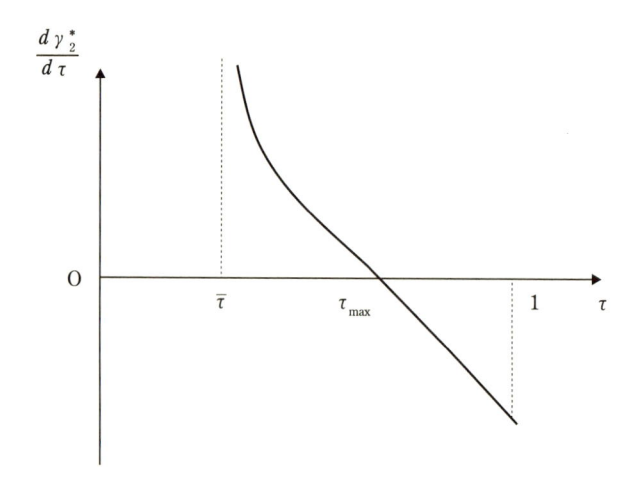

図9-7 成長率最大化税率 τ_{max} の存在

$\tau=1$ のときは，第2項は0になるのでこの導関数の値はマイナスである．(9-27) 式の分母の意味を思い出してほしい．図9-5において図9-6のように2つのグラフがちょうど接するとき $dy_2^*/d\tau$ の分母は0になる．税率 τ が徐々に低下してくると (9-24) 式のグラフは下にシフトしてくる一方で左辺の直線のグラフは変化しないから，このように2つのグラフが接するケースは必

第9章 生産的公共サービスと経済成長

ず存在する．このようなケースにおける税率 τ を $\bar{\tau}$ とする．右の均衡 E_2 での公共サービスと資本の比率 y が，この接点での公共サービス・資本比率の値 $\tilde{y}$ に近いとき，つまり，$\tau=\bar{\tau}$ のとき $dy_2^*/d\tau$ は非常に大きな値をとるから，$d\gamma_2^*/d\tau$ の符号はプラスの値をとる．ゆえに図 9-7 が示すように $d\gamma_2^*/d\tau=0$ となるような税率が少なくとも 1 つ存在する．したがって成長率を最大にする税率 $\tau_{\max}$ が高成長均衡 E_2 では存在する．つまり，高成長均衡 E_2 は政府の予算がバランスしている原モデルと同様の性質を持っていると言える．

以上の分析からわかるように，生産的公共サービスを公債の発行によって賄うか，税によって賄うかは，経済成長に与える影響に大きな差をもたらす．高成長均衡にいるような経済の場合は，税率が高すぎない限り税率の上昇により生産的公共サービスを賄うことが成長を促進させることがある．一方，低成長均衡にいるような経済の場合は税収によって生産的公共サービスを賄うよりも公債の発行による方法が成長促進的である．

補論　ダイナミクス

3 本の動学式 (9-20), (9-21), (9-22) のダイナミクスについて考察する．ここで，注意することは，(9-22) 式によって決まる債務資本比率の変化は他の変数の影響を受けずにそれだけで決まってしまう点である．しかも，定差方程式 (9-22) は容易にわかるように定常状態 $\bar{b}$ に収束する安定なシステムである．したがって，$b_t=\bar{b}$ を前提としたダイナミクスを分析することで，3 本の動学式のダイナミクスの性質がわかる．

$b_t=\bar{b}$ とおくと (9-21) 式より (9-23) 式を得ることができる．(9-23) 式を (9-20) 式に代入すると次を得る．

$$\left[1-(1-\tau)\alpha+\frac{\tau}{\bar{b}}\right]y_{t+1}^{1-\alpha}-\left(1+\frac{1}{\bar{b}}\right)y_{t+1}$$

$$=\frac{\dfrac{1+(1-\tau)\alpha y_{t+1}^{1-\alpha}}{1+\rho}}{\left[(1-\tau)\alpha-\dfrac{\tau}{\bar{b}}\right]y_t^{1-\alpha}+\dfrac{1}{\bar{b}}y_t+1}\left\{\left[1-(1-\tau)\alpha+\frac{\tau}{\bar{b}}\right]y_t^{1-\alpha}-\left(1+\frac{1}{\bar{b}}\right)y_t\right\} \quad (A9-1)$$

ここで，ダイナミクスを考察するので，下付きの添え字 t を復活させている．この (A9-1) において，第 $t+1$ 期の変数を左辺に，第 t 期の変数を右辺にまとめることにより，次の y_t に関する定差方程式を得る．

$$\frac{\left[1-(1-\tau)\alpha+\frac{\tau}{b}\right]y_{t+1}^{1-\alpha}-\left(1+\frac{1}{b}\right)y_{t+1}}{1+(1-\tau)\alpha y_{t+1}^{1-\alpha}}=\frac{1}{1+\rho}\frac{\left[1-(1-\tau)\alpha+\frac{\tau}{b}\right]y_t^{1-\alpha}-\left(1+\frac{1}{b}\right)y_t}{\left[(1-\tau)\alpha-\frac{\tau}{b}\right]y_t^{1-\alpha}+\frac{1}{b}y_{t+1}} \quad \text{(A9-2)}$$

(A9-2) 式の左辺は第 $t+1$ 期の変数 y_{t+1} の関数になっており，右辺は第 t 期の変数 y_t の関数になっている．この y_t に関する定差方程式は，第3章の定差方程式 (3-30) と同じ構造をしていることがわかる．(A9-2) 式を解析することで，システムのダイナミクスがわかる．Futagami, Iwaisako and Ohdoi (2008) の連続時間のモデルでは，定常状態 E_1 は不安定になるので，動学式 (9-22) を考慮すると定常状態 E_1 は鞍点になる．一方，定常状態 E_2 は不安定ないしは安定になるので，動学式 (9-22) を考慮すると定常状態 E_2 は鞍点ないし完全安定になる．また，(A9-2) 式も連続時間モデルと同様の性質を持つことを示すことができる[7]．したがって，どちらの定常状態も実現可能な定常状態になる．

---

7) ケース分けが多いので本書では割愛する．

第10章

公共資本と経済成長

　第9章では，生産的な公共サービスが生産効率を上昇させるモデルについて考察した．そのモデルでは，税収がそのまますぐに生産的公共サービスに変換され，生産性の上昇を実現できた．しかし，政府が提供するサービスは資本としての性格を持っているものも多い．港湾，空港，道路，防衛力，上下水道などは何年もの歳月をかけて構築されてゆく公共資本，インフラストラクチャーである．すなわち，これらの公共資本はフローではなくストックとして生産性を上昇させてゆく．このような公共資本を考慮に入れると第9章の結論はどのような変更を受けるだろうか．第1に，この成長モデルはダイナミクスを持つことになる．第9章の成長モデルはダイナミクスを持たなかった．つまり，経済は初期に定常成長経路上にあった．ところが，公共資本というストック変数が増えると経済変動に調整過程が必要になりダイナミクスが生まれてくるのである．次に吟味するべき点は，成長率を最大にする税率は存在するかという問題と，経済成長を最大にする税率は同時に経済厚生を最大にするかという問題である．前半の問いの答えは「イエス」である．後半の問いへの答えは「ノー」である．これらの点を以下の節で考察してゆこう．

10–1　政府

　家計の行動と企業の行動に関しては第9章と同じである．生産関数は (9-1) 式と同じコブ＝ダグラス型を仮定する．ただし，生産性を上昇させるのは公共

資本 K_G である．したがって，生産関数は次のように表される．

$$Y = F(K, K_G \cdot L) = K^\alpha (K_G \cdot L)^{1-\alpha} \tag{10-1}$$

本章でも計算の簡単化のために $L=1$ とする．

政府の予算制約式は次のように変更される．税収によってファイナンスされるのは公共投資 $I_{G,t}$ になる．

$$I_{G,t} = \tau \cdot Y_t \tag{10-2}$$

第9章と同じく税は所得に対する比例税で徴収され，税率 τ は時間を通じて一定とする．この公共投資によって公共資本 K_G を蓄積してゆくことができる．すなわち，次が成立する．

$$K_{G,t+1} - K_{G,t} = I_{G,t} = \tau \cdot Y_t \tag{10-3}$$

(9-3) 式とは異なり，公共資本は公共投資により徐々に蓄積されてゆくことになる．

10-2 動学式

本節では公共資本を含む成長モデルの動学式を導出する．財市場の均衡条件は次のようになる．

$$Y_t = C_t + I_t + I_{G,t} \quad \rightarrow \quad K_{t+1} = (1-\tau)Y_t - C_t + K_t \tag{10-4}$$

(10-3) 式と (10-4) 式で民間資本と公共資本の比 $K_{G,t+1}/K_{t+1} (\equiv k_{G,t+1})$ を作り，生産関数 (10-1) を用いると次のようになる．

$$k_{G,t+1} \equiv \frac{K_{G,t+1}}{K_{t+1}} = \frac{K_{G,t} + \tau K_t^\alpha K_{G,t}^{1-\alpha}}{(1-\tau)K_t^\alpha K_{G,t}^{1-\alpha} + K_t - C_t}$$

この式の右辺の分子と分母を K_t で割ると次の式を得ることができる．

$$k_{G,t+1} = \frac{k_{G,t} + \tau k_{G,t}^{1-\alpha}}{(1-\tau)k_{G,t}^{1-\alpha} + 1 - C_t/K_t} \tag{10-5}$$

利潤最大化条件 (9-2a) を現在の形式に書き直したものと (9-8) のオイラー方程式を1期だけ前にずらした式は，それぞれ次のようになる．人口 L は1だから，大文字 C と1人当たりの消費を表す小文字 c の区別は必要ないことに注意しておこう．

$$r_t = \alpha \left(\frac{K_{G,t}}{K_t}\right)^{1-\alpha} = \alpha k_{G,t}^{1-\alpha} \tag{10-6}$$

$$\frac{C_t}{C_{t-1}} = \frac{1+(1-\tau)r_t}{1+\rho} \tag{10-7}$$

この2つの式を使うと (10-5) 式より次の $k_{G,t}$ に関する動学式を得ることができる．

$$\begin{aligned}
k_{G,t+1} &= \frac{k_{G,t} + \tau k_{G,t}^{1-\alpha}}{(1-\tau)k_{G,t}^{1-\alpha}+1-(C_t/C_{t-1})(C_{t-1}/K_t)} \\
&= \frac{k_{G,t} + \tau k_{G,t}^{1-\alpha}}{(1-\tau)k_{G,t}^{1-\alpha}+1-\dfrac{1+\alpha(1-\tau)k_{G,t}^{1-\alpha}}{1+\rho}x_t}
\end{aligned} \tag{10-8}$$

ここで，$x_t \equiv C_{t-1}/K_t$ である．

次に，オイラー方程式 (10-7) と財市場の均衡条件 (10-4) より第 t 期の消費と第 $t+1$ 期の民間資本の比 $C_t/K_{t+1}(\equiv x_{t+1})$ を作り，利潤最大化条件 (10-6) を使うと次を得ることができる．

$$x_{t+1} \equiv \frac{C_t}{K_{t+1}} = \frac{\dfrac{1}{1+\rho}[1+\alpha(1-\tau)k_{G,t}^{1-\alpha}]C_{t-1}}{(1-\tau)K_t^{\alpha}k_{G,t}^{1-\alpha}+K_t-C_t}$$

この式の右辺の分子と分母を K_t で割り，再びオイラー方程式 (10-7) と x_t の定義を用いると，次の x_t に関する動学式を得ることができる．

$$x_{t+1} = \frac{\dfrac{1}{1+\rho}[1+\alpha(1-\tau)k_{G,t}^{1-\alpha}]}{(1-\tau)k_{G,t}^{1-\alpha}+1-\dfrac{1+\alpha(1-\tau)k_{G,t}^{1-\alpha}}{1+\rho}x_t}x_t \tag{10-9}$$

(10-8) と (10-9) の2つの動学式が公共資本を含む経済成長モデルの $k_{G,t}$ のダイナミクスを記述するのである．

10-3 定常状態

本章のモデルでも定常状態について調べよう．定常状態では $k_{G,t+1}=k_{G,t}$ および $x_{t+1}=x_t$ だから，(10-8) 式と (10-9) 式より次を得る．

$$x_t=(1+\rho)\frac{(1-\tau)k_{G,t}^{1-\alpha}-\tau k_{G,t}^{-\alpha}}{1+\alpha(1-\tau)k_{G,t}^{1-\alpha}} \tag{10-10}$$

$$x_t=(1+\rho)\frac{1+(1-\tau)k_{G,t}^{1-\alpha}}{1+\alpha(1-\tau)k_{G,t}^{1-\alpha}}-1 \tag{10-11}$$

(10-10) 式と (10-11) 式から x_t を消去することで，k_t に関する次の方程式を得ることができる．

$$1+\alpha(1-\tau)k_{G,t}^{1-\alpha}=(1+\rho)[1+\tau k_{G,t}^{-\alpha}] \tag{10-12}$$

この方程式に関しても左辺（LHS）と右辺（RHS）のグラフを描くことで，解（定常状態における公共資本と民間資本の比率 k_G^*）について調べることができる．左辺のグラフは縦軸と1で交わる右上がりの上に凸なグラフで，右辺は右下がりで下に凸なグラフで $1+\rho$ がその下限である．したがって，図10-1が示すように唯一の交点 E が存在するので，定常状態がユニークに定まることになる．

10-4 ダイナミクス

(10-8) 式と (10-9) 式から構成される動学システムの安定性を調べよう．第2章と同様に，第 t 期から第 $t+1$ 期にかけての変数の変化を調べて位相図を描くことにする．(10-8) 式より次を得る．

$$k_{G,t+1}-k_{G,t}=\left[\frac{1+\tau k_{G,t}^{-\alpha}}{(1-\tau)k_{G,t}^{1-\alpha}+1-\dfrac{1+\alpha(1-\tau)k_{G,t}^{1-\alpha}}{1+\rho}x_t}-1\right]k_{G,t} \tag{10-13}$$

(10-13) 式の大括弧の中が0になるとき，公共資本と民間資本の比率は変化し

第10章　公共資本と経済成長

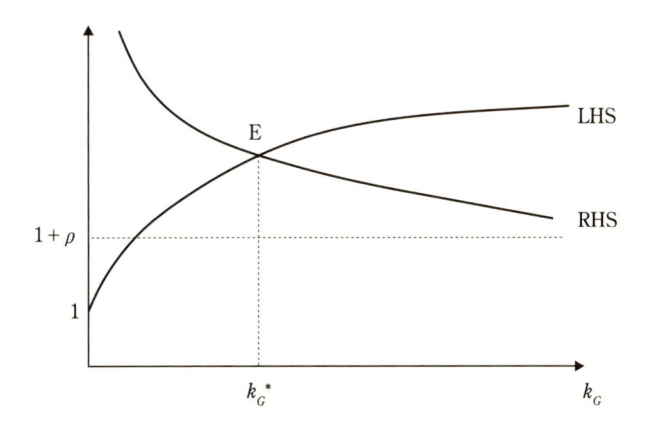

図10-1　定常状態

ない．大括弧の中が0になるときは（10-10）式の関係が成立するときである．
（10-10）式を $k_{G,t}$ で微分することで次を得る．

$$\frac{dx_t}{dk_{G,t}} = (1+\rho)\frac{(1-\tau)(1-\alpha)k_{G,t}^{-\alpha} + \alpha\tau k_{G,t}^{-\alpha-1} + \alpha\tau(1-\tau)k_{G,t}^{-2\alpha}}{[1+\alpha(1-\tau)k_{G,t}^{1-\alpha}]^2} > 0$$

したがって，公共資本と民間資本の比率が変化しない座標 $(k_{G,t}, x_t)$ の軌跡，$\Delta k_G = 0$ 線は右上がりのグラフになる．また（10-10）式の分子は $k_{G,t} = \tau/(1-\tau)$ で0になるから（10-10）式のグラフは横軸と $k_{G,t} = \tau/(1-\tau)$ で交わる．また，公共資本と民間資本の比率が無限に大きくなるときの極限を計算すると次のようになる．

$$\lim_{k_{G,t} \to \infty} x_t|_{\Delta k_G = 0} = \frac{1+\rho}{\alpha} \tag{10-14}$$

次に，消費と民間資本の比が変化しない変数の組み合わせを調べよう．（10-9）式より次の第 t 期から第 $t+1$ 期にかけての x_t の変化を得る．

$$x_{t+1} - x_t = \left(\frac{\frac{1}{1+\rho}[1+\alpha(1-\tau)k_{G,t}^{1-\alpha}]}{(1-\tau)k_{G,t}^{1-\alpha} + 1 - \frac{1+\alpha(1-\tau)k_{G,t}^{1-\alpha}}{1+\rho}x_t} - 1\right)x_t \tag{10-15}$$

したがって，消費と民間資本の比率 x_t が変化しないときは（10-11）式の関係

227

が成立するときである．(10-11) 式を $k_{G,t}$ で微分することで次を得る．

$$\frac{dx_t}{dk_{G,t}} = (1+\rho)\frac{(1-\tau)(1-\alpha)^2 k_{G,t}^{-\alpha}}{[1+\alpha(1-\tau)k_{G,t}^{1-\alpha}]^2} > 0$$

よって，消費と民間資本の比率が変化しない座標 ($k_{G,t}$, x_t) の軌跡，$\Delta x=0$ 線は右上がりのグラフになる．また (10-11) 式は $k_{G,t}=0$ のとき $x_t=\rho$ だから，(10-11) 式のグラフは縦軸と $x_t=\rho$ で交わる．また，公共資本と民間資本の比率が無限に大きくなるときの極限を計算すると次のようになる．

$$\lim_{k_{G,t} \to \infty} x_t \big|_{\Delta x=0} = \frac{1+\rho}{\alpha} - 1 \tag{10-16}$$

以上を基に $\Delta k_G=0$ 線と $\Delta x=0$ 線を描くと，図10-2のようになる．$\Delta k_G=0$ 線は横軸と交わり，$\Delta x=0$ 線は縦軸と交わる．また，両方のグラフが右上がりで (10-14) 式と (10-16) 式を考慮すれば図10-2に描かれているように2つのグラフは一度だけ交わる．

では，2つの変数の時間に伴う動きはどうなるか調べてゆこう．(10-13) 式から $k_{G,t}$ の動きを調べることができる．(10-13) 式の大括弧の中にある消費と民間資本の比率 x_t に注目しよう．消費と民間資本の比率 x_t が増加してゆくと，分母が小さくなるので (10-13) 式の大括弧の中の第1項は大きくなってゆく．つまり，$\Delta k_G=0$ 線より下では (10-13) 式はマイナスの値をとり，$\Delta k_G=0$ 線より上では (10-13) 式はプラスの値をとる．すなわち，$\Delta k_G=0$ 線より下では $k_{G,t}$ は時間とともに減少し，$\Delta k_G=0$ 線より上では $k_{G,t}$ は時間とともに増加してゆく．

また，(10-15) 式から x_t の動きを調べることができる．(10-15) 式の括弧の中にある消費と民間資本の比率 x_t に注目しよう．消費と民間資本の比率 x_t が増加してゆくと，分母が小さくなるので (10-15) 式の大括弧の中の第1項は大きくなってゆく．つまり，$\Delta x=0$ 線より下では (10-15) 式はマイナスの値をとり，$\Delta x=0$ 線より上では (10-15) 式はプラスの値をとる．すなわち，$\Delta x=0$ 線より下では x_t は時間とともに減少し，$\Delta x=0$ 線より上では x_t は時間とともに増加してゆく．

ここで注意しておくべきことがある．(10-8) 式の分母は第 $t+1$ 期の資本に

第10章　公共資本と経済成長

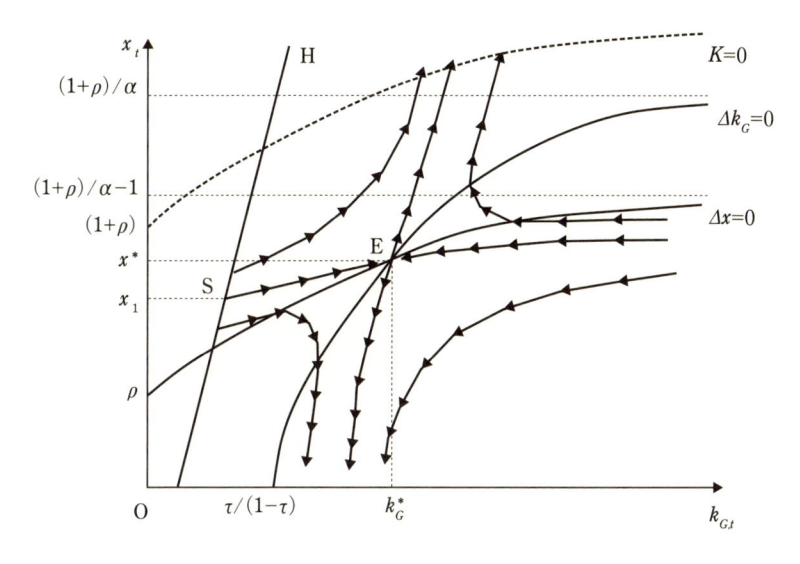

図10-2　ダイナミクス

対応している．したがって，(10-8) 式の分母の値は正でなければならない．ゆえに，次の不等式が成立していなければならない．

$$x_t \leq (1+\rho)\frac{1+(1-\tau)k_{G,t}^{1-\alpha}}{1+\alpha(1-\tau)k_{G,t}^{1-\alpha}}$$

この不等式が等号で成立するグラフは，$\Delta x=0$ 線を 1 だけ上に平行移動したグラフである．このグラフの縦軸の切片は $1+\rho$ である．これが図10-2の $K=0$ 線である．したがって，経済的に意味があるのは，この $K=0$ 線よりも下の領域である．

では，経済の初期値はどう決まるだろうか．公共資本と民間資本の比率 $k_{G,t}$ は先決変数であり，初期値は，$k_{G,0}=K_{G,0}/K_0$ である．一方，消費と民間資本の比率は分子と分母が 1 期ずれていたことに注意しよう．消費と民間資本の比率の初期値は，$x_1=C_0/K_1$ である．したがって，(10-8) 式で $t=0$ とおくことはできない．その代わりに (10-5) 式で $t=0$ とおいた式を使うことができる．(10-5) 式で $t=0$ とおくと次のようになる．

$$k_{G,1}=\frac{k_{G,0}+\tau k_{G,0}^{1-\alpha}}{(1-\tau)k_{G,0}^{1-\alpha}+1-C_0/K_0}=\frac{k_{G,0}+\tau k_{G,0}^{1-\alpha}}{(1-\tau)k_{G,0}^{1-\alpha}+1-(K_1/K_0)(C_0/K_1)}$$

229

$$= \frac{k_{G,0} + \tau k_{G,0}^{1-\alpha}}{(1-\tau)k_{G,0}^{1-\alpha} + 1 - (K_1/K_{G,1})(K_{G,0}/K_0)x_1} = \frac{k_{G,0} + \tau k_{G,0}^{1-\alpha}}{(1-\tau)k_{G,0}^{1-\alpha} + 1 - \frac{1}{k_{G,1}}\frac{K_{G,0} + \tau K_0^\alpha K_{G,0}^{1-\alpha}}{K_0}x_1}$$

$$= \frac{k_{G,0} + \tau k_{G,0}^{1-\alpha}}{(1-\tau)k_{G,0}^{1-\alpha} + 1 - \frac{k_{G,0} + \tau k_{G,0}^{1-\alpha}}{k_{G,1}}x_1}$$

ここで3番目の変形では (10-3) 式を用いている．これを x_1 について解くと次の関係式を得る．

$$x_1 = \frac{(1-\tau)k_{G,0}^{1-\alpha} + 1}{k_{G,0} + \tau k_{G,0}^{1-\alpha}}k_{G,1} - 1 \tag{10-17}$$

(10-17) 式は公共資本と民間資本の初期値 $k_{G,0}$ が与えられたときの，第1期の $k_{G,1}$ と x_1 の関係を示している．すなわち，(10-17) 式は第2章で初期曲線 **H** と呼んだものである[1]．第2章の2-7-4項でこれと同じ方法を用いて初期の決定を行ったことを思い出してほしい．ここでは次のようになっている．

(10-17)　　　連立定差方程式 (10-8) と (10-9)

$k_{G,0} \rightarrow$　$(k_{G,1},\ x_1) \rightarrow (k_{G,2},\ x_2) \rightarrow (k_{G,3},\ x_3) \rightarrow \cdots\cdots$

(10-17) の直線の傾きを $k_{G,0}$ で微分すると次のようになり，傾きが $k_{G,0}$ の減少関数であることがわかる．

$$\frac{d}{dk_{G,0}}\left[\frac{(1-\tau)k_{G,0}^{1-\alpha} + 1}{k_{G,0} + \tau k_{G,0}^{1-\alpha}}\right] = \frac{-\alpha(1-\tau)k_{G,0}^{1-\alpha} - 1 - \tau(1-\alpha)k_{G,0}^{-\alpha}}{(k_{G,0} + \tau k_{G,0}^{1-\alpha})^2} < 0$$

したがって，公共資本と民間資本の比率の初期値が十分に小さいと，(10-17) 式の直線の傾きは非常に大きいので，初期曲線 **H** は図10-2に描かれているようになる．

第2章と同様に，図10-2で横軸に収束する経路と上方に発散する経路は均衡ではない．横軸に収束してゆく経路は横断条件・NPG条件を満たさない．

---

1) ただし，(10-17) は直線の方程式になっているので，初期直線と呼ぶべきかもしれない．

また上方に発散する経路は資本を食いつぶしてしまい，家計の最適条件を満たさない．ゆえに，均衡経路は初期曲線 **H** 上の点 S から出発して定常点 E へと収束する安定的な鞍点経路のみである[2]．

10-5 比較静学：税率が定常状態に与える影響

　税率の上昇は公共資本と民間資本の比率にどのような影響を与えるだろうか．図10-3に示されているように，税率 τ の上昇は(10-12)式の左辺のグラフを下にシフトさせ，右辺のグラフを上にシフトさせる．したがって，交点は点 E′ へと変化する．つまり，公共資本と民間資本の比率は $k_G^{*\prime}$ へと上昇するのである．

　次に，税率の上昇が定常状態の消費に与える影響を調べるために(10-11)式を税率 τ で微分しよう．

$$\frac{dx_t}{d\tau} = (1+\rho)\frac{\left[-k_{G,t}^{1-\alpha}+(1-\tau)\frac{dk_{G,t}^{1-\alpha}}{d\tau}\right]\left[1+\alpha(1-\tau)k_{G,t}^{1-\alpha}\right]-\left[1+(1-\tau)k_{G,t}^{1-\alpha}\right]\left[-\alpha k_{G,t}^{1-\alpha}+\alpha(1-\tau)\frac{dk_{G,t}^{1-\alpha}}{d\tau}\right]}{\left[1+\alpha(1-\tau)k_{G,t}^{1-\alpha}\right]^2}$$

$$= (1+\rho)(1-\alpha)k_{G,t}^{-\alpha}\frac{(1-\alpha)(1-\tau)\frac{dk_{G,t}}{d\tau}-k_{G,t}}{\left[1+\alpha(1-\tau)k_{G,t}^{1-\alpha}\right]^2} \tag{10-18}$$

したがって，この微分の符号を判定するためには，税率が公共資本と民間資本の比率に与える影響 $dk_G/d\tau$ を知る必要がある．そのために(10-12)式を k_G と τ の陰関数と考えて全微分しよう．

$$\alpha(1-\alpha)(1-\tau)k_{G,t}^{-\alpha}dk_{G,t}-\alpha k_{G,t}^{1-\alpha}d\tau = -(1+\rho)\alpha\tau k_{G,t}^{-\alpha-1}dk_{G,t}+(1+\rho)k_{G,t}^{-\alpha}d\tau$$

$$\rightarrow \quad \frac{dk_{G,t}}{d\tau} = \frac{\alpha k_{G,t}+(1+\rho)}{(1+\rho)\alpha\tau k_{G,t}^{-1}+\alpha(1-\alpha)(1-\tau)} > 0 \tag{10-19}$$

このことから図10-3で示したように，τ の上昇により定常状態の公共資本と民間資本の比率が上昇することを確認できる．この(10-19)式を(10-18)式の分子に代入すると次を得る．

2）鞍点であることの厳密な証明は本章の補論1を参照せよ．

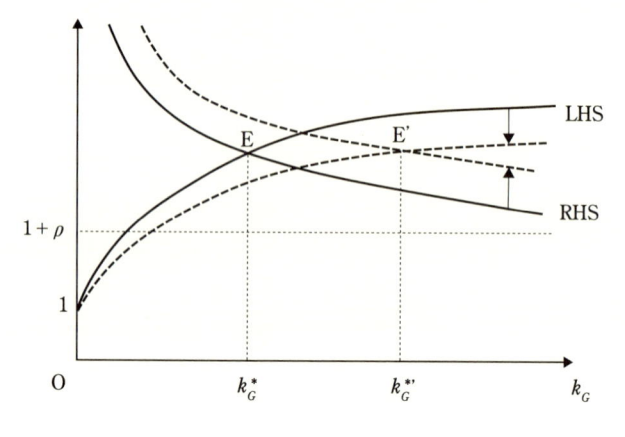

図10-3　税率の効果

$$(1-\alpha)(1-\tau)\frac{dk_{G,t}}{d\tau}-k_{G,t}=\frac{(1-\alpha)(1-\tau)[\alpha k_{G,t}+(1+\rho)]}{(1+\rho)\alpha\tau k_{G,t}^{-1}+\alpha(1-\alpha)(1-\tau)}-k_{G,t}$$

$$=\frac{(1+\rho)[(1-\alpha)-\tau]}{(1+\rho)\alpha\tau k_{G,t}^{-1}+\alpha(1-\alpha)(1-\tau)}$$

したがって，この式の分母は常にプラスだから定常状態において次の結果を得た．

$$\frac{dx^*}{d\tau}\geq 0 \quad\Leftrightarrow\quad \tau\leq 1-\alpha,\quad \frac{dx^*}{d\tau}<0 \quad\Leftrightarrow\quad \tau>1-\alpha \tag{10-20}$$

では，定常状態での税率と成長率の関係を調べてみよう．定常成長経路ではすべての変数が同一の率で成長しているから，税率と成長率の関係を調べるために (10-3) 式を使おう．(10-3) 式より（粗）成長率は次のようになる．

$$\gamma\equiv\frac{K_{G,t+1}}{K_{G,t}}=1+\tau\frac{Y_t}{K_{G,t}}=1+\tau\frac{K_t^\alpha K_{G,t}^{1-\alpha}}{K_{G,t}}=1+\tau k_{G,t}^{-\alpha} \tag{10-21}$$

したがって，(10-21) 式を税率 τ で微分すると次を得る．

$$\frac{d\gamma^*}{d\tau}=k_G^{*-\alpha}\left(1-\alpha\frac{\tau}{k_G^*}\frac{dk_G^*}{d\tau}\right) \tag{10-22}$$

(10-19) 式を使って，公共資本と民間資本の比率 k_G^* の税率 τ に関する弾力性を計算することができる．その結果は次のようになる．

$$1-\alpha\frac{\tau}{k_G^*}\frac{dk_G^*}{d\tau}=1-\alpha\frac{\tau}{k_G^*}\frac{\alpha k_G^*+(1+\rho)}{(1+\rho)\alpha\tau k_G^{*-1}+\alpha(1-\alpha)(1-\tau)}$$

$$=\frac{\alpha k_G^*[(1-\alpha)-\tau]}{(1+\rho)\alpha\tau+\alpha(1-\alpha)(1-\tau)k_G^*}$$

したがって，第9章と同じく，$\tau<1-\alpha$ のとき (10-22) 式の符号はプラスであり（γはτの増加関数），$\tau>1-\alpha$ のときに (10-22) 式の符号はマイナスになる（γはτの減少関数）．つまり，税率τと（粗）成長率γの関係は図9-1bと同様に逆U字型になる．よって，$\tau=1-\alpha$ において成長率が最大になることを示すことができた．ゆえに，定常状態で成長率を最大にする税率はフロー変数の生産的公共サービスの場合も公共資本の場合も同じである．

　それでは，税率が経済厚生に与える影響は2つのモデルで異なるだろうか．本節でみたように公共資本を含む成長モデルではダイナミクスが生まれてくる．この結果，経済厚生に関しては2つの成長モデルに差が生まれてくるのである．次節でそれを説明しよう．

10-6　税率と経済厚生

　第9章の生産的公共サービスを考慮した成長モデルと本章の公共資本を考慮した成長モデルで大きく異なる点は，10-4節でみたように本章の成長モデルはダイナミクスを含む点で，このダイナミクスを考慮に入れて厚生分析を行う必要がある．では，ダイナミクスを考慮に入れて経済厚生を考察するときに考えなければならないことは何か．それは経済の初期状態をどこにとるかである．移行過程を含むモデルでの経済厚生を考えるときには，初期に経済がある税率に対応した定常状態にいる場合をベンチマークとして採用する．そこで，税率変更後にある定常状態から出発して新しい定常状態に向かう経路を考慮に入れて，税率の変更により経済厚生がどのように変化するかを計算しよう．

　家計の得る総効用はこれまでと同様に次を考える．

$$\max U_0 = \sum_{t=0}^{\infty} \frac{1}{(1+\rho)^t} u(C_t), \quad u(C_t) = \ln C_t$$

移行過程を考慮に入れて消費の流列を考えなければならない．オイラー方程式（10-7）より次を得る．

$$C_t = \frac{1+(1-\tau)r_t}{1+\rho} C_{t-1} = \frac{1+(1-\tau)r_t}{1+\rho} \frac{1+(1-\tau)r_{t-1}}{1+\rho} C_{t-2}$$

$$= \frac{1+(1-\tau)r_t}{1+\rho} \frac{1+(1-\tau)r_{t-1}}{1+\rho} \times \cdots \times \frac{1+(1-\tau)r_1}{1+\rho} C_0 = C_0 \prod_{j=1}^{t} \left[\frac{1+(1-\tau)r_j}{1+\rho}\right]$$

(10-23)

(10-23) 式を上記の家計の総効用に代入すると次のようになる[3]．

$$U_0 = \sum_{t=0}^{\infty} \frac{1}{(1+\rho)^t} \ln\left[C_0 \prod_{j=1}^{t} \left\{\frac{1+(1-\tau)r_j}{1+\rho}\right\}\right] = \sum_{t=0}^{\infty} \frac{1}{(1+\rho)^t} \left\{\ln C_0 + \ln \prod_{j=1}^{t} \left[\frac{1+(1-\tau)r_j}{1+\rho}\right]\right\}$$

$$= \frac{1+\rho}{\rho} \ln C_0 + \sum_{t=0}^{\infty} \frac{1}{(1+\rho)^t} \left\{\sum_{j=1}^{t} (\ln[1+(1-\tau)r_j] - \ln(1+\rho))\right\} \quad (10\text{-}24)$$

(10-6) 式を考慮し，（10-24）式を税率 τ で微分して，定常状態で評価すると次を得る．

$$\frac{\partial U_0}{\partial \tau} = \frac{1+\rho}{\rho} \frac{1}{C_0} \frac{\partial C_0}{\partial \tau} + \sum_{t=0}^{\infty} \frac{1}{(1+\rho)^t} \left\{\sum_{j=1}^{t} \left(\frac{1}{1+(1-\tau)r^*}\left[(1-\tau)\frac{\partial r_j}{\partial \tau} - r^*\right]\right)\right\}$$

$$= \frac{1+\rho}{\rho} \frac{1}{C_0} \frac{\partial C_0}{\partial \tau} + \sum_{t=0}^{\infty} \frac{1}{(1+\rho)^t} \left\{\sum_{j=1}^{t} \left(\frac{1}{1+(1-\tau)r^*}\left[(1-\tau)\alpha(1-\alpha)k_G^{*-\alpha}\frac{\partial k_{G,j}}{\partial \tau} - r^*\right]\right)\right\}$$

(10-25)

以下では，成長率が最大になる税率 $\tau = 1-\alpha$ で（10-25）式が 0 にならず，マイナスになることを示す．つまり，成長率を最大にする税率よりも低い税率に変更することが厚生を改善することを示すことになる．

（10-25）式の計算を行うために解かなければならない問題は 2 つある．1 つ目は，税率の変化により初期の消費はどのように変化するか（$\partial C_0/\partial \tau$）である．2 つ目は，移行過程で公共資本と民間資本の比率がどのように変化するか

3）（10-24）式の 2 番目の式の第 1 項の和の計算は第 5 章の注 6 を参照せよ．

である.つまり,$\partial k_{G,j}/\partial \tau$ ($j=1, 2, \cdots\cdots$) を求めなければならない.まず第2の点から考察しよう.

公共資本と民間資本の比率の非線形連立定差方程式(10-8)と(10-9)を定常点において線形近似したシステムのダイナミクスは次のようになる.

$$k_{G,t} = k_G^* + (k_{G,1} - k_G^*)\lambda^{t-1}, \quad t=1, 2, \cdots \tag{10-26}$$

ここで,λはダイナミクスの固有値である[4].この固有値の絶対値は1より小さい.したがって,$t \to \infty$のとき(10-26)式より$k_{G,t} \to k_G^*$である.また,連立定差方程式によるダイナミクスは$t=1$が初期値であることに注意しよう.

(10-26)式のダイナミクスを税率τで微分すると次のようになる.

$$\begin{aligned}
\frac{\partial k_{G,t}}{\partial \tau} &= \frac{\partial k_G^*}{\partial \tau} + \left(\frac{\partial k_{G,1}}{\partial \tau} - \frac{\partial k_G^*}{\partial \tau}\right)\lambda^{t-1} + (k_{G,1} - k_G^*)\frac{\partial(\lambda^{t-1})}{\partial \tau} \\
&= \frac{\partial k_G^*}{\partial \tau} + \left(\frac{\partial k_{G,1}}{\partial \tau} - \frac{\partial k_G^*}{\partial \tau}\right)\lambda^{t-1}, \quad t=1, 2, \cdots
\end{aligned} \tag{10-27}$$

ここで,(10-27)式の最初の変形の第3項が0になり,2番目の等式が成立するのは,初期値を定常状態にとっているからである.(10-27)式を(10-25)式に代入すると次を得る.

$$\begin{aligned}
\left.\frac{\partial U_0}{\partial \tau}\right|_{\tau=1-\alpha} &= \frac{1+\rho}{\rho}\frac{1}{C_0}\frac{\partial C_0}{\partial \tau} \\
&+ \sum_{t=0}^{\infty}\frac{1}{(1+\rho)^t}\left\{\sum_{j=1}^{t}\left(\frac{1}{1+(1-\tau)r^*}\left[(1-\tau)\alpha(1-\alpha)k_G^{*-\alpha}\left\{\frac{\partial k_G^*}{\partial \tau} + \left(\frac{\partial k_{G,1}}{\partial \tau} - \frac{\partial k_G^*}{\partial \tau}\right)\lambda^{j-1}\right\} - r^*\right]\right)\right\} \\
&= \frac{1+\rho}{\rho}\frac{1}{C_0}\frac{\partial C_0}{\partial \tau} \\
&+ \sum_{t=0}^{\infty}\frac{1}{(1+\rho)^t}\left\{\sum_{j=1}^{t}\left(\frac{1}{1+(1-\tau)r^*}\left[\left((1-\tau)\alpha(1-\alpha)k_G^{*-\alpha}\frac{\partial k_G^*}{\partial \tau} - r^*\right) + (1-\tau)\alpha(1-\alpha)k_G^{*-\alpha}\left(\frac{\partial k_{G,1}}{\partial \tau} - \frac{\partial k_G^*}{\partial \tau}\right)\lambda^{j-1}\right]\right)\right\}
\end{aligned} \tag{10-28}$$

ここで,足し算の計算の中の第t期の第1項に注目する.成長率は(10-7)のオイラー方程式により計算できる.また利子率は(10-6)式により決定される

---

[4] 定差方程式の線形近似については数学付録を,また線形連立定差方程式の固有値については本章の補論1を参照せよ.

ことを考慮すると，成長率が最大になるときはこの項は0になる．ゆえに，経済厚生の変化は次のようになる[5]．

$$\left.\frac{\partial U_0}{\partial \tau}\right|_{\tau=1-\alpha} = \frac{1+\rho}{\rho}\frac{1}{C_0}\frac{\partial C_0}{\partial \tau}$$
$$+ \sum_{t=0}^{\infty}\frac{1}{(1+\rho)^t}\left\{\frac{1}{1+(1-\tau)r^*}\left[(1-\tau)\alpha(1-\alpha)k_G^{*-\alpha}\left(\frac{\partial k_{G,1}}{\partial \tau}-\frac{\partial k_G^*}{\partial \tau}\right)\right]\frac{1-\lambda^t}{1-\lambda}\right\}$$
(10-29)

図10-2の位相図を使って第1項の符号を調べよう．税率が上昇したとき，(10-10)式で定義される $\Delta k_G=0$ 線はどのようにシフトするだろうか．公共資本と民間資本の比率 $k_{G,t}$ を一定として，(10-10)式を τ で微分すると次を得る．

$$\frac{dx_t}{d\tau} = (1+\rho)\frac{-k_{G,t}^{1-\alpha}-k_{G,t}^{-\alpha}-\alpha k_{G,t}^{1-2\alpha}}{[1+\alpha(1-\tau)k_{G,t}^{1-\alpha}]^2} < 0$$

したがって，$\Delta k_G=0$ 線は下へシフトする．次に，公共資本と民間資本の比率 $k_{G,t}$ を一定として（10-11）式を τ で微分しよう．

$$\frac{dx_t}{d\tau} = -(1+\rho)\frac{(1-\alpha)k_{G,t}^{1-\alpha}}{[1+\alpha(1-\tau)k_{G,t}^{1-\alpha}]^2} < 0$$

したがって，$\Delta x=0$ 線も下へシフトする．また，成長率が最大になっているとき，つまり $\tau=1-\alpha$ のとき（10-20）式より定常状態の消費と資本の比率 x^* は変化しない．つまり定常点は E から E′ へと水平方向に右に移動する（図10-4）．

では，初期点はどこに位置するか調べよう．税率が変化する前の定常点での公共資本と民間資本の比率 k_G^* を初期値にとっているから，税率が変化する前の初期曲線は次のようになる．

$$x_1 = \frac{(1-\tau)k_G^{*1-\alpha}+1}{k_G^*+\tau k_G^{*1-\alpha}}k_{G,1}-1$$

---

[5] 最後の足し算は，第5章の注6を参照せよ．

第10章　公共資本と経済成長

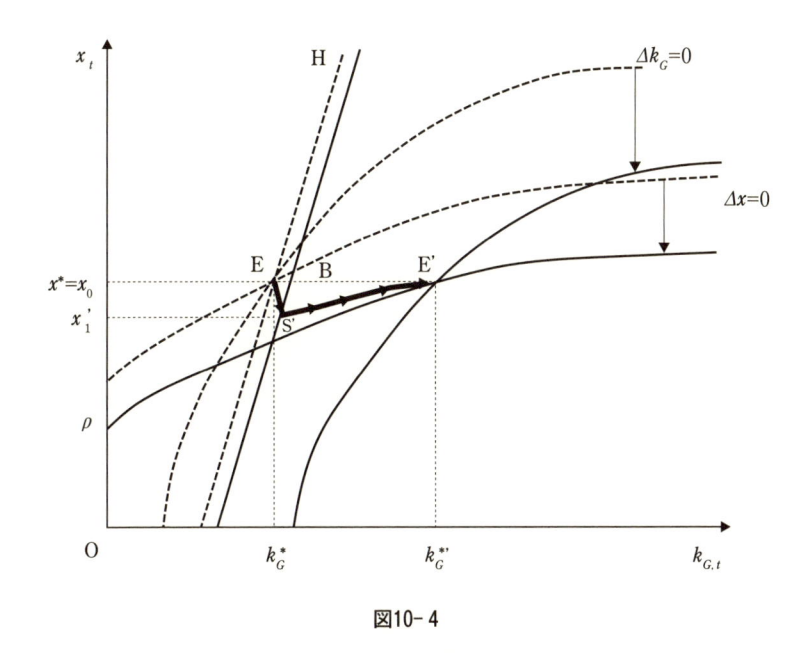

図10-4

定常状態では（10-10）式と（10-11）式が成立しており，この2つの式から導き出された（10-12）式も成立している．したがって，（10-11）式と（10-12）式より定常点Eをこの初期曲線が通ることがわかる．税率が上昇したときに（10-17）式から明らかなように，初期曲線Hは右にシフトする．また補論2で示すように，$x_t = x^*$ のとき初期曲線のシフトの幅はEBで，この右へのシフトは定常点のシフトの幅EE'より小さい．以上より，位相図は図10-4のように変化する．したがって，初期点は点Eから点S'へと変化するので，消費と民間資本の初期の比率は $x^* = x_0$ から x_1' へと低下する．

以上の結果を使って消費の初期 C_0 が低下することを背理法により示そう．初期消費は $C_0 = x_1 K_1$ である．仮に初期消費 C_0 が増加したとする．財市場の均衡条件（10-4）より次の関係が成り立っている．

$$K_1 = (1-\tau)Y_0 - C_0 + K_0 = (1-\tau)K_0^\alpha K_{G,0}^{1-\alpha} - C_0 + K_0$$

したがって，税率 τ が上昇したとき第1期の資本 K_1 は低下する．先に示したように，消費と民間資本の初期の比率 x_1 が低下しているから，$C_0 = x_1 K_1$ より初期消費は低下しなければならないが，これは初期消費 C_0 が増加したと仮定

したことと矛盾する．ゆえに，税率が上昇したときに初期消費 C_0 は低下している．つまり，$\partial C_0/\partial \tau < 0$ である．このことから (10-29) 式の第1項の符号はマイナスである．

次の第2項の符号を調べよう．図10-4から明らかに $\partial k_{G,1}/\partial \tau (>0)$ の値は $\partial k_G^*/\partial \tau (>0)$ より小さい．したがって，安定根 λ の絶対値は1より小さいから，(10-29) 式の第2項はマイナスである．

以上より，(10-29) 式の符号は $\tau = 1-\alpha$ のときにマイナスになるので，成長率が最大になる税率よりも低い税率を設定することで，家計の得る効用を増加させることができる．つまり，生産的公共サービスを考慮した成長モデルとは異なり，公共資本を考慮した成長モデルでは成長率を最大にする税率と経済厚生を最大にする税率は一致しないのである[6]．

10-7 混雑効果

これまで，公共資本は財の生産水準や民間資本の水準がどれほどであっても生産性のレベルは変化しないと仮定されてきた．高速道路を例にとろう．自動車が何台通行しても高速道路の生産性は変わらないと仮定してきたことになる．しかし，実際には自動車の通行量が増えてくると渋滞が発生し，高速道路の生産性は低下する．また空港も，離発着する航空機の数が増えてくると離発着の待ち時間が増えることで生産性は低下する．このような現象を混雑（congestion）効果という．高速道路や空港など多くの公共資本は，非排除性を持つ競合的な公共財に属していることになる．(10-1) の生産関数を次のように変更することで，このような混雑効果をモデル化してみよう[7]．

$$Y = A \cdot K^{\alpha}(K_G^n \cdot L)^{1-\alpha} \tag{10-30}$$

ここで，K_G^n は非競合的な公共資本で混雑効果を引き起こさない．ここでも，$L=1$ を仮定している．また A は混雑効果により変化する生産性で次のように定義される．

---

[6] 連続時間のモデルを用いると，経済厚生を最大にする税率は $\tau = 1-\alpha$ より低いこともわかる．

[7] 以下の議論は Futagami and Mino (1995) に基づいている．

第10章　公共資本と経済成長

$$A = \begin{cases} \overline{A} & 0 < K_G^c < \mu K \\ \underline{A} & \mu K \leq K_G^c \end{cases} \tag{10-31}$$

つまり，民間資本に比して競合的な公共資本，したがって混雑効果を引き起こす公共資本の水準が低いときには公共資本の生産性は低いが，一定水準以上になると飛躍的に生産性が高まることを意味している．高速道路を利用する自動車の数（民間資本 K に対応）が1日に1000台であるときには高速道路の生産性は高いが，1日に10000台になると高速道路の生産性は低くなる．このとき高速道路の車線（公共資本 K_G^c に対応）を増やすと，高速道路の生産性を飛躍的に高めることになるだろう．

政府は純粋な公共資本 K_G^n と混雑効果を生む公共資本 K_G^c の比率を一定の割合に保つようにすると仮定する．つまり，$K_G^n = \beta K_G$ と $K_G^c = (1-\beta)K_G$ を仮定する．β は $0<\beta<1$ を満たす定数である．ここで，K_G は公共資本の総量である．したがって，(10-31) 式は次のように書き換えることができる．

$$A = \begin{cases} \overline{A} & 0 < k_G < \mu(1-\beta)^{-1} \\ \underline{A} & \mu(1-\beta)^{-1} \leq k_G \end{cases} \tag{10-31'}$$

また以下では総公共資本 K_G は δ の率で減耗すると仮定する．したがって，(10-3) 式の代わりに次の (10-32) 式が成立する．

$$(K_{G,t+1} - K_{G,t}) + \delta K_{G,t} = I_{G,t} = \tau \cdot Y \tag{10-32}$$

以上の設定の下で，財市場の均衡条件 (10-4) と (10-32) 式より，$k_{G,t}$ に関する定差方程式 (10-5) は次のように変更される．

$$k_{G,t+1} \equiv \frac{K_{G,t+1}}{K_{t+1}} = \frac{(1-\delta)K_{G,t} + \tau Y_t}{(1-\tau)AK_t^\alpha(\beta K_{G,t})^{1-\alpha} + K_t - C_t}$$

この式の右辺の分子と分母を K_t で割り，オイラー方程式 (10-7) を用いると，次の式が得られる．

$$k_{G,t+1} = \frac{(1-\delta)k_{G,t} + \tau A\beta^{1-\alpha}k_{G,t}^{1-\alpha}}{(1-\tau)A\beta^{1-\alpha}k_{G,t}^{1-\alpha} + 1 - \frac{1+\alpha A\beta^{1-\alpha}(1-\tau)k_{G,t}^{1-\alpha}}{1+\rho}x_t} \tag{10-33}$$

ここで，生産関数 (10-30) の下で利潤最大化条件 (10-6) は次のように変更されることを用いている．

$$r = \alpha A \left(\frac{K_{G,t}^\beta}{K_t}\right)^{1-\alpha} = \alpha A \beta^{1-\alpha} k_{G,t}^{1-\alpha}$$

また，(10-30) 式を考慮すると，次の x_t に関する動学式を得ることができる．

$$x_{t+1} = \frac{\frac{1}{1+\rho}[1+\alpha A\beta^{1-\alpha}(1-\tau)k_{G,t}^{1-\alpha}]}{(1-\tau)A\beta^{1-\alpha}k_{G,t}^{1-\alpha}+1-\frac{1+\alpha A\beta^{1-\alpha}(1-\tau)k_{G,t}^{1-\alpha}}{1+\rho}x_t}x_t \tag{10-34}$$

(10-33) と (10-34) の2つの動学式が公共資本を含む経済成長モデルの $k_{G,t}$ と x_t のダイナミクスを記述するのである．

以下では定常状態についてのみ分析しよう[8]．定常状態では $k_{G,t+1}=k_{G,t}$ および $x_{t+1}=x_t$ が成立するから，(10-33) 式と (10-34) 式より次を得る．

$$x_t = (1+\rho)\frac{(1-\tau)A\beta^{1-\alpha}k_{G,t}^{1-\alpha} - \tau A\beta^{1-\alpha}k_{G,t}^{-\alpha} + \delta}{1+\alpha A\beta^{1-\alpha}(1-\tau)k_{G,t}^{1-\alpha}} \tag{10-35}$$

$$x_t = (1+\rho)\frac{1+(1-\tau)A\beta^{1-\alpha}k_{G,t}^{1-\alpha}}{1+\alpha A\beta^{1-\alpha}(1-\tau)k_{G,t}^{1-\alpha}} - 1 \tag{10-36}$$

(10-35) 式と (10-36) 式から x_t を消去することで，(10-12) 式に対応する k_t に関する次の方程式を得ることができる．

$$1+\alpha A\beta^{1-\alpha}(1-\tau)k_{G,t}^{1-\alpha} = (1+\rho)[1-\delta+\tau A\beta^{1-\alpha}k_{G,t}^{-\alpha}] \tag{10-37}$$

ここで，公共資本と民間資本の比率 $k_{G,t}$ の水準で生産性 A の値が変わるので，(10-37) 式をさらに次のように変形する方が便利である．

$$\tau k_{G,t}^{-\alpha} - \alpha(1-\tau)k_{G,t}^{1-\alpha} = \frac{(1+\rho)\delta-\rho}{A\beta^{1-\alpha}} \tag{10-38}$$

左辺の第1項は指数がマイナスなので単調減少関数であり，単調増加の第2項の関数を第1項から引いているので (10-38) 式の左辺は単調な減少関数であ

---

8) ダイナミクスについては Futagami and Mino (1995) を参照してほしい．

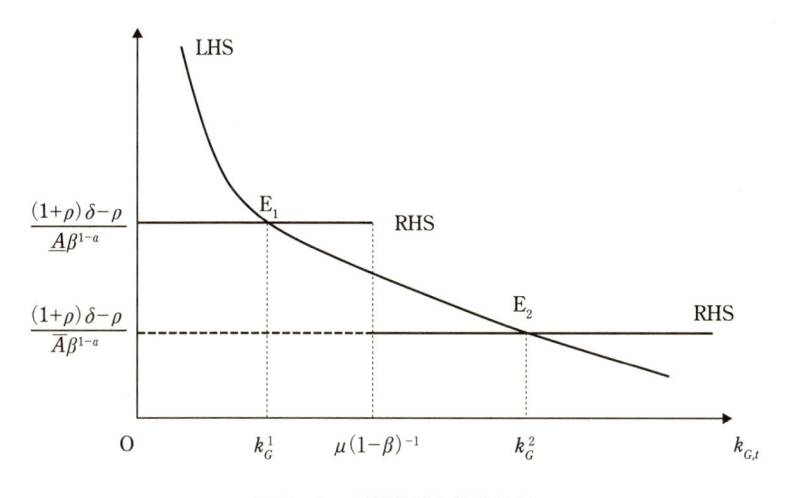

図10-5　混雑効果と複数均衡

る．また，生産性 A の値は (10-31′) 式のように公共資本と民間資本の比率 $k_{G,t}$ が $\mu(1-\beta)^{-1}$ を下回るときと上回るときで異なることに注意すると，(10-38) 式の左辺 (LHS) と右辺 (RHS) は図10-5のように描くことができる．ここで時間選好率と資本減耗率に関して不等式 $(1+\rho)\delta-\rho>0$ が成立していると仮定する．

図10-5より複数の定常状態 E_1 と E_2 が存在する場合があることがわかる．E_1 は，政府が提供する公共資本のレベルが低く民間資本の生産性も低いので，民間資本の蓄積が進まない状態に陥ってしまうような定常状態である．もう1つの E_2 は，政府が公共資本を豊富に提供することにより民間資本の生産性も高くなり，民間資本の蓄積が順調に進むような定常状態である．(10-21) 式と同様に成長率は次のように決定される．

$$\gamma = \begin{cases} 1+\tau \underline{A}\beta^{1-\alpha}k_G^1 & 0<k_G^1<\mu(1-\beta)^{-1} \\ 1+\tau \overline{A}\beta^{1-\alpha}k_G^1 & \mu(1-\beta)^{-1}\leq k_G^2 \end{cases}$$

つまり，低成長の定常状態 E_1 と高成長の定常状態 E_2 の2つの均衡が存在するのである．

補論1　動学分析

この補論では，(10-8) 式と (10-9) 式を線形近似して，この連立定差方程式を解くことにより，本文の (10-26) 式が成立することを示そう[9]．まず，(10-8) 式と (10-9) 式の線形近似は次のようになる．以下の表記を簡単にするために (10-8) 式と (10-9) 式の分母を次のように表すことにする．

$$H(k_{G,t},x_t) \equiv 1+(1-\tau)k_{G,t}^{1-\alpha} - \frac{1+\alpha(1-\tau)k_{G,t}^{1-\alpha}}{1+\rho}x_t$$

連立定差方程式の Jacobi 行列を計算すると，その要素は次のようになる．

$$a_{11} = \frac{1+\tau(1-\alpha)k_G^{*-\alpha} - H_{k_G}k_G^*}{H}, \quad H_{k_G} \equiv \frac{\partial H}{\partial k_G}$$

$$a_{12} = -\frac{H_x k_G^*}{H}, \quad a_{21} = \frac{x^*}{H}\left[\frac{\alpha(1-\alpha)(1-\tau)k_G^{*-\alpha}}{1+\rho} - H_{k_G}\right], \quad a_{22} = 1 - \frac{x^* H_x}{H}, \quad H_x \equiv \frac{\partial H}{\partial x}$$

ここで，関数 H の偏微分は定常状態 (k_G^*, x^*) で評価している．

固有方程式は次のようになる[10]．

$$h(\lambda) \equiv \lambda^2 - (a_{11}+a_{22})\lambda + (a_{11}a_{22} - a_{12}a_{21}) = 0$$

この固有方程式の固有値の絶対値の大きさを調べる．固有方程式の左辺を $h(\lambda)$ と表すことにする．定常点が鞍点であるときには，1つの固有値の絶対値の大きさは1より小さく，もう1つの固有値の絶対値は1より大きい．したがって，2次関数 $h(\lambda)$ のグラフが区間 $[-1,1]$ で横軸と一度だけ交わることを示せばよい．$h(1)$ と $h(-1)$ の符号が異なれば，グラフは横軸と一度だけ交わる．例えば，$h(1)<0$ かつ $h(-1)>0$ であれば，2次関数 $h(\lambda)$ のグラフは図 A10-1 のようになっている．

では，$h(1)$ と $h(-1)$ の符号を調べよう．つまり次の符号である．

$$h(1) = 1 - (a_{11}+a_{22}) + (a_{11}a_{22} - a_{12}a_{21})$$
$$h(-1) = 1 + (a_{11}+a_{22}) + (a_{11}a_{22} - a_{12}a_{21})$$

---

[9] 線形近似については数学付録を参照せよ．
[10] 固有方程式については数学付録を参照せよ．

第10章　公共資本と経済成長

[図: $h(\lambda)$ のグラフ、横軸 λ、-1, 0, 1 の点が示されている]

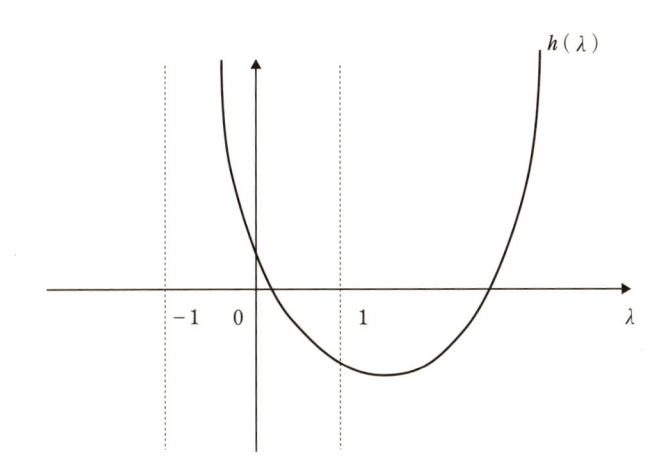

図A10-1　固有方程式のグラフ

実は，$h(1)>0$ を調べるために必要なことは，図10-2の $\Delta k_G=0$ と $\Delta x=0$ の2つのグラフの交差の仕方を調べることである．これを示そう．記述を簡明にするために（10-8）式と（10-9）式を次のように書くことにする．

$$k_{G,t+1} = \frac{k_{G,t} + \tau k_{G,t}^{1-\alpha}}{H(k_{G,t}, x_t)} \tag{A10-1a}$$

$$x_{t+1} = \frac{[1+\alpha(1-\tau)k_{G,t}^{1-\alpha}]}{(1+\rho)H(k_{G,t}, x_t)} x_t \tag{A10-1b}$$

$\Delta k_G=0$ かつ $\Delta x=0$ のとき，次が成立する．

$$k_G = \frac{k_G + \tau k_G^{1-\alpha}}{H(k_G, x)} \tag{A10-2a}$$

$$x = \frac{[1+\alpha(1-\tau)k_G^{1-\alpha}]}{(1+\rho)H(k_G, x)} x \tag{A10-2b}$$

第 t 期と第 $t+1$ 期の変数が同じ値をとるので，下付きの添え字 t をつけていない．（A10-2a）式と（A10-2b）式の陰関数がグラフが図10-2の $\Delta k_G=0$ と $\Delta x=0$ のグラフである．（A10-2a）式と（A10-2b）式を全微分して $\Delta k_G=0$ と $\Delta x=0$ のグラフの傾きを計算しよう．全微分は Jacobi 行列の要素を使うと次のようになる．

$$dk_G = a_{11}dk_G + a_{12}dx \tag{A10-3a}$$

$$dx = a_{21}dk_G + a_{22}dx \tag{A10-3b}$$

ゆえに，$\Delta k_G = 0$ と $\Delta x = 0$ のグラフの傾きは次のようになる．

$$\left.\frac{dx}{dk_G}\right|_{\Delta k_G=0} = -\frac{a_{11}-1}{a_{12}}, \quad \left.\frac{dx}{dk_G}\right|_{\Delta x=0} = -\frac{a_{21}}{a_{22}-1}$$

図10-2から明らかなように次の不等式が成り立っている．

$$\left.\frac{dx}{dk_G}\right|_{\Delta k_G=0} > \left.\frac{dx}{dk_G}\right|_{\Delta x=0}$$

したがって，次の不等式が成立する．

$$\left.\frac{dx}{dk_G}\right|_{\Delta k_G=0} - \left.\frac{dx}{dk_G}\right|_{\Delta x=0} = -\frac{a_{11}-1}{a_{12}} + \frac{a_{21}}{a_{22}-1} = -\frac{1-(a_{11}+a_{22})+(a_{11}a_{22}-a_{12}a_{21})}{a_{12}(a_{22}-1)} > 0$$

分母の符号を調べよう．明らかに $a_{12} > 0$，$a_{22} - 1 > 0$ である．したがって，分子はマイナスである．分子は $h(1)$ であるから，$h(1) < 0$ である．

ここで，$h(0)$，すなわち行列式を計算してみよう．

$$h(0) = a_{11}a_{22} - a_{12}a_{21}$$

$$= \frac{1+\tau(1-\alpha)k_G^{*-\alpha} - H_{k_G}k_G^*}{H} \times \left(1 - \frac{x^* H_x}{H}\right) + \frac{H_x k_G^*}{H} \times \frac{x^*}{H}\left[\frac{\alpha(1-\alpha)(1-\tau)k_G^{*-\alpha}}{1+\rho} - H_{k_G}\right]$$

$$= \frac{1+\tau(1-\alpha)k_G^{*-\alpha} - H_{k_G}k_G^*}{H} - \frac{1+\tau(1-\alpha)k_G^{*-\alpha}}{H} \cdot \frac{x^* H_x}{H} + \frac{\alpha(1-\alpha)(1-\tau)k_G^{*1-\alpha}}{1+\rho}\frac{x^* H_x}{H^2}$$

さらに簡単化するために，(10-10) 式を用いて得られる次の関係式を用いる．

$$x^* H_x = -[(1-\tau)k_G^{*1-\alpha} - \tau k_G^{*-\alpha}]$$

この関係式と (10-12) 式を用いると行列式の第2項と第3項は次のようにまとめることができる．

$$\frac{1}{H^2}[(1-\tau)k_G^{*1-\alpha} - \tau k_G^{*-\alpha}]\left[1 - \frac{(1-\alpha)\rho}{1+\rho}\right] > 0$$

次に行列式の第1項を計算しよう．このとき $k_G^* H_{k_G}$ の式を用いる．$k_G^* H_{k_G}$ を

求めよう．

$$k_G^* H_{k_G} = (1-\alpha)(1-\tau)k_G^{*1-\alpha} - \frac{\alpha(1-\tau)k_G^{*1-\alpha}}{1+\rho}x^* = (1-\alpha)(1-\tau)k_G^{*1-\alpha}\left[1 - \frac{\alpha}{1+\rho}x^*\right]$$

ここで，(10-10) 式を使って x^* を消去すると次を得る．

$$k_G^* H_{k_G} = (1-\alpha)(1-\tau)\frac{\alpha\tau k_G^{*1-\alpha} + k_G^{*-\alpha}}{1+\alpha(1-\tau)k_G^{*1-\alpha}}$$

この関係式を用いると第1項は次のように変形できる．

$$\frac{1}{H^2}[1 + \tau(1-\alpha)k_G^{*-\alpha} - (1-2\alpha)(1-\tau)k_G^{*1-\alpha}]$$

$\alpha > 1/2$ のとき第1項はプラスになる[11]．したがって，絶対値が1より小さい固有値 λ は1個のみ存在し，他の固有値の絶対値は1より大きい．

絶対値が1より大きな固有値に付随する項の任意定数は0でなければならない．さもないと方程式の解は発散してしまい，定常状態に収束しない．したがって，数学付録より連立差分方程式 (10-8) と (10-9) の解は次のようになる．

$$\begin{pmatrix} k_{G,t} - k_G^* \\ x_t - x^* \end{pmatrix} = y\begin{pmatrix} 1 \\ v \end{pmatrix}\lambda^{t-1}, \quad t = 1, 2, \cdots \tag{A10-4}$$

ここで，$(1, v)$ は安定根 λ の固有ベクトル，y は任意定数である[12]．
任意定数 y の求め方は次のように行う．$t=1$ において $(k_{G,1}, x_1)$ は初期曲線 $\mathbf{H}$ (10-17) 上になければならない．したがって，(A10-4) 式で $t=1$ のときの関係を用いると，(10-17) 式より次の関係式が成立する．

$$x^* + yv = \frac{(1-\tau)k_{G,0}^{1-\alpha} + 1}{k_{G,0} + \tau k_{G,0}^{1-\alpha}}(k_G^* + y) - 1$$

---

11) $h(-1) = 1 + (a_{11} + a_{22}) + (a_{11}a_{22} - a_{12}a_{21})$ を計算するとこの条件はさらに緩和され，$\alpha > 1/6$ が安定根 $(-1 < \lambda < 1)$ が1個のみ存在するための十分条件であることがわかる．本文の位相図10-2は $0 < \lambda < 1$ の場合を描いており，経済は単調に定常状態に収束する．

12) 固有ベクトルの大きさは任意であるので，第1座標を1に基準化している．

この関係を満たすように任意定数 y が決まるのである．また，(A10-4) 式から $y=k_{G,1}-k^*$ も成立する．本文の解 (10-26) ではこの関係を使っている．

補論 2　初期曲線のシフト幅

税率の変化による初期曲線のシフト幅 EB が，この税率の変化による定常状態の変化の横幅 EE′ より小さいことを示そう．(10-17) 式を x_1 を所与として全微分することで，初期曲線のシフトの横幅を計算することができる．(10-17) 式を全微分することで次を得る．

$$-\frac{k_G^{*2(1-\alpha)}+k_G^{*2-\alpha}+k_G^{*1-\alpha}}{(k_G^*+\tau k_G^{*1-\alpha})^2}k_{G,1}d\tau+\frac{(1-\tau)k_G^{*1-\alpha}+1}{k_G^*+\tau k_G^{*1-\alpha}}dk_{G,1}=0$$

したがって，税率の変化による初期曲線のシフトの幅は次のようになる．

$$\frac{dk_{G,1}}{d\tau}=\frac{1+k_G^{*\alpha}+k_G^{*\alpha-1}}{\tau(1-\tau)+(1-\tau)k_G^{*\alpha}+\tau k_G^{*\alpha-1}+k_G^{*2\alpha-1}}k_{G,1} \qquad \text{(A10-5)}$$

一方，税率が $\tau=1-\alpha$ のときの定常状態の変化幅 EE′ は (10-19) 式より次のようになる．

$$\frac{dk_G^*}{d\tau}=\frac{1}{\alpha(1-\alpha)}k_G^* \qquad \text{(A10-6)}$$

定常状態での微小な変化を考えているので $k_{G,1}=k_G^*$ としてよいことに注意して，$\tau=1-\alpha$ を (A10-5) 式に代入し，(A10-5) 式と (A10-6) 式の係数の大きさを比較すると，(A10-6) 式の方が大きいことがわかる．

Mathematical Appendix

数学付録：定差方程式の解法

MA-1 線形近似

本章のモデルの2つの変数 $k_{G,t}$ と x_t のダイナミクスは，(9-8) 式と (9-9) 式により記述される．以下では記述を簡潔にするために，2つの変数 x_1 と x_2 によるダイナミクスを次のように表すことにする．

$$x_{1t+1} = f(x_{1t}, x_{2t}) \qquad \text{(MA-1a)}$$
$$x_{2t+1} = g(x_{1t}, x_{2t}) \qquad \text{(MA-1b)}$$

これを解析するために，動学式 (MA-1) を定常点の周りで線形近似しよう．定常点 (x_1^*, x_2^*) では次の関係が成立している．

$$x_1^* = f(x_1^*, x_2^*) \qquad \text{(MA-2a)}$$
$$x_2^* = g(x_1^*, x_2^*) \qquad \text{(MA-2b)}$$

(MA-1) 式から (MA-2) 式を引き1次近似を行うことで次を得る．

$$x_{1t+1} - x_1^* = f(x_{1t}, x_{2t}) - f(x_1^*, x_2^*) \approx \frac{\partial f(x_1^*, x_2^*)}{\partial x_1}(x_{1t} - x_1^*) + \frac{\partial f(x_1^*, x_2^*)}{\partial x_2}(x_{2t} - x_2^*) \quad \text{(MA-3a)}$$

$$x_{2t+1} - x_2^* = g(x_{1t}, x_{2t}) - g(x_1^*, x_2^*) \approx \frac{\partial g(x_1^*, x_2^*)}{\partial x_1}(x_{1t} - x_1^*) + \frac{\partial g(x_1^*, x_2^*)}{\partial x_2}(x_{2t} - x_2^*) \quad \text{(MA-3b)}$$

偏微分の係数はすべて定常点で評価しているので定数である．表記の簡単化のために次のように書くことにする．

$$a_{11} \equiv \frac{\partial f(x_1^*, x_2^*)}{\partial x_1}, \quad a_{12} \equiv \frac{\partial f(x_1^*, x_2^*)}{\partial x_2}, \quad a_{21} \equiv \frac{\partial g(x_1^*, x_2^*)}{\partial x_1}, \quad a_{22} \equiv \frac{\partial g(x_1^*, x_2^*)}{\partial x_2}$$

線形近似された（MA-3）式は次のように行列とベクトルで表すことができる．以下では，特に断らない限り，ベクトルは縦ベクトルである．

$$\begin{pmatrix} x_{1t+1} - x_1^* \\ x_{2t+1} - x_2^* \end{pmatrix} = \begin{pmatrix} a_{11} & a_{12} \\ a_{21} & a_{22} \end{pmatrix} \begin{pmatrix} x_{1t} - x_1^* \\ x_{2t} - x_2^* \end{pmatrix} \tag{MA-4}$$

これを次のように表そう．

$$\mathbf{z}_{t+1} = A\mathbf{z}_t, \quad \mathbf{z}_t \equiv \begin{pmatrix} x_{1t} - x_1^* \\ x_{2t} - x_2^* \end{pmatrix}$$

ここで，（MA-4）の係数行列を Jacobi 行列という．この連立定差方程式の解析を行うために係数行列の固有値と固有ベクトルを用いるので，次の節で固有値と固有ベクトルについて説明しよう．

MA-2　固有値と固有ベクトル

行列の固有値と固有ベクトルは次のように定義される．ここではすべてのケースにおいて2次元のケースに限定するが，以下の議論は一般の次元において成立する．

定義：固有値（eigenvalue），固有ベクトル（eigenvector）

$$A\mathbf{x} = \lambda \mathbf{x} \tag{MA-5}$$

を満たすスカラー（実数または複素数）λ を行列 A の固有値，非ゼロのベクトル $\mathbf{x}$ を行列 A の固有ベクトルという．

この固有値と固有ベクトルを求める方法を説明しよう．（MA-5）式の右辺を

数学付録：定差方程式の解法

図 MA-1a　平行でない場合　（原点のみが解）

図 MA-1b　平行な場合　（直線上すべてが解）

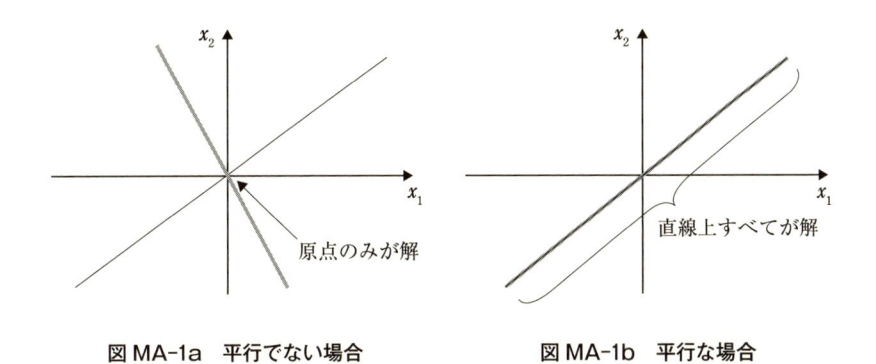

左辺に移行しベクトル **x** で因数分解する．

$$(A-\lambda I)\mathbf{x}=\mathbf{0}, \quad I=\begin{pmatrix} 1 & 0 \\ 0 & 1 \end{pmatrix}：単位行列，\quad \mathbf{0}=\begin{pmatrix} 0 \\ 0 \end{pmatrix}：ゼロベクトル \quad (\text{MA-6})$$

このとき $|A-\lambda I|=0$ でなければならない．もし $|A-\lambda I|\neq 0$ ならば逆行列 $(A-\lambda I)^{-1}$ が存在する．（MA-6）式の両辺にこの逆行列をかければ $\mathbf{x}=\mathbf{0}$ のみが解になる．ゆえに，$|A-\lambda I|=0$ の場合にのみ $\mathbf{x}\neq\mathbf{0}$ の解が存在する．

この定義についてグラフを用いて説明しよう．以下では固有値が実数の場合を考察する．（MA-5）式と（MA-6）式はそれぞれ次のようになっている．

$$\begin{pmatrix} a_{11} & a_{12} \\ a_{21} & a_{22} \end{pmatrix}\begin{pmatrix} x_1 \\ x_2 \end{pmatrix}=\lambda \begin{pmatrix} x_1 \\ x_2 \end{pmatrix} \quad (\text{MA-7a})$$

$$\begin{pmatrix} a_{11}-\lambda & a_{12} \\ a_{21} & a_{22}-\lambda \end{pmatrix}\begin{pmatrix} x_1 \\ x_2 \end{pmatrix}=\begin{pmatrix} 0 \\ 0 \end{pmatrix} \quad (\text{MA-7b})$$

（MA-7b）を展開すると次のようになる．

$$(a_{11}-\lambda)x_1+a_{12}x_2=0 \quad (\text{MA-8a})$$
$$a_{21}x_1+(a_{22}-\lambda)x_2=0 \quad (\text{MA-8b})$$

図 MA-1a に示されているように，（MA-8a）と（MA-8b）は原点を通る2つの直線で，2つの直線が平行でなければ交点は原点のみになる．つまり，（MA-5）すなわち（MA-6）はゼロベクトルのみを解として持つことになる．

しかし，図 MA-1b に示されているように，2 つの直線が平行になれば原点以外でこの 2 つの方程式を満たす解が存在することになる．このとき，（MA-5）式，すなわち（MA-6）式を満たすベクトル x は無数に存在する．

2 つの直線が平行であるための条件が $|A-\lambda I|=0$ である．この行列式の値が 0 になる条件を書いてみると次のようになる．

$$\begin{vmatrix} a_{11}-\lambda & a_{12} \\ a_{21} & a_{22}-\lambda \end{vmatrix}=0 \rightarrow (a_{11}-\lambda)(a_{22}-\lambda)-a_{12}a_{21}=0$$

$$\rightarrow -\frac{a_{11}-\lambda}{a_{12}}=-\frac{a_{21}}{a_{22}-\lambda} \tag{MA-9}$$

（MA-9）式は（MA-8a）式の直線の傾きと（MA-8b）式の直線の傾きが一致していることを示している[1]．

では，具体的に固有値を計算してみよう．

$$|A-\lambda I|=\begin{vmatrix} a_{11}-\lambda & a_{12} \\ a_{21} & a_{22}-\lambda \end{vmatrix}=(a_{11}-\lambda)(a_{22}-\lambda)-a_{12}a_{21}=\lambda^2-(a_{11}+a_{22})\lambda+(a_{11}a_{22}-a_{12}a_{21})$$

よって，次の 2 次方程式（これを特性方程式：characteristic equation と呼ぶ）の解 λ_1 と λ_2 が固有値である．

$$\lambda^2-(a_{11}+a_{22})\lambda+(a_{11}a_{22}-a_{12}a_{21})=0 \tag{MA-10}$$

ここで各係数は行列の要素と次の関係にある．

λ の 1 次の項の係数＝trace $A=(a_{11}+a_{22})$：行列 A のトレース（対角和）

定数項＝determinant $A=(a_{11}a_{22}-a_{12}a_{21})$：行列 A の行列式

固有値は 2 個あり，ケースは 3 通りである．相異なる実根の場合，実数で重根の場合，複素数の場合である．以下では，相異なる実数の場合に議論を限定しよう．

次に固有ベクトルを計算しよう．固有値 λ_i ($i=1, 2$) について，（MA-7b）式は次のようになる．

1）（MA-9）式の分母は 0 にならないと仮定しよう．

$$\begin{pmatrix} a_{11}-\lambda_i & a_{12} \\ a_{21} & a_{22}-\lambda_i \end{pmatrix} \begin{pmatrix} x_1 \\ x_2 \end{pmatrix} = \begin{pmatrix} 0 \\ 0 \end{pmatrix}, \quad i=1,\,2 \qquad \text{(MA-11)}$$

これを展開すると次のようになる．

$$(a_{11}-\lambda_i)x_1 + a_{12}x_2 = 0 \;\;\rightarrow\;\; x_2 = -\frac{a_{11}-\lambda_i}{a_{12}}x_1, \;\; i=1,\,2$$

$$a_{21}x_1 + (a_{22}-\lambda_i)x_2 = 0 \;\;\rightarrow\;\; x_2 = -\frac{a_{21}}{a_{22}-\lambda_i}x_1, \;\; i=1,\,2$$

この2つは原点を通る直線であるが，(MA-9) 式の等号が成立しているときは同じ直線を表している．したがって，この関係を満たす (x_1, x_2) はすべて λ_i に対応する固有ベクトルであり，次のようになる（横ベクトルの形式で書いている）．

$$\mathbf{v}_i = \left(x_1,\; -\frac{a_{11}-\lambda_i}{a_{12}}x_1\right), \quad i=1,\,2 \qquad \text{(MA-12)}$$

$\mathbf{v}_i$ を λ_i ($i=1, 2$) に付随する固有ベクトルという．また，固有ベクトルは各固有値に対して決まるが，そのベクトルの大きさは不決定であることに注意しよう．

MA-3　行列の対角化

次に，行列を対角化する作業を説明する．以下の説明は，(MA-10) 式の固有値が相異なる実数解の場合に限定していることを思い出そう．

行列 A の相異なる固有値 λ_1, λ_2 が求められたとしよう．また，それに付随する固有ベクトルを $\mathbf{v}_1$, $\mathbf{v}_2$ と表記することにする．ここで，横ベクトルの形で表すと $\mathbf{v}_i = (v_{1i}, v_{2i})$ ($i=1, 2$) である．よって，次の式が成立する．

$$A\mathbf{v}_1 = \lambda_1 \mathbf{v}_1, \quad A\mathbf{v}_2 = \lambda_2 \mathbf{v}_2 \qquad \text{(MA-13)}$$

この2つの式を並べるとどう表現できるだろうか．固有ベクトル $\mathbf{v}_1$, $\mathbf{v}_2$ を並べた行列を V と書くことにする．つまり，$V = (\mathbf{v}_1, \mathbf{v}_2)$ である．このとき次が

成立する．

$$AV = VD \tag{MA-14}$$

ただし，行列 D は固有値が対角要素に並んでいる行列である．要素を表示すると次のようになる．

$$\begin{pmatrix} a_{11} & a_{12} \\ a_{21} & a_{22} \end{pmatrix} \begin{pmatrix} v_{11} & v_{12} \\ v_{21} & v_{22} \end{pmatrix} = \begin{pmatrix} v_{11} & v_{12} \\ v_{21} & v_{22} \end{pmatrix} \begin{pmatrix} \lambda_1 & 0 \\ 0 & \lambda_2 \end{pmatrix}$$

ただし，固有ベクトルと行列 D の要素を表示すると次のようになっている．

$$\mathbf{v}_1 = \begin{pmatrix} v_{11} \\ v_{21} \end{pmatrix}, \quad \mathbf{v}_2 = \begin{pmatrix} v_{12} \\ v_{22} \end{pmatrix}, \quad D = \begin{pmatrix} \lambda_1 & 0 \\ 0 & \lambda_2 \end{pmatrix}$$

ここで $\mathbf{v}_1$, $\mathbf{v}_2$ は1次独立であることを示そう．この逆に「1次独立でない」とは，2つのベクトルが平行であることで，その場合 $\mathbf{v}_1$ と $\mathbf{v}_2$ は「1次従属である」という．

<証明>

$\mathbf{v}_1$ と $\mathbf{v}_2$ が1次従属であると仮定すると，ある実数 c が存在して，次のようになっている．

$$\mathbf{v}_1 = c\mathbf{v}_2$$

両辺に行列 A を掛けると次のように変形できる．

$$A\mathbf{v}_1 = cA\mathbf{v}_2, \quad \text{よって} \quad \lambda_1 \mathbf{v}_1 = c\lambda_2 \mathbf{v}_2$$

ここで $\mathbf{v}_1$ を $\mathbf{v}_2$ で表す方法は一意的だから，$\lambda_1 = \lambda_2$ を満たさねばならないが，これは λ_1 と λ_2 が相異なる実根であることと矛盾する．（証明終わり）

行列 V が逆行列 V^{-1} を持たないとき，つまり行列式 $|V|$ が 0 になるとき，ある実数 c が存在して $\mathbf{v}_1 = c\mathbf{v}_2$ が成立することは容易に証明できる．すなわち，この対偶をとると，任意の実数 c に対して $\mathbf{v}_1 = c\mathbf{v}_2$ が成立しないとき行列 V が逆行列 V^{-1} を持つ，となる．したがって，行列 A が相異なる固有値を持

つとき行列 V は逆行列を持つ.

以上より, 逆行列 V^{-1} が存在するから, (MA-14) 式の両辺に逆行列 V^{-1} を掛けることができ, その結果は次のようになる.

$$V^{-1}AV = V^{-1}VD = ID = D \qquad \text{(MA-15)}$$

要素を表示すると次のようになっている.

$$\begin{pmatrix} v_{11} & v_{12} \\ v_{21} & v_{22} \end{pmatrix}^{-1} \begin{pmatrix} a_{11} & a_{12} \\ a_{21} & a_{22} \end{pmatrix} \begin{pmatrix} v_{11} & v_{12} \\ v_{21} & v_{22} \end{pmatrix} = \begin{pmatrix} \lambda_1 & 0 \\ 0 & \lambda_2 \end{pmatrix}$$

この変形を行列 A の対角化という.

MA-4　連立定差方程式の解法

この対角化の方法を用いて (MA-4) の連立定差方程式を解こう. まず次の新しい変数 $\mathbf{y}_t$ を $\mathbf{y}_t = V^{-1}\mathbf{z}_t$ と定義する. (MA-4) の連立定差方程式は次のように変形できる.

$$\mathbf{y}_{t+1} = V^{-1}\mathbf{z}_{t+1} = V^{-1}A\mathbf{z}_t = V^{-1}AVV^{-1}\mathbf{z}_t = D\mathbf{y}_t \qquad \text{(MA-16)}$$

要素を表示すると, この連立定差方程式は次のようなものである.

$$\begin{pmatrix} y_{1t+1} \\ y_{2t+1} \end{pmatrix} = \begin{pmatrix} \lambda_1 & 0 \\ 0 & \lambda_2 \end{pmatrix} \begin{pmatrix} y_{1t} \\ y_{2t} \end{pmatrix}$$

したがって, 次が成立しているので簡単に解を求めることができる.

$$y_{1t+1} = \lambda_1 y_{1t} \quad y_{2t+1} = \lambda_2 y_{2t} \quad \rightarrow \quad y_{1t} = y_{10}\lambda_1^t \quad y_{2t} = y_{20}\lambda_2^t \qquad \text{(MA-17)}$$

ここで, y_{10} と y_{20} は任意の定数である. これを行列とベクトルを使って表すと次のようになる.

$$\begin{pmatrix} y_{1t} \\ y_{2t} \end{pmatrix} = \begin{pmatrix} \lambda_1^t & 0 \\ 0 & \lambda_2^t \end{pmatrix} \begin{pmatrix} y_{10} \\ y_{20} \end{pmatrix} \qquad \text{(MA-18)}$$

次に，$\mathbf{y}_t = V^{-1}\mathbf{z}_t$ だから $\mathbf{z}_t = V\mathbf{y}_t$ となるので，この（MA-18）式の両辺に行列 V を掛けると次を得ることができる．

$$\mathbf{z}_t \equiv \begin{pmatrix} x_{1t} - x_1^* \\ x_{2t} - x_2^* \end{pmatrix} = V \begin{pmatrix} y_{1t} \\ y_{2t} \end{pmatrix} = \begin{pmatrix} v_{11} & v_{12} \\ v_{21} & v_{22} \end{pmatrix} \begin{pmatrix} \lambda_1^t & 0 \\ 0 & \lambda_2^t \end{pmatrix} \begin{pmatrix} y_{10} \\ y_{20} \end{pmatrix} = \begin{pmatrix} v_{11} & v_{12} \\ v_{21} & v_{22} \end{pmatrix} \begin{pmatrix} y_{10}\lambda_1^t \\ y_{20}\lambda_2^t \end{pmatrix}$$

したがって，次のように固有ベクトルを使って（MA-4）式の解を表現できる．

$$\begin{pmatrix} x_{1t} - x_1^* \\ x_{2t} - x_2^* \end{pmatrix} = \begin{pmatrix} v_{11} & v_{12} \\ v_{21} & v_{22} \end{pmatrix} \begin{pmatrix} y_{10}\lambda_1^t \\ y_{20}\lambda_2^t \end{pmatrix} = y_{10} \begin{pmatrix} v_{11} \\ v_{21} \end{pmatrix} \lambda_1^t + y_{20} \begin{pmatrix} v_{12} \\ v_{22} \end{pmatrix} \lambda_2^t \qquad \text{(MA-19)}$$

これが求める解である．右辺の y_{10} と y_{20} は任意定数と呼ばれ，初期値と横断条件・NPG 条件が決定する．例えば，2 つの変数の初期値 (x_{10}, x_{20}) がわかっているとき，$t=0$ において次式が成立する．

$$\begin{pmatrix} x_{10} - x_1^* \\ x_{20} - x_2^* \end{pmatrix} = y_{10} \begin{pmatrix} v_{11} \\ v_{21} \end{pmatrix} + y_{20} \begin{pmatrix} v_{12} \\ v_{22} \end{pmatrix}$$

これを要素を表示して書くと，次のように y_{10} と y_{20} の連立方程式になる．

$$\begin{aligned} x_{10} - x_1^* &= v_{11} y_{10} + v_{12} y_{20} \\ x_{20} - x_2^* &= v_{21} y_{10} + v_{22} y_{20} \end{aligned} \qquad \text{(MA-20)}$$

この連立方程式（MA-20）を解いて y_{10} と y_{20} を求めるのである．

文献解題

全般

　本書の基本モデル（ソロー・モデル，代表的個人モデル，世代重複モデル）の解説と同じレベルの解説をしている上級マクロ経済学のテキストとしては，齊藤（2006）と Romer（2011）があげられる．本書と同様に経済成長論に重点をおいたテキストとして，Barro and Sala-i-Martin（2003），Aghion and Howitt（2009），Acemoglu（2009）がある．ただし，これらのテキストの読解には，本書で使われた数学的手法よりも高度な手法（微分方程式，最大値原理など）が必要とされている．経済成長理論に関するサーベイ集として Aghion and Durlauf（2005）がある．さらに，近代の経済成長プロセスと産業革命以前の経済成長のプロセスを統合する試みとして Galor（2011）がある．また，代表的個人モデルと世代重複モデルの解説では Blanchard and Fischer（1989）がやはり出色である．世代重複モデルを扱ったテキストしては Azariadis（1993）と de la Croix and Michel（2002）がある．

　以下，本文では引用しなかったが，本書の内容と関係がある文献について解説しよう．

第4章　世代重複モデルの応用

　本文のバブルを含む世代重複モデルで，世代間における厚生面の対立を分析したものに Futagami and Shibata（1999）がある．ただし，この分析は連続時間の世代重複モデルを用いて行われている．また，Kocherlakota（1992）は代表的個人モデルを用いて，信用制約の存在によりバブルが発生する可能性を示している．

　第4章の死亡率を考慮したモデルにおけるような保険会社による取引は，Yaari（1965）に基づいている．ヤーリの設定を動学的な一般均衡モデルに拡張したのは Blanchard（1985）である．ただし，ブランシャールのモデルは連続時間のモデルで，死亡率と出生率が同じ世代重複モデルなので人口は一定である．また，個人の生涯における賃金プロファイルに特殊な仮定をおいてい

る．それに対して，Weil（1989）は異なる個人が次々と現れる，つまり人口の増加する世代重複モデルを構築し，動学的非効率性が起きる可能性があることを示している．つまり，個人が死亡することと動学的非効率性が起きることは直接には関係はなく，ブランシャールのモデルで動学的非効率性が発生するのは，賃金プロファイルの仮定に依存していることがわかった．また，Buiter（1988）は死亡率と人口成長率が異なるケースを分析している．

　本章と同様に，生存確率を向上させる投資を考慮した研究に Boucekkine and Laffargue（2010）がある．この研究では，親は自分の健康だけでなく自分の子供の健康維持のためにも投資を行う設定になっている．Chakraborty, Papageorgiou and Sebastián（2010）は伝染病の感染メカニズムもモデル化している．死亡率を内生化した分析には，他に Pecchenino and Pollard（1997），Chakraborty（2004），Tabata（2005），Mizushima（2009）がある．

第5章　内生的技術進歩

　内生的技術進歩を組み込んだ初期の研究としては，本文で解説したものの他には，Segerstrom, Anant and Dinopoulos（1990）と Aghion and Howitt（1992）がある．このうち，前者のモデルにおける研究開発プロセスは特殊な設定になっていたために，前者のモデルをベースにした研究はあまり存在しない．

　ローマー・モデルは物的資本が存在するため，初期状態から定常状態への移行過程を持つので動学的な分析が必要である．Arnold（2000）は，この移行過程の安定性を分析した．第2章のダイナミクスとは異なり，移行過程を記述する動学式は3つになる．アーノルドはローマー・モデルの定常状態が鞍点であることを示した．

第6章　経済政策と経済成長

　本書では，特許は独占的に財を販売できる期間の長さ（length）を意味していた．しかし，特許にはもう1つ，特許の幅（breadth）という側面がある．ある新製品を開発したとき，どれくらいの許容範囲なら既存製品の特許を侵害しないと判断するかである．このような特許の幅の問題は Li（2001）によって分析された．また，Iwaisako and Futagami（2003）でも特許の幅の問題は分析されている．

本書の第6章では，特許の保護強化（本書では「特許期間の延長」）は経済成長率を高めるという結論を得た．しかし，いくつかの文献では，特許の保護強化は経済成長率に負の影響を与える可能性もあることが指摘されている．代表的なものとして，Michel and Nyssen (1998), Goh and Olivier (2002), Furukawa (2007), Horii and Iwaisako (2007), Iwaisako and Futagami (2012) がある．

　特許を持つ企業がその権利を守るために，さまざまなレント・シーキング行動（訴訟活動など）を行うことをモデル化したものとして，Dinopoulos and Syropoulos (2007), Eicher and García-Peñalosa (2008), Şener (2008) がある．

　また，物的資本の蓄積も考慮に入れて，特許政策の経済効果の数量的な分析を行っている文献に Chu (2009, 2010) がある．

　Futagami and Doi (2004) は，財のグループを需要の価格弾力性によって区別したモデルを構築し，一定の政府収入を得るためにはどのような財に重い物品税を課することが望ましいかという問題（ラムゼー問題）を分析している．彼らは，需要の価格弾力性の高い財に重い税を適用すべきであるという結果を得た．これはいわゆるラムゼー・ルール（価格弾力性の高い財に低く課税する）とは逆の結論である．

第7章　技術移転とイノベーション

　North-South model を用いて技術移転の問題を分析した初期の研究は，Grossman and Helpman (1991) と Helpman (1993) である．その後，技術移転が直接投資によりなされるモデルを開発したのは Lai (1998) である．また，Glass and Saggi (2002) は，企業が南の企業に技術移転するときに，直接投資で行うかライセンスの供与によって行うかについての選択を考慮に入れたモデルを構築した．彼らは南の企業の模倣活動についても内生化している．南の企業の模倣活動を内生化する試みは Tanaka (2006) によっても行われている．Gustafsson and Segerstrom (2010) は先進国のイノベーションと発展途上国での模倣活動の両方を内生化している．

　本文で述べたように，ライセンスの供与による技術移転をモデル化した分析として Yang and Maskus (2001) があるが，どのような初期状態からも定常

状態に収束することができない（完全不安定）という問題を持っていた．これを解決したのが，Tanaka, Iwaisako and Futagami（2007）である．この2つの研究では，本書の財のヴァラエティが拡大するモデルとは異なり，「質のはしご（quality ladder）モデル」が用いられている．これらのモデルには知的所有権の保護の要素は含まれていないが，それをモデル化した分析として Futagami, Iwaisako and Tanaka（2007）がある．

以上の分析では，Helpman（1993）以外はどの研究も知的所有権の保護が経済厚生に与える影響を分析していない．Dinopoulos and Segerstrom（2010）と Iwaisako, Tanaka and Futagami（2011）は直接投資により技術が移転する成長モデルを用いて厚生分析を行っている．

2国間での知的所有権の保護強化の度合が違う場合の経済成長への影響，もしくは2国間での協調が経済成長にどのような影響を与えるかについて分析した研究に，Grossman and Lai（2004）と Dinopoulos and Kottaridi（2008）がある．また，Grieben and Şener（2009）はグローバリゼーションを各国が関税率を下げることと捉えて，それが経済成長に与える影響について分析している．

技術移転の問題と同様に近年重要になっているのが，部品調達のアウト・ソーシングの問題である．この問題を分析した研究として，Gao（2007），Naghavi and Ottaviano（2009），Morita（2010）がある．

第8章　規模効果

Jones（1995）と同様に技術進歩が進むとともに研究開発が困難になるとした経済成長モデルとして Segerstrom（1998）がある．これらの成長モデルでは外生的に与えられたパラメーターが経済成長率を決定するので，Semi-endogenous growth model（準内生的成長モデル）と呼ばれている．

ハイブリッド・モデルの実証的な比較については Ha and Howitt（2007）が参考になる．彼らは，実証的にはハイブリッド・モデルの方が支持されると主張している．

人口成長率の内生化については，Becker and Barro（1988）と Barro and Becker（1989）を参考にしてほしい．また，ジョーンズのモデルで人口成長率を内生化したモデルは，Futagami and Hori（2010）を参照してほしい．彼

らは市場均衡において出生率が過大になる傾向にあることを示した．また，Futagami and Nakajima（2001）は人口の高齢化が経済成長を促進させることを示している．

規模効果をなくすとともに経済成長率を内生的に決定する成長モデルとしてPeretto（1998）がある．また，Dinopoulos and Syropoulos（2007）は，レント・シーキング行動を組み込むことで，規模効果を持たない経済成長モデルを構築した．

第9章　生産的公共サービスと経済成長

生産的公共サービスを含む成長モデルを分析したものとしてはGlomm and Ravikumar（1994）がある．彼らは公共資本と呼んでいるが，彼らのモデルでは公共資本は1期で減耗してしまうのでフローとして公共資本をモデル化していることとほぼ同じである．政府の予算制約式を考慮した生産的公共資本を含む成長モデルを用いて財政赤字の維持可能性を分析したものとしてBruce and Turnovsky（1999）がある．連続時間の世代重複モデルを用いて，小国開放経済で本書と同様の財政ルールが経済成長に与える影響を分析した研究としてFutagami, Hori and Ohdoi（2010）がある．また，Ohdoi（2007）は小国開放経済の2部門モデルにおいて，生産的公共サービスの存在が経済の特化パターンにどのような影響を与えるかについて分析した．Alesina and Rodrik（1994）は生産的公共サービスを含む成長モデルを用いて，不平等と経済成長の関係を分析している．

第10章　公共資本と経済成長

公共資本を含む成長モデルをはじめて構築したのはArrow and Kurz（1970）である．ただし，彼らのモデルは内生的な成長モデルではない．公共資本が民間資本の生産性を上昇させることを実証分析した代表的研究として岩本（1990）とAschauer（1989）がある．

政府が道路建設という公共投資以外に道路の補修などのメインテナンスの支出を行うことも含めた分析としてRioja（2003），Kalaitzidakis and Kalyvitis（2004），Dioikitopoulos and Kalyvitis（2008），Agénor（2009）がある．また，大災害により公共資本が大規模に毀損した場合の分析として塩路（2012）があ

る.

　生産的公共サービスではなく公共資本を考慮して，さまざまな支出ルール（例えば，公共資本のみに公債発行を許すルール）の下で財政赤字の持続可能性を分析したものとして，Greiner and Semmler（2000）がある．また，Ghosh and Mourmouras（2004）は厚生分析を行っている．

　Barro and Sala-i-Martin（2003）と Fisher and Turnovsky（1998）は本書とは異なるフレームワークで混雑効果をモデル化している．

　Yakita（2008）は第4章の死亡率を考慮した世代重複モデルに公共資本を導入して，高齢化と経済成長の関係を分析している．さらに，この分析を年金を考慮したモデルに拡張した研究として Maebayashi（2012）がある．

参考文献

(邦語文献)

岩本康志(1990)「日本の公共投資政策の評価について」『経済研究』41(3), pp. 250-261、岩波書店

齊藤誠(2006)『新しいマクロ経済学——クラシカルとケインジアンの邂逅 新版』有斐閣

塩路悦朗(2012)「資本蓄積・資本破壊と公的投資の生産性について:経済成長モデルによる検証」阿部顕三・大垣昌夫・小川一夫・田渕隆俊編『現代経済学の潮流2012』東洋経済新報社

二神孝一・堀敬一(2009)『マクロ経済学』有斐閣

ローマー,デビット(2010)『上級マクロ経済学 原著第3版』堀雅博・岩成博夫・南條隆訳,日本評論社

(英語文献)

Acemoglu, Daron (2009) *Introduction to Modern Economic Growth*, Princeton University Press.

Aghion, Philippe and Peter Howitt (1992) "A Model of Growth Through Creative Destruction," *Econometrica*, 60(2), pp. 323-351.

Aghion, Philippe and Peter Howitt (2009) *The Economics of Growth*, The MIT Press.

Aghion, Philippe and Steven N. Durlauf (eds.) (2005) *Handbook of Economics Growth*, vol. 1A and 1B, NorthHolland.

Agénor, Pierre-Richard (2009) "Infrastructure Investment and Maintenance Expenditure: Optimal Allocation Rules in a Growing Economy," *Journal of Public Economic Theory*, 11(2), pp. 233-250.

Alesina, Alberto and Dani Rodrik (1994) "Distributive Politics and Economic Growth," *The Quarterly Journal of Economics*, 109(2), pp. 465-490.

Arnold, Lutz G. (2000) "Stability of the Market Equilibrium in Romer's Model of Endogenous Technological Change: A Complete Characterization," *Journal of Macroeconomics*, 22(1), pp. 69-84.

Arrow, Kenneth J. and Mordecai Kurz (1970) *Public Investment, the Rate of Return, and Optimal Fiscal Policy*, The Johns Hopkins Press.

Aschauer, David A. (1989) "Is Public Expenditure Productive?" *Journal of*

Monetary Economics, 23(2), pp. 177-200.

Azariadis, Costas (1993) *Intertemporal Macroeconomics*, Blackwell Publishers.

Barro, Robert J. (1990) "Government Spending in a Simple Model of Endogenous Growth," *Journal of Political Economy*, 98(5), pp. S103-S126.

Barro, Robert J. and Gary S. Becker (1989) "Fertility Choice in a Model of Economic Growth," *Econometrica*, 57(2), pp. 481-501.

Barro, Robert J. and Xavier Sala-i-Martin (2003) *Economic Growth*, 2nd ed., The MIT Press.

Baumol, William J. (1986) "Productivity Growth, Convergence, and Welfare: What the Long-Run Data Show," *The American Economic Review*, 76 (5), pp. 1072-1085.

Becker, Gary S. and Robert J. Barro (1988) "A Reformulation of the Economic Theory of Fertility," *The Quarterly Journal of Economics*, 103(1), pp. 1-25.

Blanchard, Olivier J. (1985) "Debt, Deficits, and Finite Horizons," *Journal of Political Economy*, 93(2), pp. 223-247.

Blanchard, Olivier J. and Stanley Fischer (1989) *Lectures on Macroeconomics*, The MIT Press.

Boucekkine, Raouf and Jean-Pierre Laffargue (2010) "On the Distributional Consequences of Epidemics," *Journal of Economic Dynamics and Control*, 34(2), pp. 231-245.

Bruce, Neil and Stephen J. Turnovsky (1999) "Budget Balance, Welfare, and the Growth Rate: "Dynamic Scoring" of the Long-Run Government Budget," *Journal of Money, Credit and Banking*, 31(2), pp. 162-186.

Buiter, Willem H. (1988) "Death, Population Growth, Productivity Growth and Debt Neutrality," *The Economic Journal*, 98(391), pp. 279-293.

Chakraborty, Shankha (2004) "Endogenous Lifetime and Economic Growth," *Journal of Economic Theory*, 116(1), pp. 119-137.

Chakraborty, Shankha, Chris Papageorgiou and Fidel Pérez Sebastián (2010) "Diseases, Infection Dynamics, and Development," *Journal of Monetary Economic*, 57(7), pp. 859-872.

Chu, Angus C. (2009) "Effects of Blocking Patents on R&D: A Quantiative DGE Analysis," *Journal of Economic Growth*, 14(1), pp. 55-78.

Chu, Angus C. (2010) "Effects of Patent Length on R&D: a Quantitative DGE Analysis," *Journal of Economics*, 99(2), pp. 117-140.

Cobb, Charles W. and Paul H. Douglas (1928) "A Theory of Production," *The*

American Economic Review, 18(1), pp. 139-165.

Dalgaard, Carl-Johan and Claus T. Kreiner (2001) "Is Declining Productivity Inevitable?" *Journal of Economic Growth*, 6(3), pp. 187-203.

de la Croix, David and Philippe Michel (2002) *A Theory of Economic Growth: Dynamics and Policy in Overlapping Generations*, Cambridge University Press.

Diamond, Peter A. (1965) "National Debt in a Neoclassical Growth Model," *The American Economic Review*, 55(5), Part I, pp. 1126-1150.

Dinopoulos, Elias and Peter Thompson (1998) "Schumpeterian Growth without Scale Effects," *Journal of Economic Growth*, 3(4), pp. 313-335.

Dinopoulos, Elias and Constantinos A. Syropoulos (2007) "Rent Protection as a Barrier to Innovation and Growth," *Economic Theory*, 32(2), pp. 309-332.

Dinopoulos, Elias and Constantina Kottaridi (2008) "The Growth Effects of National Patent Policies," *Review of International Economics*, 16(3), pp. 499-515.

Dinopoulos, Elias and Paul Segerstrom (2010) "Intellectual Property Rights, Multinational Firms and Economic Growth," *Journal of Development Economics*, 92(1), pp. 13-27.

Dioikitopoulos, Evangelos V. and Sarantis Kalyvitis (2008) "Public Capital Maintenance and Congestion: Long-Run Growth and Fiscal Policies," *Journal of Economic Dynamics and Control*, 32(12), pp. 3760-3779.

Eicher, Theo S. and Cecilia García-Peñalosa (2008) "Endogenous Strength of Intellectual Property Rights: Implications for Economic Development and Growth," *European Economic Review*, 52(2), pp. 237-258.

Fisher, Walter H. and Stephen J. Turnovsky (1998) "Public Investment, Congestion, and Private Capital Accumulation," *The Economic Journal*, 108 (447), pp. 399-413.

Furukawa, Yuichi (2007) "The Protection of Intellectual Property Rights and Endogenous Growth: Is Stronger Always Better?" *Journal of Economic Dynamics and Control*, 31(11), pp. 3644-3670.

Futagami, Koichi, Yuichi Morita and Akihisa Shibata (1993) "Dynamic Analysis of an Endogenous Growth Model with Public Capital," *Scandinavian Journal of Economics*, 95(4), pp. 607-625.

Futagami, Koichi and Kazuo Mino (1995) "Public Capital and Patterns of Growth in the Presence of Threshold Externalities," *Journal of Economics*, 61 (2), pp. 123-146.

Futagami, Koichi and Akihisa Shibata (1999) "Welfare Effects of Bubbles in an

Endogenous Growth Model," *Research in Economics*, 53(4), pp. 381-403.

Futagami, Koichi and Akihisa Shibata (2000) "Growth Effects of Bubbles in an Endogenous Growth Model," *The Japanese Economic Review*, 51(2), pp. 221-235.

Futagami, Koichi and Tetsuya Nakajima (2001) "Population Aging and Economic Growth," *Journal of Macroeconomics*, 23(1), pp. 31-44.

Futagami, Koichi and Yasushi Ohkusa (2003) "The Quality Ladder and Product Variety: Larger Economies may not Grow Faster," *The Japanese Economic Review*, 54(3), pp. 336-351.

Futagami, Koichi and Junko Doi (2004) "Commodity Taxation and Economic Growth," *The Japanese Economic Review*, 55(1), pp. 46-55.

Futagami, Koichi and Tatsuro Iwaisako (2007) "Dynamic Analysis of Patent Policy in an Endogenous Growth Model," *Journal of Economic Theory*, 132 (1), pp. 306-334.

Futagami, Koichi, Tatsuro Iwaisako and Hitoshi Tanaka (2007) "Innovation, Licensing, and Imitation: The Effects of Intellectual Property Rights Protection and Industrial Policy," *Osaka University COE Discussion Paper Series*, no.174.

Futagami, Koichi, Tatsuro Iwaisako and Ryoji Ohdoi (2008) "Debt Policy Rule, Productive Government Spending, and Multiple Growth Paths," *Macroeconomic Dynamics*, 12(4), pp. 445-462.

Futagami, Koichi and Takeo Hori (2010) "Technological Progress and Population Growth: Do We Have too few Children ?" *The Japanese Economic Review*, 61(1), pp. 64-84.

Futagami, Koichi, Takeo Hori and Ryoji Ohdoi (2010) "Debt Policy and Economic Growth in a Small Open Economy Model with Productive Government Spending," *ADBI Working Papers*, 212.

Galor, Oded and Harl E. Ryder (1989) "Existence, Uniqueness, and Stability of Equilibrium in an Overlapping-Generations Model with Productive Capital," *Journal of Economic Theory*, 49(2), pp. 360-375.

Galor, Oded (2011) *Unified Growth Theory*, Princeton University Press.

Gao, Ting (2007) "Trade Costs, International Production Shifting, and Growth," *European Economic Review*, 51(2), pp. 317-335.

Ghosh, Sugata and Iannis A. Mourmouras (2004) "Endogenous Growth, Welfare and Budgetary Regimes," *Journal of Macroeconomics*, 26(4), pp. 623-635.

Glass, Amy Jocelyn and Kamal Saggi (2002) "Licensing Versus Direct Investment: Implications for Economic Growth," *Journal of International Economics*, 56(1), pp. 131-153.

Glomm, Gerhard and Ravikumar B. (1994) "Public Investment in Infrastructure in a Simple Growth Model," *Journal of Economic Dynamics and Control*, 18(6), pp. 1173-1187.

Goh, Ai-Ting and Jacques Olivier (2002) "Optimal Patent Protection in a Two-Sector Economy," *International Economic Review*, 43(4), pp. 1191-1214.

Greiner, Alfred and Willi Semmler (2000) "Endogenous Growth, Government Debt and Budgetary Regimes," *Journal of Macroeconomics*, 22(3), pp. 363-384.

Grieben, Wolf-Heimo and Fuat Şener (2009) "Globalization, Rent Protection Institutions, and Going Alone in Freeing Trade," *European Economic Review*, 53(8), pp. 1042-1065.

Grossman, Gene M. and Elhanan Helpman (1991) *Innovation and Growth in the Global Economy*, The MIT Press.

Grossman, Gene M. and Edwin Lai (2004) "International Protection of Intellectual Property," *The American Economic Review*, 94(5), pp. 1635-1653.

Grossman, Gene M. and Noriyuki Yanagawa (1993) "Asset Bubbles and Endogenous Growth," *Journal of Monetary Economics*, 31(1), pp. 3-19.

Gustafsson, Peter and Paul S. Segerstrom (2010) "North-South Trade with Increasing Product Variety," *Journal of Development Economics*, 92(2), 97-106.

Ha, Joonkyung and Peter Howitt (2007) "Accounting for Trends in Productivity and R&D: A Schumpeterian Critique of Semi-Endogenous Growth Theory," *Journal of Money, Credit and Banking*, 39(4), 733-774.

Helpman, Elhanan (1993) "Innovation, Imitation, and Intellectual Property Rights," *Econometrica*, 61(6), pp. 1247-1280.

Horii, Ryo and Tatsuro Iwaisako (2007) "Economic Growth with Imperfect Protection of Intellectual Property Rights," *Journal of Economics*, 90(1), pp. 45-85.

Inada, Ken-Ichi (1963) "On a Two-Sector Model of Economic Growth: Comments and a Generalization," *The Review of Economic Studies*, 30(2), 119-127.

Iwaisako, Tatsuro and Koichi Futagami (2003) "Patent Policy in an Endogenous Growth Model," *Journal of Economics*, 78(3), pp. 239-258.

Iwaisako, Tatsuro, Hitoshi Tanaka and Koichi Futagami (2011) "A Welfare Analysis of Global Patent Protection in a Model with Endogenous Innovation and Foreign Direct Investment," *European Economic Review*, 55(8), pp. 1137-1151.

Iwaisako, Tatsuro and Koichi Futagami (2012) "Patent Protection, Capital

Accumulation, and Economic Growth," forthcoming in *Economic Theory*.

Jones, Charles I. (1995) "R&D-Based Models of Economic Growth," *Journal of Political Economy*, 103(4), pp. 759-784.

Jones, Charles I. (1999) "Growth: With or Without Scale Effects?" *The American Economic Review*, 89(2), pp. 139-144.

Jones, Charles I. (2003) "Population and Ideas: A Theory of Endogenous Growth," in: Aghion, Philippe, Roman Frydman, Joseph E. Stiglitz and Michael Woodford (eds.) *Knowledge, Information, and Expectations in Modern Macroeconomics*: In Honor of Edmund S. Phelps, Princeton University Press, pp. 498-521.

Judd, Kenneth L. (1985) "On the Performance of Patents," *Econometrica*, 53(3), pp. 567-585.

Kalaitzidakis, Pantelis and Sarantis Kalyvitis (2004) "On the Macroeconomic Implications of Maintenance in Public Capital," *Journal of Public Economics*, 88 (3-4), pp. 695-712.

Kocherlakota, Narayana R. (1992) "Bubbles and Constraints on Debt Accumulation," *Journal of Economic Theory*, 57(1), pp. 245-256.

Kremer, Michael (1993) "Population Growth and Technological Change: One Million B.C. to 1990," *The Quaterly Journal of Economics*, 108(3), pp. 681-716.

Lai, Edwin L.-C. (1998) "International Intellectual Property Rights Protection and the Rate of Product Innovation," *Journal of Development Economics*, 55 (1), pp. 133-153.

Li, Chol-Won (2001) "On the Policy Implications of Endogenous Technological Progress," *The Economic Journal*, 111(471), pp. 164-179.

Lucas, Robert E., Jr. (1989) "On the Mechanics of Economic Development," *Journal of Monetary Economics*, 22(1), pp. 3-42.

Maebayashi, Noritaka (2012) "Public Capital, Public Pension, and Growth," forthcoming in *International Tax and Public Finance*.

Michel, Philippe and Jules Nyssen (1998) "On Knowledge Diffusion, Patents Lifetime and Innovation Based Endogenous Growth," *Annals of Economics and Statistics*, (49/50), pp. 77-103.

Mizushima, Atsue (2009) "Intergenerational Transfers of Time and Public Long-Term Care with an Aging Population," *Journal of Macroeconomics*, 31(4), pp. 572-581.

Momota, Akira, Ken Tabata and Koichi Futagami (2005) "Infectious Disease and Preventive Behavior in an Overlapping Generations Model," *Journal of Economic*

Dynamics and Control, 29(10), pp. 1673-1700.

Morita, Tadashi (2010) "Dynamic Analysis of Outsourcing," *Journal of Economics*, 100(2), pp. 117-140.

Naghavi, Alireza and Gianmarco Ottaviano (2009) "Offshoring and Product Innovation," *Economic Theory*, 38(3), pp. 517-532.

Ohdoi, Ryoji (2007) "Productive Government Spending, Patterns of Specialization and Economic Growth in a Small Open Economy," *The Japanese Economic Review*, 58(1), pp. 127-146.

Pecchenino, Rowena A. and Patricia S. Pollard (1997) "The Effects of Annuities, Bequests, and Aging in an Overlapping Generations Model of Endogenous Growth," *The Economic Journal*, 107(440), pp. 26-46.

Peretto, Pietro F. (1998) "Technological Change and Population Growth," *Journal of Economic Growth*, 3(4), pp. 283-311.

Razin, Assaf and Chi-Wa Yuen (1994) "Convergence in Growth Rates: A Quantitative Assessment of the Role of Capital Mobility and International Taxation," in: Leideman, Leonardo and Assaf Razin (eds.) *Capital Mobility: The Impact on Consumption, Investment, and Growth*, Cambridge University Press, pp. 237-262.

Rioja, Felix K. (2003) "Filling Potholes: Macroeconomic Effects of Maintenance vs. New Investment in Public Infrastructure," *Journal of Public Economics*, 87(9-10), pp. 2281-2304.

Rivera-Batiz, Luis A. and Paul M. Romer (1991) "Economic Integration and Endogenous Growth," *The Quaterly Journal of Economics*, 106(2), pp. 531-555.

Romer, David (2011) *Advanced Macroeconomics*, 4th ed., McGraw-Hill/Irwin.

Romer, Paul M. (1986) "Increasing Returns and Long-Run Growth," *The Journal of Political Economy*, 94(5), pp. 1002-1037.

Romer, Paul M. (1990) "Endogenous Technological Change," *The Journal of Political Economy*, 98(5), part 2, S71-S102.

Segerstrom, Paul S. (1998) "Endogenous Growth Without Scale Effects," *The American Economic Review*, 88(5), pp. 1290-1310.

Segerstrom, Paul S., T.C.A. Anant and Elias Dinopoulos (1990) "A Schumpeterian Model of the Product Life Cycle," *The American Economic Review*, 80(5), pp. 1077-1091.

Şener, Fuat (2008) "R&D Policies, Endogenous Growth and Scale Effects," *Journal of Economic Dynamics and Control*, 32(12), pp. 3895-3916.

Smith, Adam (1776) *An Inquiry into the Nature and Causes of the Wealth of Nations*, Random House, 1937.

Solow, Robert M. (1956) "A Contribution to the Theory of Economic Growth," *The Quaterly Journal of Economics*, 70(1), pp. 65-94.

Strulik, Holger (2005) "The Role of Human Capital and Population Growth in R&D-based Models of Economic Growth," *Review of International Economics*, 13(1), pp. 129-145.

Tabata, Ken (2005) "Population Aging, the Costs of Health Care for the Elderly and Growth," *Journal of Macroeconomics*, 27(3), pp. 472-493.

Tanaka, Hitoshi (2006) "Dynamic Analysis of Imitation and Technology Gap," *Journal of Economics*, 87(3), pp. 209-240.

Tanaka, Hitoshi, Tatsuro Iwaisako and Koichi Futagami (2007) "Dynamic Analysis of Innovation and Licensing: The Effects of Intellectual Property Rights Protection," *Journal of International Economics*, 73(1), pp. 189-212.

Temple, Jonathan (2003) "The Long-Run Implications of Growth Theories," *Journal of Economic Surveys*, 17(3), pp. 497-510.

Tirole, Jean (1985) "Asset Bubbles and Overlapping Generations," *Econometrica*, 53(6), pp. 1499-1528.

Uzawa, Hirofumi (1965) "Optimum Technical Change in an Aggregative Model of Economic Growth," *International Economic Review*, 6(1), pp. 18-31.

Weil, Philipe (1989) "Overlapping Families of Infinitely-Lived Agents," *Journal of Public Economics*, 38(2), pp. 183-198.

World Health Organization (1999) *Removing Obstacles to Healthy Development*, Stationary Office Books.

Yaari, Menahem E. (1965) "Uncertain Lifetime, Life Insurance, and the Theory of the Consumer," *Review of Economic Studies*, 32(2), pp. 137-150.

Yakita, Akira (2008) "Ageing and Public Capital Accumulation," *International Tax and Public Finance*, 15(5), pp. 582-598.

Yang, Guifang and Keith E. Maskus (2001) "Intellectual Property Rights, Licensing, and Innovation in an Endogenous Product-Cycle Model," *Journal of International Economics*, 53(1), pp. 169-187.

Young, Alwyn (1998) "Growth Without Scale Effects," *Journal of Political Economy*, 106(1), pp. 41-63.

索　引

（和文索引）

あ

新しい財　153
安定（な）鞍点経路（stable saddle path）
　　50, 52, 231
安定根　245
移行過程　233
遺産　59
　　——動機　96
位相図　8
　　代表的個人モデルの——　42
　　動学システムの安定性の——　226
1次従属　252
1次独立　252
一族（dynasty）　27
Inada条件　3, 10, 37
イノベーション　154, 161
　　——活動　156
EU統合　175
陰関数　243
インフラストラクチャー　223
AK生産関数　23
NPG条件　34, 51, 127, 130, 209, 254
オイラー方程式（Euler equation）　32
黄金律（golden rule）　18, 68, 84
横断（transversality）条件　34, 51, 127, 130, 209, 254

か

海外部門　4
外生的技術進歩（exogenous technological progress）　6
外生的成長モデル　90
外部効果　112, 128
　　逓減的（逓増的）な影響を与える——
　　　178
外部性　133
　　研究開発の——　133
価格
　　設計図の——　113
　　中間財の——　135
　　労働の——　31
　　株式の——　114
価格受容者　204
　　生産要素の市場での——　4
　　ローマー・モデルの——　109
価格設定
　　中間財企業の——　118
価格弾力性
　　需要の——　127
価格の基準化　109
学習関数　22
確率　91
　　死亡——　91
家計
　　無期限間生きる——　28
　　——の初期消費　208
　　——の貯蓄決定　30
　　——の貯蓄行動　1
　　——の目的（代表的個人モデル）　27
貸し手（lender）　92
課税政策
　　財のヴァラエティに選好を持つモデルの
　　　——　133
課税の効果
　　財のヴァラエティに選好を持つモデルの
　　　——　133
価値尺度財　154
株価　116
　　——の値上がり益　114
株式　114
　　ローマー・モデルの——　107

269

──購入の収益率　114
　　──の価格　114
株式資産の保有
　　規模効果のない成長モデルの家計全体での──　191
株式市場（ローマー・モデル）　114
貨幣　75
　　名目の──供給量　76
　　──保有量　76
借り手（borrower）　92
環境問題　59
元金の引出　63
間接効用関数　126, 147
完全競争
　　規模効果のない成長モデルの市場での──　191
完全競争企業　138
　　規模効果のない成長モデルでの──　193
　　特許により保護される──群　142
完全競争市場　112, 136
完全雇用
　　生産要素の──　5
　　──条件　117
　　──の条件式　123
感染水準　104
完全分配　62
　　──の式　79
機会費用　180
危険中立的な保険会社　92
技術移転　153, 165, 174, 257
　　──の決定　165
技術供与
　　ライセンス契約による──　153
技術進歩
　　垂直方向の──（vertical technological progress）　182
　　水平方向の──（horizontal technological progress）　181
　　──率　9

ソロー・モデルの──率　6
技術水準　2
　　ソロー・モデルの──　114
基準化　109, 134
北（North）　154
期待効用　91
　　──の最大化　91
期待寿命　95
規模効果（scale effects）　175
規模の拡大　123
基本方程式（新古典派成長論）　8
逆行列　249, 252
逆需要関数　110, 118, 135
　　規模効果のない成長モデルでの──　193
キャピタル・ゲイン　33, 114
行列　248
　　──式　244, 250, 252
　　──の対角化　251
巨人の肩に乗る（standing on the shoulders of giants）　177
均衡解　128
均衡経路　51, 129
　　──の初期時点　130
均衡式
　　財市場の──　4
近似式　162
グローバリゼーション　258
経済援助　104
　　一時的な──　104
経済厚生　74
　　──の最大化　207
経済構造（ローマー・モデル）　107
経済政策　25
経済成長
　　発展途上国における──　153
経済の規模（ローマー・モデル）　121
係数
　　偏微分の──　248
限界生産物

索引

資本の―― 2
　　――の逓減 13, 22
限界代替率 125
限界費用 156
　　財の生産の―― 127
研究開発（R&D） 25, 124
　　ローマーの内生的成長モデルにおける
　　―― 107
　　ローマー・モデルの――部門 107,
　　111
　　――活動 157
　　――部門 127
研究室モデル → 実験室モデル
健康投資 75
公共サービス 205
　　――・資本比率 217
公共財 22, 238
公共資本 223
　　競合的な―― 239
　　非競合的な―― 238
公共的な知識（public knowledge） 156
公共投資 224
公債 211
　　――の発行 211
　　――の負担 59
合成関数の微分法 31
厚生経済学の第1基本定理 55, 65, 133
高成長均衡 216
厚生の損失 133
厚生評価 25
厚生分析
　　公共資本を考慮した成長モデルの――
　　233
効用
　　代表的個人モデルの―― 27
　　――最大化条件 126
　　消費の――の割引現在価値 28
効用関数（対数型） 39, 40, 55
効率的資源配分 54
国債費 212

固定的な生産要素 185
子供を持つことの便益と費用 180
コブ＝ダグラス型生産関数 2, 5
固有値 235
　　係数行列の―― 248
　　線形連立定差方程式の―― 242
固有ベクトル 245
　　係数行列の―― 248
固有方程式 242
混雑（congestion）効果 238
　　生産的公共サービスの―― 204

さ

債券保有額 76
財市場
　　ソロー・モデルの―― 4
　　代表的個人モデルの――均衡 37
最終財の需給一致条件
　　規模効果のない成長モデルの――
　　197
最終財（ローマー・モデル） 107, 108
最終財部門（ローマー・モデル） 107
最終生産物 4
財政赤字 211
　　――の持続可能性 260
財政安定化規律（the Code for Fiscal Stability） 211
財政破綻 211
財政ルール 214
最大値原理 255
裁定
　　保険会社の―― 92
最適 133
最適化問題
　　年金システムの―― 68
財の移行過程
　　技術移転とイノベーションにおける――
　　159
財の価格 76
財の数（ヴァラエティ） 107, 124

債務残高　211
債務資本比率　214
産出資本比率
　効率労働1単位当たりの——　12
参入
　企業の研究開発活動への——　112
参入と退出
　企業の研究開発活動への——　112, 136
CES型即時的効用関数　124
GDP
　1人当たりの——成長率　184
死荷重（dead weight loss）　121, 133
時間選好率　125, 241
資金（の）蓄積　153
資金市場
　世代重複モデルの——　62
　ソロー・モデルの——　4
資金市場の均衡　4
　世代重複モデルの——条件　62
資源制約　54
資産価格　32, 33, 44
資産所得　29
　ローマー・モデルの——　107
資産の収益率　31
資産保有決定　30
資産保有の流列　30
市場（ローマー・モデル）　113
市場均衡　55, 133
　——が効率的　65
　代表的個人モデルの——の最適性　54
　世代重複モデルの——の非効率性　65
質（quality）
　最終財の——　109
　——のはしごモデル（quality ladder model）　109, 258
実験室（研究室）モデル（lab-equipment model）　134, 136, 186
実質値　76
実質バブル　85

実物経済　4
紙幣　75
死亡　59
　——確率　91
資本　1
　効率労働1単位当たりの——　2
　生産要素の市場での——　4
　労働1単位当たりの——　20
資本供給（ローマー・モデル）　113
資本減耗　6, 63
　——率　241
資本財　153
資本市場
　代表的個人モデルの——の均衡　37
　ローマー・モデルの——　113
資本需要（ローマー・モデル）　113
資本深化（capital deepening）　11
資本蓄積（ソロー・モデル）　6
資本の移動　96
　国際間での——　154
資本の限界生産物　→　利子率
資本の収益率　118
資本のレンタル価格　4
資本分配率
　生産要素の——　5
資本労働比率　3
若年期　59
借金
　政府の——　212
ジャンプ変数　58, 129
収益率
　資産の——　31
　株式購入の——　114
　資本の——　118
　人的資本の——　189
収穫一定（生産技術）　181
収穫逓減（生産技術）　181
収穫逓増（生産技術）　181
周期的な変動　95
自由参入条件

索 引

ライセンシング活動への―― 157, 162
収束
 定常状態への生産性の―― 22
従量税（実験室モデル） 145
主観的割引率 28, 60
寿命 75
需要関数 126, 156
需要の価格弾力性 127
 ――の逆数 111
循環
 恒常的な―― 103
生涯効用
 実験室モデルの家計の得る―― 143
償還（費） 212
小国開放経済 259
消費 4
消費者価格（実験室モデルの財） 145
消費と民間資本の比率 228
消費の粗成長率
 定常成長経路における―― 139
消費の成長率 206
 ――の最大値 206
初期曲線 52, 53, 230, 237
初期消費 208, 237
初期値 40, 73, 129, 254
 公共資本を考慮した成長モデルのダイナミクスの―― 235
 効率労働1単位当たりの資本の―― 10
初期の老年世代 59
所得 118
 異時点間の予算制約式の―― 29
所得税率 205
所有者 114
新技術 153
人口規模 175
人口成長率（ソロー・モデル） 7, 20
人口成長率の内生化 179
人口の高齢化 259

新製品 124
人的資本 185
 ――の収益率 189
 ――の蓄積 187
 ――への投資 188
 ――量 185
振動しながら収束 101
水準効果 191
垂直方向の技術進歩（vertical technological progress） 182
水平方向の技術進歩（horizontal technological progress） 181
ストック 223
 ――変数 189
政策的結論の頑健性 176
政策の最終目標 196
生産関数
 規模に関して収穫一定の―― 2
 コブ＝ダグラス型―― 2, 5
 ソロー・モデルの―― 1
 1人当たりの―― 2, 61
生産者価格（実験室モデルの財） 145
生産性 240
 研究開発の―― 177
 民間部門の―― 203
生産的公共サービス 204, 206
生産方法 156
生産要素 1, 4
 固定的な―― 185
生産量
 効率労働1単位当たりの―― 2
生存確率 94, 95, 256
 ――関数 97
成長効果 191
成長促進的 221
成長の要因 121
成長率を最大にする税率 223
政府 4, 76
 ――支出 203
政府の介入 133

273

ローマー・モデルの——方法　133
政府の政策　133
政府の予算制約式　205
　　世代重複モデルの——　78
世界利子率　97
世代重複モデル（overlapping generations model）　59
　　連続時間の——　76
設計図　110, 114, 127
　　ローマー・モデルの——　107
ゼロベクトル　249
ゼロ利潤条件　187
　　ライセンシング活動における——　157
漸近線　42, 129
線形近似　247
　　定差方程式の——　242, 247
線形定差方程式　139
線形の関係　178
線形連立定差方程式の固有値　242
先決変数　58
全知全能の政府　54
全微分　67, 104, 219, 246
全要素生産性　177
双曲線　52, 129
総効用
　　公共資本を考慮した成長モデルでの家計が得る——　233
相対価格　125
相対賃金
　　北と南の——　167
即時的効用関数　124, 137, 188
　　CES型——　124
　　規模効果のない成長モデルでの——　192
　　対数型——　188
粗成長率　20, 139
　　規模効果のない成長モデルでの——　195
ソロー・モデル　1, 21, 101

た

ターゲット
　　ライセンシング活動の——　163
ターゲットレベル　214
第1次的財政赤字（プライマリー・バランス）　212
対角化
　　行列の——　251
対角要素　252
対角和　→　トレース
退出
　　企業の研究開発活動への——　112
対数型
　　——即時的効用関数　188
　　——の効用関数　39, 40, 55, 192
ダイナミクス
　　世代重複モデルの——　64, 85
　　ソロー・モデルの——　7
　　公共資本を考慮した成長モデルの——　233
　　公共資本を考慮した成長モデルの——の固有値　235
代表的個人モデル（representative agent model）　27
縦ベクトル　248
単位行列　249
単調に収束　101
知識（の）蓄積　153
知識資本（総体）　22
知識ストック　112
知的所有権の保護　110
　　——強化　161, 171
中間財
　　ローマー・モデルの——　107
　　——の価格　135
中間財部門
　　ローマー・モデルの——　107, 110
調整のスピード　214
重複効果（duplication effects）　178

索　引

直接投資　257
　　ライセンス契約による――　153
　　――の誘致　153
貯蓄　4
　　――意欲　207
　　家計の――決定　30
　　ソロー・モデルの――行動　3
　　――の元金　60
　　――率　3, 16
賃金　29
　　――プロファイル　255
賃金率
　　異時点間の予算制約式の――　29
　　名目――　76
　　人的資本1単位当たりの――　186
　　生産要素の市場での――　4
　　南の――　169
　　北の――　169
積立方式（a fully funded system）　68
D-K モデル　185, 187
逓減
　　限界生産物の――　13, 22
定差方程式
　　非線形の1階の――　8
定差方程式の線形近似　242, 247
定常状態　56
　　高成長の――　241
　　ソロー・モデルの――　11
　　代表的個人モデルの――　40
　　低成長の――　241
　　世代重複モデルの――　64
定常成長経路　120, 143
定常点　247
低成長均衡　216
低成長の罠　217
伝染性の病気　95
伝染病　75
動学式　85, 129, 247
動学システム（dynamic system）　80
　　公共資本を考慮した成長モデルでの――

　　――の安定性　226
動学的非効率性（dynamic inefficiency）　67, 256
　　世代重複モデルの定常状態の――　74
投資　4
　　人的資本への――　188
　　――資金の供給（貯蓄）　4
特性方程式（characteristic equation）　250
独占価格　154
独占企業　110
　　規模効果のない成長モデルでの――　193
　　特許により保護される――群　142
独占の存続　110
独占力の行使
　　実験室モデルの独占企業による――　145
特許　110
　　規模効果のない成長モデルでの――期間　196
　　――の長さ　134
　　――の幅　256
　　――の保護　137
特許期間の延長　141
　　実験室モデルにおける――　144
　　規模効果のない成長モデルでの――　196
特許権　110, 114, 127
　　ローマーモデルの――　107
特許政策　140
　　規模効果のない成長モデルでの――　191
　　ローマー・モデルの――　133
特許による保護　133
　　――期間　134
トランスファー（移転）　76
トレース（対角和）　250
トレードオフ　137

275

な

内生化
 人口成長率の―― *179*
 ローマー・モデルの成長率の―― *114*
内生的技術進歩（endogenous technological progress） *256*
内生的成長モデル
 グロスマンとヘルプマンの―― *107*
 ローマーの―― *107*
ナイフ・エッジ（knife edge） *178*
2段階の問題 *125*
ニューメレール → 価値尺度財
任意定数 *245*
年金 *59, 70*
 ――資金 *69*
 ――システム *68*
 ――保険料 *68, 69*
no-Ponzi-game（NPG）条件 → NPG条件

は

配当 *76, 114*
 ――所得 *124*
 ――総額 *117*
 ――の割引現在価値の総和 *116*
ハイブリッド・モデル（hybrid model） *180*
発展途上国 *153*
バブル（bubble） *33, 37, 75, 84*
 実質―― *85*
 ――資産 *75, 76*
 ――の長期的持続 *89*
 ――の発生 *89*
 ――の崩壊 *89*
バランスシート *93*
非決定性（indeterminancy） *216*
非線形連立定差方程式
 公共資本と民間資本の比率の―― *235*

非先決変数 *58, 129*
非ジャンプ変数 *58*
非排除性 *238*
微分方程式 *255*
比例税 *205*
ファンダメンタルズ（fundamentals） *33, 75, 76, 116*
不安定 *129*
フィッシャー方程式 *77*
fishing out 効果 *177*
付加価値 *142*
 実験室モデルの財市場における―― *142*
賦課方式（a pay-as-you-go system） *68, 69*
複数均衡 *216, 241*
複数の定常状態 *241*
物価 *77*
 ――指数 *126*
物品税（実験室モデル） *145*
負の貯蓄 *63*
部品調達のアウト・ソーシング *258*
部品の数 *108*
プライマリー・バランス → 第1次的財政赤字
フロー *203*
ベクトル *248*
変数の基準化の方法 *131*
偏微分係数 *99*
保険会社 *92, 255*
保険市場 *92*
保護期間 *134*
 特許による―― *134*
ポリプロピレン *157*

ま

マークアップ *111*
マーシャル的外部性 *22*
マーストリヒト条約 *211*
蔓延度 *95*

索引

伝染性の病気の—— 95
南（South） 154
　——の労働市場の均衡条件 163
民間資本 224
　——蓄積 217
無限期間 134
無裁定条件 76, 115, 122, 189
無理関数 97
名目
　——貨幣保有量 76
　——値 76
　——賃金率 76
　——利子率 76
メインテナンス 259
目標公債残高 215, 217
模倣 153
　違法な—— 153, 172
模倣率
　知的所有権の—— 165
　——の低下 171
モンテカチーニ 157

や

役に立たない資産（useless asset） 75
Jacobi 行列 242, 248
有限期間 134
横ベクトル 251
予算制約式
　異時点間の—— 29
予防活動 75, 95, 98
予防行動関数 99

ら

ライセンシング活動 157, 161
ライセンス 153
　——契約 153, 158
　——の獲得 153
ラムゼー・ルール 257
ラムゼー問題 257
利子 29

利潤 4
　生産要素の市場での—— 4
利潤最大化条件 4, 37
　ローマー・モデルの—— 109
利子率（資本の限界生産物） 31, 205
　異時点間の予算制約式の—— 29
　生産要素の市場での—— 4
　世界—— 97
　名目—— 76
利他的個人（altruistic indivisual） 27
利払い 212
連続時間の世代重複モデル 76
レンタル収入（ローマー・モデル） 107
レンタル価格
　資本の—— 4
レント・シーキング行動 257
連立1次方程式 120
連立定差方程式 39, 42, 51, 80, 253
労働 1
　生産要素の市場での—— 4
労働供給量 169
労働市場 115
　ローマー・モデルの—— 115
　——の均衡 129
労働者に体化された知識や教育の水準 185
労働所得 29
労働人口 7, 121
　ローマー・モデルの—— 121
　——の成長 179
労働増大的技術進歩 2
労働投入 2
　効率単位の—— 215, 217
労働の価格 31
労働の効率性 204
労働分配率 5
老年期 59
ローマー・モデル 107, 113, 120, 127, 134
　——への批判 175

わ

ワルラス法則　38

（欧文索引）

a fully funded system → 積立方式
a pay-as-you-go system → 賦課方式
altruistic indivisual → 利他的個人
bubble → バブル
capital deepening → 資本深化
characteristic equation → 特性方程式
dead weight loss → 死荷重
duplication effects → 重複効果
dynamic inefficiency → 動学的非効率性
dynamic system → 動学システム
Euler equation → オイラー方程式
exogenous technological progress → 外生的技術進歩
fundamentals → ファンダメンタルズ
golden rule → 黄金律
horizontal technological progress → 水平方向の技術進歩
hybrid model → ハイブリッド・モデル
indeterminancy → 非決定性
knife edge → ナイフ・エッジ
lab-equipment model → 実験室モデル
learning by doing　22
overlapping generations model → 世代重複モデル
public knowledge → 公共的な知識
quality → 質
quality ladder model → 質のはしごモデル
representative agent model → 代表的個人モデル
scale effects → 規模効果
stable saddle path → 安定（な）鞍点経路
standing on the shoulders of giants → 巨人の肩に乗る
the Code for Fiscal Stability → 財政安定化規律

useless asset → 役に立たない資産
vertical technological progress → 垂直方向の技術進歩

（人名索引）

アーノルド, ルッツ G.（Arnold, Lutz G.）　256
稲田献一　3
宇沢弘文　187
クライナー, クラウス（Kreiner, Claus T.）　184
クレーマー, マイケル（Kremer, Michael）　183
グロスマン, ジーン M.（Grossman, Gene M.）　107, 175
コブ, チャールズ（Cobb, Charles W.）　5
ジャッド, ケネス L.（Judd, Kenneth L.）　134, 145, 196
ジョーンズ, チャールズ（Jones, Charles I.）　175, 176
ソロー, ロバート M.（Solow, Robert M.）　1
ダグラス, ポール（Douglas, Paul H.）　5
ダルガード, カール=ヨハン（Dalgaard, Carl-Johan）　184
テンプル, ジョナサン（Temple, Jonathan）　183
ブランシャール, オリヴィエ（Blanchard, Olivier J.）　255
ヘルプマン, エルハナン（Helpman, Elhanan）　107, 175
ボーモル, ウィリアム（Baumol, William J.）　22
ヤーリ, メナヘム（Yaari, Menahem E.）　255
リベラ・バチス, ルイス（Rivera-Batiz, Luis A.）　134
ルーカス, ロバート（Lucas, Robert E., Jr.）　187
ローマー, ポール（Romer, Paul M.）　107, 134

二神孝一（ふたがみ　こういち）

●略歴
1958年生まれ。京都大学理学部卒業。神戸大学経済学研究科博士課程後期課程中退。大阪大学博士（経済学）。大阪大学大学院経済学研究科教授等を経て、現在、同志社大学経済学部特別客員教授、大阪大学名誉教授。

●著書、主要論文
- 『経済政策とマクロ経済学』（共著，1999年，日本経済新聞社）
- 『シリーズ・新エコノミクス マクロ経済学入門（第3版）』（2017年，日本評論社）
- 『マクロ経済学（第2版）』（共著，有斐閣，2017年）
- "A Non-Unitary Discount Rate Model,"（with Takeo Hori）January 2019, *Economica*, vol.86, issue 341, pp.139-165.
- "Rising Longevity, Fertility Dynamics, and R&D-based Growth,"（with Kunihiko Konishi）April 2019, *Journal of Population Economics*, vol.32, issue 2, pp.591-620.

動学マクロ経済学──成長理論の発展

2012年5月25日　第1版第1刷発行
2021年10月10日　第1版第4刷発行

著　者　二神孝一
発行所　株式会社日本評論社
　　　　〒170-8474　東京都豊島区南大塚3-12-4
　　　　電話　03-3987-8621（販売）　03-3987-8595（編集）
　　　　https://www.nippyo.co.jp/　　振替　00100-3-16
印刷所　精文堂印刷株式会社
製本所　株式会社松岳社
装　幀　山崎登

検印省略 © Koichi Futagami 2012　落丁・乱丁本はお取替えいたします。
Printed in Japan　　ISBN 978-4-535-55673-7

JCOPY ＜(社)出版者著作権管理機構　委託出版物＞

本書の無断複写は著作権法上での例外を除き禁じられています。複写される場合は、そのつど事前に、(社)出版者著作権管理機構（電話 03-5244-5088，FAX 03-5244-5089，e-mail: info@jcopy.or.jp）の許諾を得てください。また、本書を代行業者等の第三者に依頼してスキャニング等の行為によりデジタル化することは、個人の家庭内の利用であっても、一切認められておりません。

経済学の学習に最適な充実のラインナップ

入門｜経済学 [第4版]	伊藤元重／著 (3色刷)	3300円
例題で学ぶ 初歩からの経済学	白砂堤津耶・森脇祥太／著	3080円
マクロ経済学 [第2版]	伊藤元重／著 (3色刷)	3080円
マクロ経済学パーフェクトマスター [第2版]	伊藤元重・下井直毅／著 (2色刷)	2090円
入門マクロ経済学 [第6版] (4色カラー)	中谷 巌・下井直樹・塚田裕昭／著	3080円
マクロ経済学入門 [第3版]	二神孝一／著 [新エコノミクス・シリーズ] (2色刷)	2420円
ミクロ経済学 [第3版]	伊藤元重／著 (4色刷)	3300円
ミクロ経済学の力	神取道宏／著 (2色刷)	3520円
ミクロ経済学の技	神取道宏／著 (2色刷)	1870円
ミクロ経済学入門	清野一治／著 [新エコノミクス・シリーズ] (2色刷)	2420円
ミクロ経済学 戦略的アプローチ	梶井厚志・松井彰彦／著	2530円
しっかり基礎からミクロ経済学 LQアプローチ	梶谷真也・鈴木史馬／著	2750円
入門｜ゲーム理論と情報の経済学	神戸伸輔／著	2750円
例題で学ぶ 初歩からの計量経済学 [第2版]	白砂堤津耶／著	3080円
[改訂版] 経済学で出る数学	尾山大輔・安田洋祐／編著	2310円
経済学で出る数学 ワークブックでじっくり攻める	白石俊輔／著　尾山大輔・安田洋祐／監修	1650円
計量経済学のための数学	田中久稔／著	2860円
例題で学ぶ 初歩からの統計学 [第2版]	白砂堤津耶／著	2750円
入門｜公共経済学 [第2版]	土居丈朗／著	3190円
入門｜財政学 [第2版]	土居丈朗／著　4月中旬刊	予価3080円
実証分析入門	森田果／著	3300円
最新 日本経済入門 [第6版]	小峰隆夫・村田啓子／著	2750円
経済学を味わう 東大1、2年生に大人気の授業	市村英彦・岡崎哲二・佐藤泰裕・松井彰彦／編	1980円
文系のための統計学入門	河口洋行／著	3080円
経済学入門	奥野正寛／著 [日評ベーシック・シリーズ]	2200円
ミクロ経済学	上田 薫／著 [日評ベーシック・シリーズ]	2090円
ゲーム理論	土橋俊寛／著 [日評ベーシック・シリーズ]	2420円
財政学	小西砂千夫／著 [日評ベーシック・シリーズ]	2200円

※表示価格は税込価格です。

〒170-8474 東京都豊島区南大塚3-12-4　TEL：03-3987-8621　FAX：03-3987-8590　日本評論社
ご注文は日本評論社サービスセンターへ　TEL：049-274-1780　FAX：049-274-1788　https://www.nippyo.co.jp/